은행지점경영의 성공전략과 실천 I

지점장의 역할모델과 지점운영전략

한국금융연수원
출 판 사 업 부

머리말

금융업의 경영환경이 급속히 변화하면서 지점장의 자질도 다양한 측면에서 요구되고 있습니다. 업무영역에 대한 규제완화와 더불어 자본시장법의 시행으로 금융업종간 경쟁이 치열해지면서 지점장들의 경쟁력이 금융기관의 경쟁력으로 연결된다는 인식도 확산되고 있습니다.

금융기관에 있어 일선 지점은 최전방 부대이고 지점장은 일선 최고 지휘관이자 전략가입니다. 금융기관들은 시장점유율 확대를 위해 온갖 노력을 기울이고 있는 가운데 지점장의 능력이 바로 지점의 경쟁력이며 금융기관간 경쟁우위를 좌우하는 핵심요소로 부각되면서 지점장의 역량강화가 금융권의 중요 이슈로 부각되고 있습니다.

최근 각 금융기관들이 사활을 걸고 수익 및 주주가치 극대화 경쟁에 나서고 있는 상황에서 지점 경영관리에 도움이 될 수 있는 지침서로써 '은행지점경영의 성공전략과 실천' 을 발간하게 되었습니다.

본 책자는 금융기관의 지점경영에 필요한 내용을 체계적으로 정리하여 제시했습니다. 금융기관 지점의 경우 지점이 체계적이고, 조직적으로 운영되고는 있으나 많은 경우 지점장 개인의 과거경험이나 선배로부터 전수된 방법에 의존하고 있습니다. 지점경영의 효율성을 제고하기 위해서는 지점 경영을 전반적으로 조망할 수 있는 지점장의 탁월한 역량이 필요할 것입니다.

이에 본서는 지점경영에 도움이 될 수 있는 우수지점장의 사례를 풍부하게 제시함으로써 영업현장에서 즉시 활용할 수 있도록 집필하였습니다. 국내외 주요 금융기관에서 수집한 우수지점장에 대한 조사결과, 지점장은 크게 업무중심의 지점장과 사람중심의 지점장으로 구분되는데 일반적으로 우수지점장은 업무중심의 카리스마적이면서 사람중심을 가미한 스타일이 대부분이었습니다. 업무중심 지점장은 업무를 철저히 챙기고 독려하며 지점실적 제고를 위한 계수관리가 탁월하고 세심한 직원관리를 통해 밀도있게 업무를 수행하고 있었습니다. 반면 사람중심 지점장은 책임자에게 대폭적인 권한위임을 실시하고 모든 직원이 한마음으로 움직일 수 있도록 공동체 분위기 조성에 노력하며, 책임자별 업무분담을 통해 스스로 일하는 업무추진 자세를 강조하는 유형입니다. 이에 따라 업무중심의 지점장과 사람중심의 지점장에 관련된 우수사례를 소개함으로써 지점장들이 효율적으로 벤치마킹할 수 있도록 지원해주는 내용을 많이 수록하였습니다.

본서는 원칙적으로 지점경영에서 필수적인 것만 기술하고 이를 지점의 실정에 적합하게 활용할 수 있도록 구성하였습니다. 지점경영에는 마케팅, 인사·조직관리, 서비스품질관리 등 다양한 경영학이론이 필요하지만 가급적 이론적인 내용은 지양하고 실제 지점에서 발생할 수 있는 사례위주 즉, 지점에서 즉시 활용할 수 있는 내용을 중심으로 구성하였습니다.

특히 지점장이 주요고객이라는 입장에서 내용을 전개하였습니다. 금융기관 지점장을 본서의 고객이라 생각하고 지점장들이 영업현장에서 쉽게 참고할 수 있도록 내용을 자기경영, 지점운영전략, 직원관리, 고객관리 등으로 세분화하여 구성하였습니다.

본서의 특징 중 하나는 국내외 금융기관의 지점경영에서 실제 발생한 사례를 심층적으로 소개하였다는 점에 있습니다. 일반기업의 관리자들을 대상으로 한 계층별 책자는 많지만 금융기관 지점에서 발생하는 문제를 알기 쉽게 정리한 책자는 찾아보기 쉽지 않은 것이 현실입니다. 본서는 국내외 주요 금융기관에서 실제 발생한 문제를 바탕으로 기술하여 지점경영의 지침서가 될 수 있도록 집필하였다.

본서는 전반적으로 책을 읽을 시간이 부족한 지점장들이 곁에 두고 활용할 수 있도록 가급적 쉽게 또한 간명하게 기술하고자 하였습니다. 내용을 충분히 숙지하여 지점 업무추진시 활용할 수 있기를 바라며 직원들의 교육자료로 참고하길 기대합니다.

본서는 지점장의 지점경영관리 역량을 제고시킬 수 있는 지침서로써 발간하였습니다. 하지만 저자의 여러 가지 부족한 점으로 인해 처음에 의도한 목표대로 완성되지는 못했습니다. 향후 지속적인 자료수집과 조사활동을 통해 본서의 내용을 보다 풍부하고 현실감 있도록 계속 수정 보완해 나갈 예정입니다.

끝으로 본서가 금융기관 지점에 근무하시는 직원들의 업무추진에 도움이 되길 바라며, 본서의 보다 향상된 모습을 위하여 독자분들의 많은 편달을 기대합니다. 아울러 본서의 집필과 발간을 위해 힘써주신 한국금융연수원의 원장님과 도서출판부, 통신연수부 관계자 분들께도 깊이 감사드립니다. 아무쪼록 본서가 지점에서 노고가 많으신 금융기관 임직원들에게 하나의 지침서로써의 역할을 할 수 있기를 기대하는 바입니다.

2010년 3월

김기서(金基瑞)

목차

제1장 금융환경변화와 지점장의 역할모델

- 제1절 금융환경변화의 이해 ······ 19
  - 1. 금융환경변화의 주요 특징 ······ 19
    - 1-1 금융의 증권화 ······ 19
    - 1-2 금융규제 완화 ······ 20
    - 1-3 금융의 글로벌화 ······ 21
      - 가. 금융글로벌화의 개념 ······ 21
      - 나. 금융글로벌화의 영향 ······ 23
    - 1-4 금융의 겸업화 ······ 24
      - 가. 겸업화의 진전 ······ 24
      - 나. 겸업화 추진 사례 ······ 26
    - 1-5 금융정보화 ······ 27
      - 가. 금융정보화의 진전효과 ······ 27
      - 나. 은행산업에 있어 금융정보화의 개념 ······ 28
      - 다. IT와 금융의 융합을 통한 핀테크 산업 육성 ······ 31
      - 라. 인터넷전문은행 도입방안 및 기대효과 ······ 33
    - 1-6 자본시장법 시행 ······ 34
      - 가. 자본시장법 제정 목적 ······ 34
      - 나. 포괄주의 규제체제의 도입 ······ 35
      - 다. 기능별 규제체제의 도입 ······ 37
      - 라. 업무범위의 확대 ······ 38
      - 마. 투자자보호의 강화 ······ 39
  - 2. 선진국의 금융환경변화의 특징 ······ 41
    - 2-1 선진금융시장의 변화 요인 ······ 41
    - 2-2 선진금융산업의 변화 패턴 ······ 43
      - 가. 금융의 증권화 ······ 43
      - 나. 금융기관의 대형화 ······ 44
      - 다. 겸업화 ······ 44

라. 금융혁신 ········· 45
마. 리스크관리 ········· 46

제2절 우수지점장의 특성 ········· 47
1. 우수지점장의 지점운영 ········· 47
1-1 지점장의 스타일에 따른 업무방식 ········· 47
1-2 우수지점장의 업무추진 자세 ········· 48
가. 비즈니스 마인드와 자신감 보유 ········· 48
나. 직원에 대한 깊은 관심과 신뢰 ········· 49
다. 전략적 영업추진과 성실한 고객관리 ········· 50
라. 철저한 자기관리 ········· 50
1-3 지점장이 갖추어야 할 마음자세 ········· 51

2. 우수지점장의 특성과 덕목 ········· 52
2-1 우수지점장의 공통특성 ········· 52
가. 일에 대한 남다른 열정 ········· 52
나. 할 수 있다는 강한 자신감 ········· 53
다. 뚜렷한 목표의식 ········· 53
라. 확실한 신상필벌 ········· 53
마. 부하직원들에 대한 진심어린 애정 ········· 54
바. 폭넓은 인간관계 네트워크 ········· 54
사. 철저한 자기관리 ········· 54
아. 몸소 실천하는 솔선수범 ········· 55
2-2 바람직한 지점장과 바람직하지 못한 지점장 ········· 55
가. 바람직한 지점장 ········· 55
나. 바람직하지 못한 지점장 ········· 56
2-3 우수지점장의 조건 ········· 56
가. 지점장 자신만의 색깔(Self-identity)을 만들어라 ········· 56
나. 높은 역경극복지수(Adversity Quotient)를 갖춰라 ········· 57
다. 비전을 제시하고 이를 지점 직원들의 꿈으로 만들어라 ········· 57
라. 지점 직원 및 고객들과 파트너십을 형성하라 · 57

2-4 지점장이 갖추어야 할 덕목 ···································· 58

3. 우수지점장의 역할 ··· 59

3-1 지점장 역할의 중요성 ·· 59

3-2 지점 경영에서 지점장의 역할 ·· 60

3-3 지점장의 역할 변화에 대한 이해 ······································ 62

가. 지점장의 역할변화 ·· 62

나. 지점장의 역할 ·· 63

(1) 성과분석자로서의 역할 ·· 63

(2) 변화주도자로서의 역할 ·· 64

(3) 동기부여자로서의 역할 ·· 64

3-4 지점장의 역할에 대한 조사결과 ······································ 65

가. 성공하는 지점장의 유형 ·· 65

나. 지점장의 핵심적 역할 ·· 66

다. 지점 운영의 애로요인 ·· 67

라. 본부에 대한 기대사항 ·· 68

3-5 지점장의 바람직한 대화방법 ··· 69

가. 지점장의 대화 방법 ·· 69

나. 성과가 우수한 직원 ·· 69

다. 성과가 우수하지 않은 직원 ·· 69

라. 지점장이 주의할 점 ·· 70

제3절 지점장의 비전수립 ·· 71

1. 지점의 비전수립 ·· 71

1-1 지점 비전수립의 필요성 ··· 71

1-2 지점 비전의 수립절차 ·· 73

2. 지점장의 비전수립 ··· 74

2-1 지점장 비전수립의 필요성 ·· 74

2-2 지점장의 비전수립절차 ·· 75

제4절 지점장의 리더십 ··· 77

1. 지점 경영과 리더십 ··· 77

1-1 지점 경영에서 리더십의 중요성 ······································· 77

1-2 지점 경영에 있어 바람직한 리더십 유형 79
1-3 리더십과 감성지능의 역할 81
1-4 감성적 리더십의 중요성과 실천전략 84

2. 리더십 관련 이론 86
2-1 리더십 특성 및 행동이론 86
가. 리더십의 특성이론 86
나. 리더십 상황이론 87
(1) 피들러의 리더십 상황모델 88
(2) 경력-목표이론 88
(3) 상황적 리더십 이론 90
2-2 거래적 리더십과 변혁적 리더십 91
가. 거래적 리더십 91
나. 변혁적 리더십 91
다. 카리스마적 리더십이론 93
라. 은행 지점장에 적용되는 거래적 리더십과 변혁적 리더십 96
2-3 수퍼리더십 이론 97
2-4 리더십과 팔로어십 100
가. 팔로어십의 개념 100
나. 리더십과 팔로어십의 관계 102

제5절 지점장의 역할모델 104

1. 시간관리 104
1-1 지점장의 시간관리의 중요성 104
1-2 시간관리 매트릭스의 이해 106
1-3 지점장이 시간낭비를 야기하는 요인 107
1-4 지점장 시간관리의 문제점 108

2. 이미지관리 109
2-1 지점장의 이미지관리의 중요성 109
2-2 지점장의 이미지관리에 있어 인식해야 할 사항 110
2-3 지점장의 외모 및 매너관리 112
가. 옷차림 112

나. 상담시 필요한 이미지 ··· 113
다. 휴대품 ··· 114
라. 명함교환방법 ··· 114
마. 악수 ··· 114

3. 인맥관리 ··· 116
3-1 인맥관리의 중요성 ··· 116
3-2 지점장의 입장에서 인맥관리의 방안 ··· 117
3-3 이메일관리 ··· 118

4. 건강관리와 스트레스관리 ··· 120
4-1 지점장의 건강관리 ··· 120
4-2 지점장의 스트레스관리 ··· 121
4-3 전문가가 조언하는 스트레스관리를 위한 노하우 ··· 123

연습문제 ··· 125

제2장 지점 실적관리 및 사고예방관리

제1절 지점의 운영계획수립 및 실행 ··· 131
1. 지점 운영계획 ··· 131
1-1 지점 운영계획수립의 프로세스 ··· 131
1-2 지점 계획수립의 주요 내용 ··· 132
1-3 지점 운영계획과 SWOT 분석 ··· 136
1-4 지점의 과제와 운영방침 ··· 139
1-5 지점 운영계획 및 추진정책 ··· 142
1-6 지점 운영계획 수립시 유의사항 ··· 144

2. 지점 계수계획 ··· 145
2-1 지점 계수계획은 경영목표 달성의 핵심 ··· 145
2-2 예금부문 ··· 146
2-3 대출부문 ··· 147
2-4 외환부문 ··· 148

2-5 신탁부문 149
2-6 손익계획 149

3. 계수목표 달성을 위한 행동계획 150
3-1 수신(예금)관계 150
가. 전체 지점 영업추진체제의 확립 150
나. 점유비율 향상책 150
다. 개인(가계)예금 대책 151
라. 법인(기업)예금 대책 151
3-2 여신관계 152
가. 우량기업에 대한 점유비 제고 152
나. 신규대출처의 개척 153
다. 설비자금수요의 흡수 153
라. 개인금융에 대한 관심 제고 153
3-3 외환관계 154
가. 지방지점의 추진책 154
나. 도심지점의 추진책 154
다. 정보수집 및 섭외체제의 확립 154
라. 외환연수 155
3-4 손익관계 155
3-5 사무관리 및 인사조직 156

제2절 지점의 업적평가 및 개선활동 157
1. 지점 업적평가 157
1-1 업적평가 관리의 목적 157
1-2 지점 업적평가 관리에 대응하기 위한 전략 158
1-3 업적평가 목표에 따른 지점 계획수립시 유의사항 160
1-4 업적평가 관리 우수사례(우수지점장 대상 조사결과) 165

2. 직원의 업적평가 실적관리 169

3. 업적평가 관리를 위한 지점장 및 팀원의 체크포인트 171
3-1 지점장 체크포인트 171

3-2 팀원의 체크포인트 ………… 172
3-3 수신업적관리 점검사항 ………… 173
3-4 여신업무관리 점검사항 ………… 174
가. 여신업무의 기본원칙 ………… 174
나. 여신업무의 효율적 관리 ………… 176
3-5 직원의 판매역량 관리 점검사항 ………… 176
가. 판매역량을 제고시키는 직원육성방법 ………… 176
나. 판매스킬 함양 ………… 177

4. 지점의 업적평가 개선을 위한 이익관리 방안 ………… 178
4-1 예금량의 증대 ………… 179
4-2 대출량의 증대 ………… 180
4-3 본지점 이자율관리 ………… 180
4-4 비이자성 수익관리 ………… 182
4-5 경비절감 ………… 183

5. 지점 창구별 이익관리방안 ………… 183
5-1 예금창구관리 ………… 183
5-2 여신 및 여신관리 창구 ………… 184
5-3 외환창구 ………… 186
5-4 기타 창구 ………… 187

제3절 본부와의 커뮤니케이션과 지점 내 커뮤니케이션 ………… 188

1. 본부와 지점 간 커뮤니케이션 ………… 188
1-1 지점장의 본부와 커뮤니케이션 개선방안 ………… 188
1-2 지점장의 본부관리 예시 ………… 189

2. 지점 업무수행과 커뮤니케이션 개선방안 ………… 190
2-1 하향식 커뮤니케이션 개선방안 ………… 191
2-2 상향식 커뮤니케이션 개선방안 ………… 191
2-3 수평적 커뮤니케이션 개선방안 ………… 192
2-4 지점 내부의 의사결정 프로세스 ………… 192
2-5 지점회의에서 활용하는 브레인스토밍 방법 ………… 193

3. 지점활성화 ········ 195
3-1 활성화된 지점 ········ 195
3-2 지점활성화의 기본원칙 ········ 196
3-3 지점활성화와 지점장의 역할 ········ 197

제4절 지점의 사고예방관리 ········ 199
1. 금융사고 예방의 중요성 및 주요 유형 ········ 199
1-1 금융사고 예방관리 ········ 199
1-2 내부사고 예방 ········ 200
1-3 외부사고 예방 ········ 202
1-4 지점 사고예방대책 ········ 203

2. 금융사고 발생 유형 ········ 205
2-1 금융회사 종사자 윤리의식 결여 ········ 205
2-2 내부통제 이행 미흡 ········ 206
2-3 사고 유형별 주요 발생원인 ········ 206
가. 예금업무 관련 횡령·유용 ········ 207
나. 대출업무 관련 횡령·유용 ········ 207
다. 시재금, 시·공과금 관련 횡령·유용 ········ 207
2-4 지점 금융사고 발생유형 및 예방대책 ········ 208
2-5 금융민원 및 금융상담 현황 ········ 213
2-6 주요제도 개선사례 ········ 215
가. 예금·대출 등 관련 제도개선 사례 ········ 215
나. 보험관련 제도개선 사례 ········ 215
다. 신용카드 관련 제도개선 사례 ········ 215
2-7 금융사고 예방을 위한 내부통제강화 방안 ········ 216

3. 인터넷을 통한 금융사고 예방 ········ 217
3-1 주요 사고사례 ········ 218
가. 인터넷뱅킹 이용 현금서비스 사고 ········ 218
나. 인터넷뱅킹용 보안프로그램 작동 중단 후 개인정보 절취 ········ 218
다. 인터넷뱅킹을 통한 타인 계좌정보 노출 ········ 218
라. 인터넷뱅킹 이용 대출사기 사고 ········ 218

마. 전화금융사기(보이스 피싱) 사고 219
3-2 안전한 인터넷 금융거래를 위한 이용자 유의사항 219
3-3 안전한 스마트폰 금융거래를 위한 이용자 유의사항 221

4. 상품판매와 컴플라이언스 관리 222
4-1 펀드상품 223
4-2 방카슈랑스상품 225
4-3 파생결합상품 판매관리 226

5. 지점 사무리스크 관리 228
5-1 사무리스크 관리의 개념 228
5-2 사무리스크 관리의 중요성 230
5-3 사무리스크 관리 강화의 배경 231
가. 영업에 중점을 둔 지점 체제 구축 231
나. 사무인원의 합리화와 여성비정규직의 증가 231
다. 고객서비스의 충실과 사무관리의 상반성 232
라. 사무처리와 관련된 숙련도 미흡 232
마. 사무사고 발생시 대응조치 233

6. 운영리스크의 산출 및 평가 234
6-1 운영리스크의 산출방법 및 통제 234
6-2 운영리스크의 인식 및 평가 236

• 연습문제 238

제3장 직원관리와 지점환경관리

• 제1절 지점의 직원관리 245

1. 직원관리의 기본사항 245
1-1 직원관리시 지점장의 역할 245
1-2 직원관리 원칙 248
1-3 직원에 대한 바람직한 태도 251
1-4 팀장을 움직이는 지혜 255

1-5 팀원을 움직이는 지혜 ······ 256
1-6 여직원을 움직이는 지혜 ······ 258
1-7 우수직원과 불성실직원 관리 ······ 259
1-8 지점 내 직원 간 갈등관리 ······ 260
1-9 비공식조직의 활성화 ······ 263

2. 직무배분과 권한위양 ······ 265
2-1 직무배분 ······ 265
2-2 직무관리와 경력개발 ······ 268
가. 직무의 개념 ······ 268
나. 직무분석 ······ 269
다. 경력개발 ······ 271
2-3 권한위양 ······ 272
2-4 임파워먼트 ······ 274
가. 임파워먼트의 개념 ······ 274
나. 임파워먼트의 효과적 실행을 위한 조건 ······ 276
(1) 명확한 비전과 원칙 명시 ······ 276
(2) 인적 자산을 중시하는 기업문화 구축 ······ 276
(3) 실패에 대한 격려 ······ 277
(4) 공정한 보상 ······ 277
다. 임파워먼트의 성공요소 ······ 277

3. 직원의 동기부여 ······ 279
3-1 지점 경영과 동기부여의 중요성 ······ 279
3-2 동기부여관련 주요이론 ······ 282
가. 동기부여관련 내용이론 ······ 282
(1) 매슬로우의 욕구단계설 ······ 282
(2) 알더퍼의 ERG이론 ······ 283
(3) 허즈버그의 2요인론 ······ 284
(4) 맥클리랜드의 성취욕구이론 ······ 284
나. 동기부여의 과정이론 ······ 285
(1) 브룸의 기대이론 ······ 285
(2) 공정성이론 ······ 286
(3) 목표설정이론 ······ 287

3-3 지점장의 동기부여 실천사례 ··· 287
3-4 지점의 동기부여 방안 실천사례 ··· 289

4. 인사고과 ··· 290
4-1 인사고과와 지점장의 역할 ··· 290
가. 인사고과의 역할 ··· 290
나. 인사고과에서 지점장의 역할 ··· 292
4-2 지점 직원 인사고과시 유의사항 ··· 293
4-3 인사고과의 신뢰성 관련 오류원인 ··· 294
가. 2차 고과자의 오류 ··· 294
나. 연공오류 ··· 295
다. 시간적 오류 ··· 295
라. 후광효과 ··· 295
마. 관대화 경향 ··· 295
바. 상관편견 ··· 296
4-4 다면평가제와 목표관리제 ··· 296
가. 다면평가제 ··· 296
나. 목표관리제 ··· 297
4-5 목표관리 정착을 위한 지점장의 역할 ··· 298
가. 지점장 역할의 중요성 ··· 298
(1) 부문목표의 설정과 공유 ··· 299
(2) 부문목표의 주지와 목표의 균등배분 ··· 299
(3) 부하직원의 역할분담 결정 ··· 300
나. 개인목표의 점검과 수정 ··· 301
(1) 중간점검의 일상화 ··· 302
(2) 목표달성을 위한 지원 ··· 303
(3) 목표달성도에 대한 피드백 ··· 304
다. 목표관리제 실시의 효과 ··· 304
4-6 지점의 인사관리의 방향 ··· 305
가. 기존 인사관리 현황 ··· 305
나. 향후 인사관리 방향 ··· 306

제2절 지점 내 회의활용법 ··· 309
1. 지점 내 회의방법 ··· 309

1-1 지점 내 회의활용방법 ································ 309
1-2 지점 내 회의방식과 회의종류 ························ 310

2. 지점 회의방법 예시 ·· 313
2-1 지점 내 회의방법 사례 ································ 313
2-2 ○○○지점 내 회의 사례 ······························ 315

3. 지점 내 회의사례 ·· 316
3-1 지점 내 회의방법 ·· 316
가. 회의 시간 ·· 316
나. 회의진행 시 주의사항 ································ 317
3-2 지점 내 회의종류 ·· 317
가. 효과적 회의진행 ·· 317
나. 영업점 회의 종류 – ㄱ지점 사례 ···················· 318

제3절 지점의 환경관리 ···································· 320
1. 지점 환경개선 ·· 320
1-1 지점 환경개선의 중요성 ······························ 320
1-2 지점 내 환경개선이 필요한 부분 ···················· 320

2. 지점에서 환경개선을 위해 실시할 수 있는 사례 ··· 322

3. 지점 이전 및 재배치를 통한 지점 환경개선 ········· 324
3-1 지점 이전 및 재배치의 기본방향 ···················· 324
3-2 지점 이전 전략 예시 ···································· 325

연습문제 ·· 326

제1장

금융환경변화와 지점장의 역할모델

제1절 금융환경변화의 이해

제2절 우수지점장의 특성

제3절 지점장의 비전수립

제4절 지점장의 리더십

제5절 지점장의 역할모델

학/습/목/표

1. 지점장으로서 알아야 할 금융환경 변화의 핵심요인에 대해 학습한다.

2. 지점장의 업무스타일이 경영성과에 미치는 영향에 대해 생각해본다.

3. 우수지점장의 덕목과 특성에 대해 학습한다.

4. 지점의 비전수립과 지점장의 비전수립에 대해 각각 비교하여 학습한다.

5. 리더십 유형별 특성에 대해 학습하고 지점장의 바람직한 리더십 유형에 대해 생각해본다.

6. 지점장의 역할모델을 시간관리, 인맥관리, 이미지관리, 건강관리 측면에서 생각해본다.

제1절

금융환경변화의 이해

1 금융환경변화의 주요 특징

개별 금융기관이 직면하는 금융환경이 급속하게 변화하고 있다. 금융의 증권화, 규제완화에 따른 자율화와 금융의 글로벌화, 금융기관의 겸업화, 그리고 금융의 그룹화, 금융정보화 등이 금융환경 변화를 나타내는 대표적 산물이다.

1-1 금융의 증권화

금융의 증권화란 금융기관의 고정화된 자산 즉 대출채권을 증권으로 전환하여 이를 시장에서 판매하거나 유통시키는 자산의 유동화를 의미한다. 또한 기업 등 자금수요자들이 금융기관으로부터 자금을 차입하는 대신 증권을 발행하여 자금을 조달하는 직접금융의 활성화를 의미한다.

자본시장의 급속한 성장과 더불어 현저하게 나타난 금융의 증권화 현상은 기업의 자금조달방식으로 간접금융의 비중이 낮아지고 직접금융의 비중이 증가하는 경향을 의미한다. 은행의 증권관련 업무취급이 허용되면서 유동성과 수익성이 높은 신종 금융상품이 개발되어 고정자산의 유동성이 증가하는 현상을 의미하기도 한다. 과거 은행은 만기불일치로 인해 채무불이행의 위험과 시장위험 때문에 수익성 높은 투자에 적극적으로 나서기가 어려웠지만 새로운 금융상품을 경쟁적으로 개발하면서 이를 극복하게 되었다. 이와 더불어 금융기관들이 거액의 자금력을 바탕으로 자본시장에 커다란 영향력을 행사하는 기관투자가로 등장하였다. 실제로 금융혁신의 진전과 복잡한 금융계약의 급증은 전문투자기법의 중요성을 부각시켜 기관투자가의 중요성은 크게 커졌다.

금융의 증권화 현상은 금융시장의 효율성을 제고시키는데 일조하였으나 금융시장의 체계적 위험을 증가시키는 부작용도 초래하였다. 체계적 위험이란 시장변동과 관련되어 나타나는 수익률의 확률적 변동으로써 분산투자에 의해 제거될 수 없는 분산불가능한 위험이다. 체계적 위험은 정부의 정책이나 인플레이션, 경기침체 등 시장 전체에 영향을 주는 경제환경으로부터 발생한다. 비체계적위험은 기업자체나 또는 그 기업이 속한 특정산업에만 영향을 미치는 위험이다. 시장포트폴리오와는 관련이 없는 확률적 변동에 의해 나타나는 것으로 포트폴리오를 형성할 경우 제거가 가능한 위험이다.

유동성이 높은 유가증권을 보유한 기관투자가들은 소수의 금융센터에 집중되어 강한 경쟁압력에 직면하므로 시장에 외부충격이 있을 때 거의 동일한 방식으로 대응하기 마련이다. 이와 같이 기관투자가들의 투자행동이 공조화되면 금융불안정을 초래할 가능성이 크다. 금융환경변화가 금융시장의 효율성 확보에 기여하면서도 동시에 금융불안정성을 초래하는 것은 개별 경제주체들의 관점에서 본 최적선택이 사회 전체적으로 보면 조정실패를 가져올 수 있기 때문이다.

1-2 금융규제 완화

전반적인 금융자율화 추세와 더불어 정보비대칭성과 외부성의 문제를 해결하기 위해 존재하는 금융규제도 점차 완화되는 추세를 보이고 있다. 정보의 비대칭성이란 시장의 불완전성이나 비효율성에 기인하는 것으로 배당의 주가에 대한 영향을 설명하는데 이용되어 왔다. 외부성이란 한 경제주체의 활동결과가 시장메커니즘을 통하지 않고 다른 경제주체에게 영향을 미치는 것을 의미한다. 금융업에 있어 외부성에 의한 시장실패 사례는 한 은행의 도산이 외부효과에 의해 다른 은행의 경영상태에 대한 신뢰를 저하시켜 여타 은행에 대해서도 예금인출사태를 야기할 수 있다는 것이다.

원래 규제완화는 금융부문별 규제정도의 차이에서 촉발되었다. 비교적 규제의 부담이 가벼운 금융기관 또는 금융시장은 엄격히 규제되는 부문보다 빠른 속도로 성장·발전하게 된다. 이러한 경험을 통해 특정분야의 규제완화가 다른 분야의 규제완화를 촉발시켰다. 즉 시장자금이 고금리를 찾아 금리가 규제되는 부문에서 규제되지 않는 부문으로 빠져나가면 금융기관은 금리규제를 회피할 수 있는 고수익 금융상품 개발에 박차를 가하게 된다. 이 과정에서 규제당국은 규제회피에 대한 재규제가 막대한 사회적 비용을 수반한다는 점을 인식하고 규제완화를 점진적으로 수용하게 된 것이다.

규제완화의 과정에서 금융기관 사이의 업무영역 구분이 희미해지고 범위의 경제를 누리려는 겸업화 추세가 폭넓게 진행된다. 이것은 금융기관 사이의 경쟁이 격화되고 정보처리기술이 급속히 발달하면서 더욱 가속화되었다.

금융규제 완화 및 금융기관 겸업화 추세는 금융시장의 불안정성을 부추키는 측면이 있다. 금융기관중 특히 은행은 실물부문에 자금을 배분하고 결제수단을 제공하는 중요한 경제주체일 뿐만 아니라 다른 산업에 비해 외부효과가 매우 크다. 따라서 은행의 안정성은 국가경제 발전의 전제조건이라고 해도 과언이 아니다. 은행업이 증권업 및 보험업과 분리하여 취급되어야 할 필요성이 제기되는 것도 이러한 이유 때문이다. 그러나 은행산업의 안정성을 사전적으로 확보하려는 규제가 무분별하게 폐지되고 겸업화로 수익률 변동폭이 큰 증권업과 보험업을 은행이 취급하면서 금융부문 전체의 위험도가 증가하였다. 은행자산의 위험증가로 인해 악성루머와 같은 심리적 요인을 통해 예기치 못한 예금인출사태로 이어질 가능성이 커졌다는 의미다.

1-3 금융의 글로벌화

가. 금융글로벌화의 개념

범세계적인 금융산업규제 완화, 신속한 자본이동, 정보통신기술의 발달 등으로 자본시장의 글로벌화가 진전됨에 따라 금융산업에서 글로벌 기업이 출현할 수 있는 토대가 마련되고 있다. 업무별로는 상품 및 서비스의 속성상 도매금융 및 투자은행 업무의 글로벌화가 가장 신속히 진행되고 있다. 국경을 초월하는 네트워크하에서 금융업은 규모의 경제가 강력하게 작용하는 산업으로 변화하고 있으며 거대금융기관은 더 이상 국적이 명백하지 않고 업무영역이 특정기능에 한정되어 있지 않는 특징을 시현하고 있다.

금융의 글로벌화란 금융거래가 국가간 또는 지역간에 그치지 않고 범세계적으로 확산되는 현상이다. 한 국가의 금융시스템이 국제금융시장 또는 국제금융기관과 통합되는 현상으로 나타나게 된다. 구체적으로 국내 금융기관의 해외진출, 외국금융기관의 국내진출, 자본거래의 자유화, 국내 금융기관의 국제금융 관련 업무의 증대 등을 포괄한다. 금융의 글로벌화가 가속화됨으로써 긍정적 영향 뿐만 아니라 부정적 영향이 동시에 발생하고 있다.

긍정적 측면으로는 선진금융상품 및 금융기법의 도입, 금융시스템의 안정성제고, 선진 금융감독시스템 도입의 촉진, 은행산업의 경쟁여건 개선 등이 대표적이다. 금융의 글로벌화로 개발도상국에서는 새로운 형태의 더 많은 자본을 이용하여 경제발전을 이룰 수 있으며 효율적인 금융인프라를 구축하여 정보불균형 문제를 해소함으로써 역선택이나 도덕적 해이문제 등을 완화할 수도 있다. 이와 더불어 국내외 투자자에 의한 감시기능이 강화되어 시장규율을 조기에 정착시킬 수 있다.

여기서 역선택이란 의사결정에 필요한 정보가 충분하지 않아서, 불리한 선택을 하게 되는 것을 말한다. 도덕적 해이(moral hazard)는 원래 보험시장에서 사용하던 용어로, '리스크 관리' 분야에서도 사용하게 되었다. 정당한 리스크를 감수하는 것이 아니라 정부가 뒤를 받쳐줄 것이라는 믿음 하에서, 아니면 절대 망하지 않을 것이라는 믿음 하에 감수하는 리스크를 말한다.

반면 각국의 금융시장이 밀접히 연계되고, 국제투자자들이 다른 투자자들의 행동에 쉽게 동조하는 집단행동의 경향을 보이기 때문에 한 국가에서 발생한 금융위기를 해외로 급속히 전염시켜 국제적으로 연쇄적인 금융위기를 야기시키는 측면도 있다. 이러한 집단행동의 형태가 존재하면 일부 투자자들의 단순한 기대

심리가 바뀌는 것만으로도 자본유출입의 변동성을 심화시키게 된다. 금융시장이 개방된 국가에서는 해당국가의 경제적 기반이 건실하더라도 외국자본에 대한 의존도가 높을 경우 국제자본의 흐름에 민감하게 반응하게 되어 금융시스템과 경제기반이 약화될 수 있다.

나. 금융글로벌화의 영향

금융의 글로벌화가 진전됨으로써 각국 금융시장간의 연계성 증대로 세계 금융시장의 동조화 현상이 강화되고 있다. 뉴욕의 증시와 영국, 일본증시 등 각국의 금융시장의 상황이 서로 영향을 주고 받는 연계성이 한층 강화되고 있다. 실제로 1990년대 초부터 선진국을 중심으로 국가 또는 지역별 금융시장간 차익(arbitrage) 거래가 확대되고 있으며 24시간 실시간 거래도 보편화되고 있는 실정이다.

또한 한 국가의 금융시스템이 국제 금융시장과의 연계성이 높아짐에 따라 국내자본과 해외자본을 구분하는 것이 어려워져 자본의 흐름을 통제하는 것이 비효율적이게 된다.

이와 더불어 금융시장이 개방됨에 따라 국내 금융시스템이 대외환경에 쉽게 영향을 받을 수 밖에 없으므로 금융시스템의 건전성에 관한 규제·감독을 강화하고 동시에 적절한 리스크관리체계가 필요하다. 금융기관이 환율변동이나 금리변동위험에 쉽게 노출되기 때문에 헤지(hedge)되지 않은 외환차입이나 단기적으로 자금을 차입하여 장기적으로 투자함으로써 야기되는 자산·부채 불일치 문제 등을 일정수준으로 규제할 필요가 있다. 은행들이 적절히 대출자산을 분류하여 적정한 대손충당금을 확보하는 등 충분한 자기자본을 확충하도록 규제 및 감독하는 한편 국내외 투자가들과 예금자들에게 금융기관의 상태를 투명하게 공개하도록 함으로써 시장참여자들에 의한 규율이 강화될 수 있도록 하는 것이 바람직하다.

1-4 금융의 겸업화

가. 겸업화의 진전

세계 금융시장에서 나타나고 있는 주요 특징 중 하나는 금융기관간 인수·합병 또는 전략적 제휴를 통하여 금융의 수렴화 현상이 확산되고 있다는 점이다. 이는 금융의 겸업화가 진전됨에 따라 업종간 구분이 모호해지고 상호 경쟁적인 유사상품을 거의 모든 금융기관들이 판매하는 과정에서 나타난다.

금융시스템이 취약한 국가의 경우 금융기관간 경쟁격화 과정에서 금융기관의 부실이 증대함에 따라 부실 금융기관 처리의 일환으로 인수·합병을 추진하고 있다. 일본의 경우 금융부실 처리과정에서의 인수·합병이 주류를 이루었으나 최근 들어 경쟁력 강화를 위한 합병이 추진되고 있다. 미국의 경우 주간업무(州間業務, interstate banking) 및 업종간 진입에 대한 규제가 크게 완화된 가운데 합병동기가 기존의 경비절감과 같은 소극적 차원에서 탈피하여 보다 많은 고객에게 다양한 금융서비스를 제공한다는 공격적인 개념으로 전환되고 있다. 유럽의 경우 미국과는 달리 업종간 업무장벽이 존재하지 않음에 따라 모든 금융서비스를 제공하기 위한 이종업종간 합병, 그리고 지역내 영업기반 및 업무영역 확대를 위한 국경을 초월한 대형합병이 크게 증가하고 있다.

일반적으로 금융 겸업화가 진전되면서 은행별 상황에 따라 장단기적으로 다양한 기대효과를 창출할 것으로 예상된다. 예를 들어 금융거래자들에 대한 원스톱(one-stop) 서비스 제공, 상품과 서비스 경쟁에 의한 가격하락 효과 기대 등을 통해 금융소비자의 후생이 증대하기 마련이다.

비은행업무 확대의 장·단기적 기대효과

	단기효과	장기효과
증권업무	- 비이자수익 기반의 확대 - 증권시장 변화에 따른 수익변동성 증대	- 기업금융과 연계성 제고 - 투자금융업무의 활성화
자산운용 업무	- 수수료 수익기반 확대 - 투자자문업무의 활성화	- 장기수익기반의 안정화 - 증권·신탁업무의 시너지 제고
보험업무	- 수수료 수익 증대 - 고객기반의 활용강화	- 장기자산의 효율적 관리 - 장기수익기반의 안정화
신용카드 업무	- 수수료 수익증대 - 결제성 자금 확보	- 소매고객기반의 강화 - 장기자금관리의 효율화

겸업화는 은행, 증권 및 보험 등의 금융업을 공통의 자원을 이용하여 통합 운영함으로써 금융기관의 경쟁력 제고에 기여한다. 겸업 금융기관은 수익과 비용양 측면에서의 경제적 효과를 기대할 수 있으며 사업의 다각화를 통해 금융시상의 환경변화에 대한 효율적 대응이 가능하다. 또한 업종간 영역파괴로 인해 금융기관간 경쟁압력이 높아져 효율성 제고에 기여하는 효과를 갖는다.

나. 겸업화 추진 사례

금융겸업화는 전 세계적으로 급속히 진행되면서 이미 국제적 추세로 자리잡았다. 그동안 전통적인 분업주의를 고수하여 온 미국조차도 지난 1999년 11월 '금융서비스현대화법(Gramm-Leach-Bliley Act of 1999)'을 제정하여 금융업종간 진입장벽을 철폐하였다. 미국은 지난 66년 동안 은행, 증권, 보험의 상호진입을 엄격히 제한하였던 '글래스-스티걸법'이 사실상 폐지되었다.

일본의 경우 1998년 3월 외환거래법과 독점금지법의 개정으로 금융지주회사 설립이 허용되었으며 그해 6월 '금융시스템개혁법'의 도입으로 이종업종간 자회사 방식에 의한 상호진출이 가능하게 되었다. 유럽의 경우 전통적으로 겸업주의를 지속한 독일은 물론 영국, 프랑스 등도 1980년대 후반부터 지주회사 및 자회사 방식을 통해 방카슈랑스를 도입하는 등 겸업화가 이미 금융산업 전반에 걸쳐 폭넓게 진행되어 왔다.

세계적으로 금융의 겸업화 추세가 확산됨에 따라 금융소비자의 원스톱 서비스 수요에 부응하기 위해 여러 금융업을 영위하는 금융그룹이 출범하고 있다. 대부분의 국가에서 은행, 증권, 보험 업무를 통합하여 운영하는 금융서비스업이 출현하고 있다.

우리나라의 경우 2000년 1월 '금융회사의 업무위탁 등에 관한 규정'의 제정을 통해 금융권간 업무제휴를 확대하고, 동년 10월 '금융지주회사법' 제정으로 금융겸업화 작업을 가속화하는 여건을 마련하였다. 이에 따라 금융회사는 인가받은 업무의 수행방법 또는 절차상 본질적인 업무를 제외하고는 상호 업무제휴를 할 수 있게 되었다. 제외되는 업무는 은행업은 예금, 결제, 리스크관리, 증권업은 인수, 증권 위탁매매 등이다. 이에 따라 금융권별 핵심업무를 최소화하고 부수업무에 대하여 네거티브(negative) 시스템으로 전환하는 등 겸업화의 기본방향이 설정되면서 업무제휴가 빈번해지고 있다. 이러한 과정을 거쳐 비록 완전한 형태는 아니지만 동일 점포내에서 은행, 증권, 보험서비스를 받을 수 있는 복합점포도 등장하고 있다.

이러한 경향에 따라 각국의 금융기관들은 다양화되는 고객의 욕구에 부응하기 위한 맞춤형 금융상품을 제공하고 있다. '교차판매(cross selling)'에서 '교차서비스(cross service)'로 상품판매의 개념이 진화되고 있다. 여기서 교차판매는 기존 상품의 조합을 통해 고객의 요구를 충족시켜 주는 것을 의미하며 교차서비스는 고객의 니즈에 맞춰 상품을 구성하는 것을 의미한다.

1-5 금융정보화

가. 금융정보화의 진전효과

금융의 정보화란 통신 및 정보통신기술의 획기적인 발전에 따라 금융에 관련된 정보의 처리를 신속하게 하고 금융상품을 다양하게 개발하며 고객에 대한 금융서비스를 고도화시키는 총체적 현상을 의미한다. 정보처리기술의 발전은 전세계적으로 금융산업의 환경변화를 주도하는 핵심적 요인이 되고 있다.

특히 정보의 디지털화 추세는 정보의 축적과 공유를 용이하게 하면서 정보집약적인 금융산업의 발전에 크게 기여하고 있다. 디지털화의 진전으로 자금중개 및 위험평가, 금융정보제공, 매매와 자산관리, 자문 및 금융거래서비스 제공 등 금융의 기능들이 점차 정보집약적인 성향을 띠게 되면서 금융기관들은 빠른 속도로 정보기술회사의 형태를 갖추고 있다.

금융정보화의 진전은 금융거래의 거래비용을 대폭 경감시키고 있다. 통신 및 정보처리기술의 발달은 대규모의 정보를 신속하고 정확하게 전달할 수 있게 만들어 거래비용을 대폭 경감시켰으며 복잡한 거래형태에 대한 대응을 용이하게 하였다. 컴퓨터를 이용하여 방대한 정보데이터의 처리와 신속한 자산가치의 평가가 가능하게 됨으로써 투자자들의 투자결정 및 국제계약의 체결이 용이하게 되었다. 또한 국경을 초월한 금융거래를 실시간으로 가능하게 함으로써 전세계적인 자본거래를 통합시키고 있다.

한편 정보통신기술은 기존의 금융상품을 여러 가지 형태로 가공하여 새로운 금융수단 및 기법을 개발할 수 있도록 촉진하고 있다. 선물, 옵션, 스왑 등의 파생금융상품은 컴퓨터 시스템에 의한 고도의 정보처리능력을 바탕으로 한 금융공학 기법이 응용되면서 창출되었다. 또한 수많은 대출채권을 하나로 모아 저렴한 비용으로 각 채권을 합성이자가 부가된 증권으로 신속·정확하게 만들어내는 비유동자산의 증권화도 컴퓨터의 도움없이는 불가능하다. 금융의 종합정보가 신속하게 전달, 교환, 처리되는 소위 정보의 디지털화가 빠른 속도로 진행되면서 이전에는 불가능하였던 즉각적인 위험평가, 금융결제, 신용공여 등이 가능해지고 있다.

나. 은행산업에 있어 금융정보화의 개념

은행산업의 발전에 가장 크게 기여하고 있는 금융정보화는 금융기관의 생산성을 높이고 금융거래상의 편의를 증진시키기 위하여 금융정보를 수집, 처리, 창출하거나 전달하는 데에 컴퓨터 및 고도의 통신기술을 활용하는 것을 의미한다. 정보기술의 발달은 정보를 처리·활용·창출하는 일을 주업무로 하는 금융산업의 발전에 큰 영향을 미쳤다.

정보기술의 발달은 크게 컴퓨터 관련기술의 발달과 통신기술의 발달로 구분된다. 컴퓨터 관련기술의 발달은 경제주체들의 자산과 부채에 관한 정보를 효율적으로 관리하고 금융거래 및 지급결제정보를 신속하게 처리함으로써 금융거래의 효율성을 크게 높였다. 또한 통신기술의 발달로 인해 원거리간 또는 비대면(非對面) 금융거래를 가능하도록 함으로써 금융거래의 편의성이 획기적으로 개선되었다.

금융산업에서는 다른 분야에 비해 일찍부터 정보화가 추진되어 왔는데 이는 금융거래의 상당부분이 정보의 전달만으로 완료될 수 있고 금융상품과 서비스가 거의 동질적(homogeneous)이라는 산업특성에 주로 기인하고 있다.

금융정보화 과정은 크게 4단계로 구분될 수 있다. 제 1 단계는 기기를 이용한 사무자동화와 각 금융기관 내부의 온라인망 등 내부전산망을 구축하는 단계이다.

제 2 단계는 금융기관 내부전산망을 다른 금융기관의 전산망과 연결해서 금융네트워크를 구축하여 금융서비스를 제공하는 단계이다. 금융네트워크의 대표적인 예로 은행의 금융공동망을 들 수 있다. 은행공동망은 각 은행이 법적, 경제적 독립성을 유지하면서도 결제면에서 상호 긴밀한 연계하에 운영되도록 함으로써 전국을 1일 금융권으로 통합하고 새로운 지급결제관련 서비스를 개발하는데 크게 기여하고 있다.

제 3 단계는 금융기관과 고객간에 직접적인 대면(對面) 없이도 금융서비스를 제공하고 제공받을 수 있는 새로운 시스템을 구축·운영하는 단계이다. 전화, 인터넷 등 통신망을 통하여 금융서비스를 이용할 수 있게 됨에 따라 물리적인 점포없이 금융업무를 수행하는 가상금융기관(Virtual Financial Institution)이 등장하게 되었다.

제 4 단계로는 금융산업을 정보지식산업으로 전환하는 단계이다. 금융기관은 고객들에 관한 정보관리를 통해 특정고객의 금융수요를 정확히 파악하여 차별화된 금융서비스를 제공함으로써 영업기반을 더욱 강화하고 새로운 영업기회를 창출할 수도 있을 것이다. 특히 기업고객에 대하여는 그 기업 제품의 시장환경, 원자재 조달여건 등 영업활동에 필요한 각종 정보, 자산·부채 종합관리에 필요한 헤지(hedge)수단, 기업인수에 필요한 의사결정 정보 등 다양한 정보를 공급할 수 있게 된다. 금융기관이 금융전자문서교환(EDI : Electronic Data Interchange)를 적극적으로 활용할 경우 기업의 거래활동에 수반되는 많은 정보가 금융기관에 축적되고 이러한 정보가 시너지효과를 가져옴으로써 금융산업의 정보산업화는 더욱 빠르게 진전될 수 있을 것이다.

우리나라 금융산업은 전반적으로 금융네트워크 구축단계를 거의 끝내고 무선통신, 인터넷, 초고속정보통신망 등 통신기술을 활용하여 각종 금융서비스의 전달채널을 다양화해 나가는 금융정보화 과정의 제 3 단계에 있다고 볼 수 있다. 일부 금융기관의 경우에는 금융정보 데이터베이스를 기반으로 고객이 필요로 하는 정보를 제때에 제공하는 고객관계관리(CRM : Customer Relationship Management)시스템 등을 구축하는 등 금융정보화 제 4 단계에 진입하고 있다.

향후 금융정보화는 디지털금융 환경에 적합한 선진 정보시스템을 구축하고 시간적·공간적으로 구애받지 않는 고객밀착형 금융서비스 제공체제를 확립하는데 주안점을 두고 있다. 이를 위해 우선 편의성 및 범용성이 높은 금융서비스 채널을 중심으로 고객과의 접점을 다양화해 나갈 것으로 예상된다. 기존 유선 인터넷뿐만 아니라 고객들에게 보다 친숙하고 접근이 용이한 일반 휴대전화나 PDA(Personal Digital Assistant), 스마트폰과 같은 모바일기기 등으로 금융서비스 제공채널 확대가 전망된다.

또한 다양한 채널을 통해 수집한 고객정보를 체계적으로 관리할 수 있는 통합정보관리체제를 구축하고 고객의 라이프스타일이나 투자성향 등에 기초한 맞춤형 금융서비스를 제공할 것이다. 한편 기업간(B2B), 기업과 소비자간(B2C) 및 개인간(P2P) 전자상거래에 적합한 전자결제수단과 전산시스템을 확충하고 유가증권의 발행·관리업무를 전자화하는 등 금융거래 수단의 전자화를 적극적으로 추진할 것으로 예상된다.

마지막으로 신기술의 수용 등을 통해 24시간 365일 무정지·무장애 운영이 가능한 금융정보 인프라를 구축함으로써 금융환경의 변화나 고객접점의 다변화 등에 신속히 대응할 수 있는 체제를 구축하는데 주력할 것으로 전망된다.

아울러 은행들은 새로운 국제회계기준(IFRS)에 대응할 수 있는 전산시스템 구축 프로젝트를 완료했으며, 스마트폰 및 태블릿PC 보급 확대에 대응하여 대고객채널로서의 모바일뱅킹 인프라 확충을 활발하게 진행했다. 최근에는 국내 금융환경이 급변함에 따라 기존의 시스템을 고도화하는 데 많은 투자를 하고 있으며 스마트 브랜치 및 모바일 오피스 등을 구축하는 한편 클라우드 컴퓨팅, 빅데이터, 소셜네트워크(SNS) 및 NFC(Near Field Communication) 등 최신의 정보통신기술을 활용한 금융서비스 개발도 추진하고 있다. 또한 일부 금융기관에서 인적 · 절차적 관리부실 등으로 전산장애, 해킹 및 개인정보 유출 등 전자금융사고가 발생함에 따라 전산보안 인프라 확충 및 금융IT 내부통제 강화에도 많은 노력을 기울이고 있다. 빅 데이터란 기존 데이터베이스 관리도구로 데이터를 수집, 저장, 관리, 분석할 수 있는 역량을 넘어서는 대량의 정형 또는 비정형 데이터 집합 및 이러한 데이터로부터 가치를 추출하고 결과를 분석하는 기술을 의미한다. NFC는 모바일 RFID(Radio Frequency Identification) 기술 가운데 하나로 10cm 이내의 가까운 거리에서 다양한 무선데이터를 주고받는 비접촉식 근거리 무선통신기술규격을 의미한다.

다. IT와 금융의 융합을 통한 핀테크 산업 육성

IT와 금융의 융합을 통한 다양한 금융서비스를 일컫는 핀테크(fin-tech) 산업 육성을 지원하기 위한 법령 개정이 이루어지고 있다. 금융을 뜻하는 파이낸셜(financial)과 기술(technique)의 합성어로 모바일 결제 및 송금, 개인자산관리, 크라우드 펀딩 등 정보기술(IT)을 기반으로 한 새로운 형태의 금융 기술을 말한다. 핀테크(FinTech)는 IT신기술을 활용한 신종 금융서비스를 의미하며 국제송금, 결제, 개인자산관리, 크라우드 펀딩 등에 적용된다. 즉 핀테크 비즈니스 모델과 사업 영역을 분류하는 기준은 크게 은행업 및 금융 데이터 분석(Banking & Data Analytics), 지급 결제(Payment), 자본시장 관련 기술(Capital Market Tech), 금융자산 관리(Finance Management) 등 4가지 영역으로 정리돼 가고 있다.

금융위원회가 금융회사, 전자금융업자 및 전자금융보조업자의 전자금융거래와 관련하여 지켜야 할 기준을 정할 때 특정 기술 또는 서비스를 강제할 수 없도록 하고, 보안기술과 인증기술의 공정한 경쟁이 촉진되도록 노력하여야 한다는 규정을 신설하였다. 이를 통해 전자금융거래에 있어 금융회사 등의 자율적인 보안능력 강화 및 다양한 보안·인증 기술 개발을 유도하고자 하였다.

또한 국내외 소비자 편익 증대 및 전자상거래 활성화를 도모하기 위해 30만원 이상 전자상거래 시 공인인증서 또는 이와 동등한 수준의 본인인증수단을 의무적으로 사용하도록 강제하던 규정을 개정하여 신용카드 및 직불카드에 의한 결제 시에는 동 사용의무를 폐지하였다.

금융회사 간 실명거래의 확인 업무의 위탁·수탁이 가능하도록 하였다. 이에 따라 신규계좌 개설 시 등 대면(對面) 본인확인이 필요한 경우 이미 본인확인을 한 다른 금융회사에 그 확인 업무를 위탁할 수 있게 되어 비대면 본인확인을 통한 계좌 개설을 위한 법적 근거가 마련되었다.

한편 금융감독원은 2015년 핀테크 업체가 사업을 성공적으로 이끌 수 있는 7가지 비결을 영문자로 이니셜화한 'FINTECH'를 선정하여 발표하였다. 업권 간 경계 개척(Frontier), 정체성 확립(Identity), 수요자 요구 파악(Needs), 기술 확보(Technology), 서비스 구체화(Embody), 소비자 중심(Customer), 기술결합(Hybrid-patchworks) 등을 의미하며 다음과 같다.

① 내가 걸어가는 길이 새로운 길이 된다(Frontier) : 새로운 기술이나 기존 기술을 다양한 금융업권의 금융서비스에 접목할 수 있는 혁신적이고 창의적인 아이디어가 중요

② 나만의 정체성을 명확하게 하라(Identity) : 새로운 기술이 무엇이며, 무엇을 위한 것인지, 또 어느 곳에 필요한 것인지 등에 대한 명확한 위치를 설정할 필요

③ 수요자인 금융회사의 관심사항을 먼저 파악하라(Needs) : 새로운 기술의 수요자인 금융회사의 관심분야를 먼저 파악하고, 이를 달성할 수 있는 특화된 서비스나 기술을 제안

④ 신뢰할 수 있는 보안기술은 기본이다(Technology) : 새로운 금융서비스에 대한 소비자의 신뢰가 정착될 수 있도록 보안성에 대한 확신을 뒷받침해줄 수 있는 기술을 개발

⑤ 즉시 제공 가능한 구체적인 서비스를 구현하라(Embody) : 금융회사의 업무처리 환경 및 절차를 이해하고, 금융서비스에 신속히 적용될 수 있는 구체화된 기술 및 서비스를 제안

⑥ 금융소비자의 입장에서 생각하라(Customer) : 최종소비자인 금융소비자의 입장을 고려하여 복잡하지 않고 사용자에게 친숙하며 편리한 서비스를 제공

⑦ 다양한 기술 간 상호결합을 시도하라(Hybrid-patchworks) : 다양한 기술과의 조합 및 업체 간 제휴를 통해 새로운 가치를 창출하여 기존 기술과의 차별화 및 상품성 향상을 도모

라. 인터넷전문은행 도입방안 및 기대효과

인터넷전문은행 도입으로 다양한 금융서비스를 손쉽고 저렴하게 이용할 수 있게 됐다. 예금, 대출, 결제 등 모든 은행업무에 핀테크를 접목·활용하게 된다. 국내 금융시장에 인터넷 전문은행의 도입은 우리나라의 발달된 IT인프라 활용, 이용자수요 충족 및 금융서비스 수준을 비약적으로 발전시키는 계기가 될 전망이다. 인터넷전문은행 예비인가 심사시 주요평가항목은 자본금 규모, 주주구성계획, 사업계획, 인력·영업시실·전산체계 및 물적설비 등으로 구성됐다. 사업계획 심사시에는 사업계획의 혁신성, 금융소비자 편익증대, 사업모델의 안정성, 국내 금융산업 발전 및 경쟁력 강화기여, 해외진출 가능성 등 5가지 평가항목을 중점적으로 심사했다.

인터넷전문은행 도입관련 은행법 개정안 주요내용

① 인터넷전문은행의 정의 : 은행업을 전자금융거래 방법으로 영위하는 은행

② 인터넷전문은행 최저자본금 완화 : 시중은행의 1/4 수준인 250억원

③ 인터넷전문은행 소유규제 완화 : 혁신적인 ICT기업 등이 적극 참여할 수 있도록 인터넷전문은행에 한해 지분 보유한도를 현행 10%(의결권은 4%)에서 50% 이내로 완화했다. 다만 상호출자제한기업집단은 현행 규제를 계속 적용한다. 또한 대주주와의 이해상충 방지를 위한 보완방안을 마련했다. 대주주 신용공여 한도를 축소했는데 기존 자기자본의 25% 및 지분율 이내에서 자기자본의 10% 및 지분율 이내로 변경했다. 대주주 발행주식 취득도 제한했는데 현행 자기자본의 1% 이내에서 금지하는 것으로 변경했다.

인터넷전문은행 도입으로 금융소비자, 은행산업, 국민경제에 긍정적인 효과가 기대된다.

① 금융소비자 : 점포방문 없이 은행이용이 가능하고 낮은 금리, 수수료 혜택을

받을 수 있다. 점포방문 없이 다양한 금융서비스 이용 가능, 특히 모바일을 통한 원스톱 금융서비스 활성화가 예상된다.

② 은행산업 : 차별화된 사업모델의 출현으로 은행간 경쟁이 촉진될 것으로 예상된다. 새로운 경쟁자 및 차별화된 사업모델이 출현함으로써 은행간 경쟁 촉진, 기존 은행의 인터넷뱅킹서비스 개선노력 촉발 등 전반적인 경쟁력향상 유도가 가능하다.

③ 국민경제 : IT와 금융의 융합을 통한 핀테크 활성화 및 새로운 일자리 창출이 가능해질 것이다. 인터넷전문은행 자체 효과, 국내에서 경쟁력 확보 후 해외진출 활성화시 추가 효과, 핀테크 등 유관산업 발달에 따른 효과도 기대된다.

1-6 자본시장법 시행

가. 자본시장법 제정 목적

"자본시장과 금융투자업에 관한 법률(자본시장법)"은 자본시장을 규율하는 기존의 증권거래법, 간접투자자산운용업법, 선물거래법, 신탁업법, 한국증권선물거래소법의 규정들이 하나의 법으로 통합된 것이다.

자본시장법의 제정목적은 첫째, 자본시장이 자금중개기능을 정상적으로 수행하지 못하고 있다고 지적되어 왔기 때문이다. 자본시장의 활성화를 위해서는 수요자의 욕구를 충족시킬 수 있는 다양한 금융상품의 개발과 아울러 기업에게도 다양한 자금조달의 수단과 기법이 제공될 필요성이 크다는 인식이 확산돼 왔다.

둘째, 투자자보호를 한층 강화하고자 하는 것인데, 투자자 간의 정보의 비대칭성을 해소하고 충분한 정보를 바탕으로 한 투자판단이 이루어질 수 있는 제도적 장치를 마련함과 아울러 금융투자업자의 이해상충행위와 시장에서의 불공정행위를 적절히 규제함은 물론 손해를 입은 투자자에 대한 효율적인 규제조치를 제공하여 자본시장의 안정적 발전을 도모하고자 하는 것이다.

셋째, 새로운 금융업의 유형으로 제시되는 '금융투자업'의 경쟁과 혁신의 촉진을 통하여 자본시장의 경쟁력을 제고하고자 하는 것이다.

자본시장법의 제정은 업무영역의 광역화, 겸업금지의 해소, 취급 가능한 금융상품의 제한철폐 등 금융투자업의 영위와 관련된 제도적 제약을 없앰으로써 금융투자업에서의 금융혁신을 촉진하고 고부가가치 금융영역에서 경쟁이 촉발되도록 함으로써 금융투자업, 나아가 자본시장의 경쟁력을 높이는 것을 목표로 하고 있다.

나. 포괄주의 규제체제의 도입

자본시장법에서는 금융투자상품의 개념을 추상적으로 정의하여 향후 출현할 모든 금융투자상품을 법률의 규제대상으로 포괄하고자 함과 동시에 금융투자회사의 취급가능 상품과 투자자 보호규제의 대상을 대폭 확대하였다.

자본시장법에서는 명칭과 형태를 불문하고 원본손실이 발생할 가능성, 즉 투자성이 있는 모든 금융상품을 금융투자상품으로 정의하고 있다. 또한 이를 다시 원본초과손실이 발생할 가능성이 있는지를 기준으로 하여 증권과 파생상품으로 구분하였다. 파생상품에 대해서는 보다 강한 투자자보호규제를 적용하는 것을 기본원칙으로 하고 있다.

자본시장법에서는 규제대상이 되는 금융투자상품을 '위험을 부담하면서 이익을 얻거나 손실을 회피할 목적으로 발행인 또는 거래상대방에게 현재 또는 장래의 특정시점에 금전 등을 지급하기로 약정함으로써 취득하는 권리'로 정의하고 있다. 기존의 유가증권 개념의 핵심인 유통성 보다는 투자성을 더 중요시하였다. 금융투자상품을 투자성 즉 원본손실가능성이라는 개념적 특징을 통해 정의함으로써 원본손실가능성이 있는 모든 금융투자상품을 자본시장법의 규율대상이 되게 했다. 이에 따라 금융투자업자가 취급할 수 있는 금융상품의 범위가 크게 확대되고, 이에 따라 투자자보호의 공백도 사라지게 될 것으로 기대된다. 금융투자상품은 위험의 크기 즉 원본초과 손실가능성 여부에 따라 증권과 파생상품으로 구분된다. 파생상품은 거래장소에 따라 장내파생상품과 장외파생상품으로 구분된다.

자본시장법은 증권의 개념을 포괄주의로 전환하면서 파생결합증권과 투자계약증권의 개념을 도입했다. 파생결합증권은 증권의 수익이 외생적 지표에 따라 결정되는 모든 증권을 포괄하는 개념이고, 투자계약증권은 증권의 수익이 투자자와 공동사업을 영위하는 자의 노력에 따라 결정되는 모든 증권을 포괄하는 개념이다. 한편 자본시장법에서는 파생결합증권, 파생상품의 기초자산의 범위를 대폭 확대했다. 기존에는 유가증권, 통화, 일반상품, 신용위험 등이었으나, 자본시장법은 금융투자상품, 통화, 일반상품, 신용위험, 그밖에 자연적, 환경적, 경제적 위험 등으로서 평가가 가능한 것으로 포괄했다.

증권 및 파생상품

명칭		정의	예
전통적 증권	채무증권	지급청구권을 나타내는 것	국채, 지방채, 사채, 기업어음 등
	지분증권	출자지분을 나타내는 것	주식, 신주인수권, 출자증권, 출자지분 등
	수익증권	신탁의 수익권을 나타내는 것	신탁 수익증권, 신탁형 집합투자 기구의 수익증권 등
	증권예탁증권	증권 예탁을 받은 자가 발행하는 증권	KDR, GDR, ADR 등
투자계약증권		이익을 기대하여 공동사업에 금전을 투자하고 타인의 노력결과에 따라 손익을 귀속받는 계약	집합투자증권, 비정형간접투자증권, 주식, 출자지분 등
파생결합증권		기초자산의 가격 등의 변동과 연계되어 이익을 얻거나 손실을 회피할 목적의 계약상의 권리	주가연계증권(ELS), ELW, 환율연계증권, 역변동금리채 등

파생상품 : 선도, 옵션, 스왑을 추상적으로 정의

다. 기능별 규제체제의 도입

기능별 규제는 금융투자상품과 금융투자업 및 투자자에 대한 기능적 정의를 기초로 구축되어 있다. 자본시장법상 금융투자업에 대한 규제체제는 첫째, 기능과 위험을 기준으로 포괄적으로 정의된 금융투자상품을 출발점으로 하고 있다. 투자성이라는 경제적 기능을 수행하는 상품을 모두 금융투자상품으로 포함함으로써 종래의 한정적 열거주의 규제체계 하에서의 금융투자상품의 개념정의가 가진 한계를 극복할 수 있게 됐다.

둘째, 금융투자상품에 대한 매매와 중개 등 일정한 행위를 영업으로 하는 것을 금융투자업으로 정의하고, 경제적 기능과 위험을 기준으로 투자매매업, 투자중개업, 집합투자업, 신탁업, 투자일임업, 투자자문업으로 분류했다.

① 투자매매업 : 자기의 계산으로 금융투자상품의 매수, 매도, 발행, 인수, 청약 등을 하는 업, 과거 증권거래법상 증권회사의 매매업, 인수업, 매출업, 종금사의 매매업과 인수업 그리고 간접투자자산운용업법상 간접투자증권(펀드)의 판매를 의미

② 투자중개업 : 타인의 계산으로 금융투자상품의 매수, 매도, 청약 등을 하는 업, 과거 증권거래법상 증권사의 위탁매매업, 중개업, 대리업, 매매위탁의 중개·주선·대리업, 모집·매출의 주선업, 선물거래법상 선물회사의 선물거래업, 종금사의 중개업에 해당된다.

③ 집합투자업 : 2인 이상의 투자자로부터 금전 등을 모아 투자자로부터 운용지시를 받지 않으면서 운용하고 그 결과를 투자자에게 귀속시키는 업, 과거 간접투자자산운용업법에 의해 이루어진 펀드상품 운용에 해당하는 것으로 복수의 투자자로부터 모집된 자금을 독립된 제3자가 운용하고 그 운용결과를 자금을 출연한 투자자에게 배분하는 금융업

④ 신탁업 : 현행 신탁업법상의 개념이 그대로 유지되며, 단 현재 원본보전이 한시적으로 허용되고 있는 개인연금신탁, 연금신탁업은 금융투자업으로 볼 수 없으므로 금융투자업으로 규율하지 않도록 하였다. 과거 신탁법에 의한 신탁

을 영업으로 하는 금융업으로 금전신탁과 재산신탁으로 크게 분류할 수 있다.

⑤ 투자일임업과 투자자문업 : 금융투자상품에 대한 서비스로 한정하였으므로 금융투자상품 이외의 자산에 대한 투자일임 내지 투자자문은 금융투자상품이 아님.

셋째, 투자자를 위험감수능력을 기준으로 하여 전문투자자와 일반투자자로 분류한 후 전문투자자에 대해서는 영업행위와 관련한 규제의 대부분을 면제하고 있다.

자본시장법은 금융투자업 규제를 금융기능에 대하여 적용하는 것을 원칙으로 하고 있다. 금융기능은 '금융투자업의 유형 + 금융투자상품 + 투자자'의 조합에 의해 여러 가지 유형으로 규제를 받는다. 그리고 금융투자업은 6개 종류의 세부적인 업으로 구성되고, 금융투자상품은 증권, 장내파생상품, 장외파생상품으로 구분되며 투자자는 일반투자자와 전문투자자로 분류되고 있다.

라. 업무범위의 확대

자본시장법에서는 금융투자업간 겸영을 법률에서 금지하지 않음으로써 금융투자업자가 원할 경우 6개 금융투자업을 모두 겸영할 수 있도록 하고 있다. 단, 이해상충 방지체제를 입법함으로써 겸영에 따른 투자자와 업자간, 투자자간 이해상충 가능성을 방지하고 있다. 자본시장법의 목적 중의 하나가 금융투자업의 영역을 확대함으로써 선진국과 같은 대형투자은행의 탄생을 유도한다는 것이므로 겸업의 허용은 중요한 의미를 가진다.

자본시장법에서는 금융투자업자가 영위가능한 부수업무를 법률규정에 열거하지 아니하고 원칙적으로 모든 부수업무의 취급을 허용하되, 예외적으로 제한하는 체제인 '네거티브체제'로 전환하였다. 이와 관련하여 금융투자회사는 부수업무 개시 7일전에 감독당국에 부수업무 개시 사실을 신고하도록 하고 감독당국은 부수업무가 금융투자회사의 건전성 또는 투자자보호, 시장질서에 문제를 야기할 경우 부수업무 영위를 제한하거나 시정을 요구할 수 있다.

자본시장법에서는 투자자가 금융투자회사의 영업점을 방문하지 않아도 금융투자상품에 대하여 보다 다양한 경로로 접근하여 금융투자상품을 매수할 수 있도록 하기 위해 금융투자회사로부터 위탁을 받아 투자자에게 투자권유의 역할을 수행하는 투자권유대행인제도를 도입했다. 투자권유대행인은 금융투자회사의 위탁을 받아 금융투자상품 판매의 중개업무만을 수행하는 자로 정의된다. 투자권유대행인은 증권관련 자격증 등 전문지식을 갖출 것이 요구된다. 투자권유 과정에서 발생할 수 있는 문제점을 해결하기 위하여 금융투자회사에게 적용되는 설명의무, 적합성의 원칙 등 투자권유규제를 투자권유대행인에 대해서도 동일하게 적용하고 금융투자회사에게는 민법상의 사용자책임을 준용하도록 하여 투자권유 대상자에 대한 불법행위에 대하여 책임을 지도록 함으로써 투자자 보호에 도움이 되도록 하였다.

집합투자업과 관련된 규제도 대폭 완화하여 집합투자업의 자율성이 높아지도록 하였다. 우선 집합투자기구의 종류를 국내에서 설립가능한 모든 기구로 확대하였다. 이에 따라 유한회사, 합자회사, 상법상 익명조합, 민법상 조합 등 민법과 상법상 허용된 모든 기구를 통해 집합투자기구의 설정이 가능하게 되었다.

마. 투자자보호의 강화

자본시장법은 투자권유와 관련하여 설명의무를 신설하고 적합성원칙을 도입한 것 이외에도 회사의 이익과 고객의 이익 간에 발생할 수 있는 이해상충방지체제를 마련하고 발행공시규제의 적용범위를 은행채권, 집합투자증권, 수익증권으로 확대하였다.

투자자보호는 자본시장법의 핵심개념이다. 여기서 투자자는 정보수집과 투자판단에 있어서 취약성을 가지고 있는 일반투자자를 가리킨다. 일반투자자는 기관투자자와 같은 전문투자자와 비교하여 자기방어능력이 떨어지기 때문에 법에서 그 차이를 메워주어야 한다. 자신을 보호할 능력이 갖춘 전문투자자에 대하여는 법이 후견자적 역할을 적극적으로 할 필요성이 없으며, 자본시장법의 주된 보호대상이 아니다.

자본시장법상 포괄주의 규제체제와 기능별 규제체제가 함께 적용됨에 따라 자본시장에서의 투자자 보호의 공백이 존재하지 않게 될 것으로 기대된다. 포괄주의 규제체제로 인하여 새롭게 등장하는 금융상품에 원본손실 가능성이 내포되어 있으면 자본시장법상 금융투자상품에 포함되기 때문에 투자자 보호규제를 피해갈 수 없게 된다. 또한 기능별 규제체제가 적용됨에 따라 누가 금융투자업을 영위하건 간에 자본시장법상 규제를 적용받게 된다. 금융투자상품의 개념이 횡적으로 넓어지고 금융투자업의 개념이 종적으로 넓어짐에 따라 모든 자본시장 영역에서 투자자보호가 철저하게 이루어지게 되는 것이다.

금융투자상품의 권유시 상품의 내용과 위험 등을 일반투자자에게 설명하도록 하는 설명의무를 도입하였고, 투자자의 특성에 맞도록 투자권유가 이루어지도록 하기 위해 적합성의 원칙을 도입했다. 금융투자업자는 투자권유를 하기 전에 투자자의 특성 등을 면담을 통해 파악하는 것이 요구된다. 적합성의 원칙에 따라서 투자권유가 이루어지도록 함으로써 투자자보호에 만전을 기하기 위함이다. 적합성의 원칙은 위반시 별도의 제재는 규정되어 있지 않으나 투자자와의 분쟁이 발생한 경우에 법원의 불법행위 판단의 중요한 기준이 될 것이다. 투자자가 요청하지 않았다면 투자자를 방문하거나 전화를 통하여 장외파생상품에 대하여 권유하지 못하도록 하고 투자자가 투자권유에 대하여 거부의사를 표시한 경우에는 계속하여 투자권유를 하는 행위를 금지하는 제도를 도입했다.

금융투자업의 영업행위에 대한 규제 중에서 핵심적인 규제는 이해상충에 대한 규제다. 자본시장에는 업자와 투자자간에 항상 정보의 비대칭성이 존재하고 있기 때문에 업자가 투자자의 이익을 희생하여 자신이나 제3자의 이익을 추구할 가능성이 항상 존재한다. 그래서 금융투자회사 내부에는 이해상충 관리시스템의 설치를 의무화함으로써 상시적으로 이해상충이 관리될 수 있도록 하였고, 이해상충 행위중에서 투자자의 이익에 대한 중대한 위험이 발생할 수 있는 행위를 금지하고, 위반시에는 벌칙을 부과하도록 하였다. 이해상충 관리시스템은 금융투자회사가 평판위험 관리차원에서 자율적으로 내부통제장치로서 도입해야 하는 것이지만, 투자자보호의 차원에서 이를 법령에서 의무화하고 있다. 이해상충은 부적절한 정보의 교류, 즉 정보의 유용을 통해서 발생하게 되므로 이해상충가능성이 크다고 인정되는 금융투자업자 간에는 정보교류의 제한장치를 추가로 마련하도록 하였다. 이를 위해 특정 금융투자업간에는 금융투자상품의 매매정보를 제공하는 행위를 금지하고 임직원의 겸직을 제한하며, 사무공간 및 전산설비의 공동사용을 금지하고 있다.

투자자가 투자판단에 필요한 충분한 정보를 가지고 투자결정을 내릴 수 있도록 발행공시규제가 적용되지 않고 있는 기존의 은행채, 집합투자증권, 수익증권 등에 대해서도 공모 발생시에 적용되는 발행공시규제를 적용하는 것을 원칙으로 하였다.

2 선진국의 금융환경변화의 특징

2-1 선진금융시장의 변화 요인

선진 금융시장은 글로벌화, 규제완화, 기술혁신, 금융수요의 다양화 등의 변화동인(變化動因)으로 급격히 변모하고 있다. 컴퓨터 및 통신기술의 발전과 규제완화에 따라 점차 새로운 방식의 다양한 금융서비스 전달이 가능하게 되고 글로벌화가 가속화되는 가운데 금융수요도 더욱 복잡해지고 다양화하는 추세다.

범세계적인 금융산업 규제완화, 신속한 자본이동, 정보통신기술의 발달 등으로 자본시장의 글로벌화가 진전됨에 따라 금융산업에서 글로벌 기업이 출현할 수 있는 토대가 마련됐다. 업무별로는 상품 및 서비스의 속성상 도매금융 및 투자은행 업무의 글로벌화가 가장 신속히 진행되고 있다. 지역금융의 경우 전통적으로 지역내 금융기관간 경쟁구도적 성격이 강했으나, 새로운 형태의 전자결제 및 글로벌시장을 대상으로 하는 금융서비스업자의 출현으로 기존 구조가 빠르게 변화되고 있다. 국경을 초월하는 네트워크하에서 금융업은 규모의 경제가 강력히 작용하는 산업으로 변화했으며, 거대금융기관은 더 이상 국적이 명확하지 않고 업무영역이 한정되어 있지 않는 특징을 나타내고 있다.

각국의 금융감독 당국들은 국경을 초월한 다양한 투자 및 자금조달 방안을 추구하는 금융수요의 추세에 따라 범세계적으로 금융산업에 대한 규제를 완화하고 있다. 또한 자본시장의 글로벌화도 비즈니스 및 금융감독 측면에서 모든 시장에 공통적인 글로벌 스탠더드가 적용되도록 하는 압력으로 작용하고 있다. 이에 따라 범세계적으로 금융기관 업무영역, 신종 금융상품 및 거래기법에 대한 규제가 완화·철폐되고 있으며, 이는 국제자본거래의 자유화를 더욱 확대하고 있다.

이와 같은 규제개혁의 추세는 상품간, 국가간 경계를 철폐하여 실질적인 글로벌 서비스공급자의 출현을 촉진시키고 있다. 또한 각종 규제의 완화 및 철폐에 따라 1980년대 이후 전통적인 은행상품시장이 비은행금융기관들과의 경쟁으로 인해 빠른 속도로 잠식당하고 있다.

정보통신기술의 발전에 따른 계산비용의 감소, 계산능력의 증대 및 전달속도의 가속화는 금융상품 및 서비스의 개발과 전달에 있어서 획기적인 진보를 촉진시키고 있다. 이러한 기술혁신은 상호접촉에 바탕을 둔 기술집약적인 산업인 금융서비스에 직접적인 영향을 미쳐 금융기관이 보다 저렴한 가격으로 양질의 서비스를 고객에게 신속하게 제공할 수 있게 한다.

정보기술의 발달에 따라 금융산업의 글로벌화, 고객중심화 및 융합화가 더욱 촉진될 전망이다. 정보기술이 발달하고 증권화가 진전되면서 고객에 대한 지식을 바탕으로 영업활동, 시장, 기관, 상품 및 서비스의 융합이 더욱 촉진될 전망이다.

경제발전에 따른 소득수준과 교육수준의 향상 및 고령화의 진전 등으로 금융소비자들의 금융상품 및 위험에 대한 선호도가 빠르게 변화하면서 다양화되고 있다. 금융상품의 특성과 금융서비스 공급자에 대해 보다 많은 정보가 제공되는 가운데 잠재적 손실에 대한 우려와 저금리기조 등으로 금융상품의 위험도 및 수익률에 대한 금융소비자의 민감도가 증가하고 있다. 기업도 주식이나 채권과 갈은 일반적인 자금조달 방법에서 탈피하여 각 회사에 적합한 맞춤형 자금조달 방안을 강구하고 있고, 이러한 추세는 향후 더욱 진전될 전망이다.

금융수요의 다양화에 부응하여 금융서비스공급자의 상품개발 노력이 가속화되는 가운데 금융상품의 라이프사이클이 도매금융과 소매금융 부문 모두에서 짧아질 것으로 전망된다.

2-2 선진금융산업의 변화 패턴

선진 금융산업은 크게 금융의 증권화, 금융기관의 대형화, 겸업화, 금융혁신 및 리스크관리라는 변화의 특징을 보이고 있다. 금융혁신, 규제완화와 개방화에 힘입어 국가간·업종간 경계를 초월한 초대형 금융서비스 공급업자가 등장하고, 글로벌 스탠다드의 적용이 확대되면서 무한경쟁시대로 돌입하고 있다. 전세계적으로 범용성을 갖춘 비즈니스모델 및 상품개발 능력을 요구받고 있는 금융기관은 금융환경의 변화에 대응하여 증권화, 대형화, 겸업화 및 전문화를 추진하고 있다.

가. 금융의 증권화

자금의 조달과 운용수단으로서 증권이 보다 광범위하게 이용되는 추세는 향후 더욱 확대될 전망이다. 금융기관들이 유동성 확보 및 자금조달을 위해 채권·채무를 유동화·증권화 함에 따라 종래의 대출과 증권발행의 구별이 어려운 상황이 이미 대두되었다. 기업의 경우도 자본시장의 발달, 신금융기법의 개발 등에 힘입어 단기차입 비중을 축소하고 직접금융조달의 비중을 증가시키는 등 탈중개화가 가속화되고 있다. 이에 따라 상업은행의 역할은 축소되는 반면, 자금수요자와 공급자를 직접 연결시키는 투자은행과 증권사의 역할은 더욱 확대될 전망이다.

나. 금융기관의 대형화

금융기관들은 급변하는 금융환경하에서 생존전략 차원에서 규모의 대형화로 시너지 효과를 제고하고, 부실금융기관 처리방안의 일환으로 인수·합병을 추진하고 있다. 주요국의 금융산업은 경쟁력 강화와 부실금융기관 처리를 목적으로 대형 인수·합병(M&A)이 급속히 진행되었다. 이와 더불어 세계적인 규제완화 등을 배경으로 금융기관의 경쟁 환경이 크게 변함에 따라 은행을 중심으로 선진금융기관들은 대형화를 적극 추진하고 있다. 미국과 세계 10대 금융기관의 대부분이 합병을 통해 탄생할 정도로 금융기관 합병 및 대형화는 전 세계적인 추세다.

금융기관간 합병의 배경과 목적은 각국의 금융상황이나 환경에 따라 다소 상이하나, 대체로 '부실처리 목적의 합병 → 동업종간 합병 → 이업종간 합병 → 국제적 합병'의 4단계로 진전되고 있다. 금융시스템이 취약한 국가의 경우 금융기관간 경쟁격화 과정에서 금융기관의 부실이 증대함에 따라 부실금융기관 처리의 일환으로서 인수·합병을 추진하고 있다.

다. 겸업화

업종간 진입에 대한 규제완화 및 금융공학의 발달로 금융기관간 인수·합병 또는 전략적 제휴를 통한 겸업화가 급속히 확대되고 은행, 증권, 보험업무를 통합하여 운영하는 금융서비스업자의 출현이 확대되고 있다. 과거의 금융수요자들은 편리함의 대가로 높은 가격을 지불하는데 익숙한 수동적 자세를 보였으나, 이제는 보다 양질의 서비스와 보다 많은 정보 및 더욱 저렴한 가격을 동시에 요구하고 있다.

고령화의 진전으로 연금 등 중장기 운용자산이 증대하여 금융기관의 중심업무가 매매거래 위주에서 자산운용 위주로 이동하고, 이에 따라 자산운용업무에서 소매금융의 중요성이 점차 부각되고 있다. 도매금융 단일업무에 대한 의존도가 커질수록 수익구조의 불안정성이 증대하여 거대한 자본력을 가진 금융기관을 필두로 수익원을 다양화하면서 수익기반을 갖춘 소매금융에 활발히 진출하고 있다. 이에 따라 은행, 증권, 보험의 분리된 틀을 초월하여 고객의 니즈를 충족하는 최적의 상품 서비스를 제공할 필요성이 증대하고 있다.

미국 및 일본 등과 같이 전통적으로 분업주의를 고수해 온 국가에서조차 금융기관별 장벽을 현저히 낮추고 있으며, 이에 따라 업종간 구분이 모호한 경계영역(gray zone) 업무가 확대되는 추세다. 선진국의 경우 은행의 증권업 진출이 일반적인 겸업화 추세이며 자본력이 열세인 증권사는 수세적인 입장에 있다. 그러나 최근 증권사들의 규모 및 업무영역 확대에 따라 일부 대형 증권사를 중심으로 은행과 대등하게 겸업화를 추진하고자 하는 추세도 등장했다.

라. 금융혁신

전자금융과 금융공학의 발전에 따라 금융업무가 점포중심에서 고객중심으로 전환되고 있다. 컴퓨터 및 인터넷의 보급 확산과 소프트웨어의 발달을 배경으로 전자상거래(e-commerce)가 확대되고 있다. 금융계에서는 텔레폰뱅킹, 인터넷뱅킹 등 e-banking과 전자단말기를 이용한 거래기법이 다양화되는 추세다. 전자금융과 전자상거래의 확산은 기존의 점포중심에서 고객중심으로 금융업무를 전환시키고, 전체 금융산업, 특히 은행산업의 경쟁환경을 크게 변화시키고 있다.

또한 은행, 증권 및 보험 등 금융권역간 업무영역에 대한 규제가 완화되고 경쟁이 심화되면서 권역간 업무제휴 등을 통한 복합금융상품 개발이 활성화되고 있다. 복합금융상품의 활성화는 정보화와 IT기술의 발전, 금융소비자 니즈의 다양화 및 금융기관의 고객지향성 강화에 힘입은 바 크다. 불특정 다수를 대상으로 설계된 기존 금융상품과는 달리 복합금융상품은 보다 세분화된 특정집단을 상대로 그들만의 복합적인 니즈를 일괄적으로 반영할 수 있다는 특징을 가진다.

특히 복합금융상품 개발을 위한 금융기관간 전략적 제휴는 해당 기관에게는 매출확대와 비용절감을, 소비자들에게는 가격인하 및 편의성 등을 제공하고 있다. 이외에도 복합금융상품의 활성화는 금융기관의 효율성 및 경쟁력 제고와 장기적으로는 인수합병을 통한 금융산업의 구조조정에 일조할 것으로 기대된다.

마. 리스크관리

전 세계적으로 금융환경이 급변하면서 금융시장의 불안정성이 증가함에 따라 모든 금융기관에 있어 리스크관리의 중요성이 크게 부각되고 있다. 예기치 않은 시장의 급변동으로 자산운용상 손실이 발생할 가능성이 증대됨에 따라 수익성에만 초점을 맞춘 자산 및 부채 관리는 한계에 봉착했다.

특히 금융기관간 겸업화가 진전되면서 새로운 리스크 발생의 가능성에 대한 우려도 확산되고 있다. 여러 금융권역의 거래를 통합하는 신상품개발로 인해 분업주의 금융시스템하에서는 예상치 못한 리스크에 노출될 위험이 증대되고 있다.

또한 금융기관의 대형화는 대형금융기관이 리스크관리에 실패할 경우 전체 금융시스템의 안정성에 위협요인으로 작용하는 등 시스템리스크 증가를 초래했다. 금융지주회사 등을 이용한 겸업화는 금융기관의 대형화 경향을 유발하고 대형화된 금융기관은 분산투자에 의한 위험감소효과를 이용해 오히려 고위험 전략을 추구할 가능성이 증대됐다.

향후 각 금융기관의 리스크관리 전문화 및 고도화를 통한 금융시스템의 경쟁력 강화는 그 자체로도 부가가치를 창출함으로써 경제성장에 기여할 것으로 예상된다. 세분화된 리스크 측정 및 평가는 모든 금융거래에 대한 정확한 가격설정을 가능케 할 뿐만 아니라, 보다 효과적인 리스크 관리는 파생상품을 비롯한 금융상품의 운용 및 중개역량을 제고시켰다.

제2절
우수지점장의 특성

1 우수지점장의 지점운영

1-1 지점장의 스타일에 따른 업무방식

우수지점장은 업무중심의 카리스마적이면서 사람중심을 가미한 스타일이 대부분이다. 지점장의 지점 운영유형은 업무중심의 카리스마적 스타일과 사람중심의 민주적 스타일로 대별되며 이 중 카리스마적이면서 사람중심을 가미한 스타일이 성공하는 리더십이다. 업무중심 지점장은 권위를 앞세운 '나를 따르라'식의 강력한 업무를 추진하며, 사람중심 지점장은 직원에 대한 신뢰를 바탕으로 자율적이고 협력적 업무를 추진하는 스타일이다.

업무중심 지점장은 업무를 철저히 챙기고 독려하며 업적평가 실적제고를 위한 계수관리가 탁월하고 세심한 직원관리를 통해 밀도 있는 업무수행을 하는 것이 일반적이다. 사람중심 지점장은 팀장이나 책임자에게 대폭적인 권한위임을 실시하고 모든 직원이 한마음으로 움직일 수 있도록 공동체 분위기 조성에 노력하며, 책임자별 업무분담을 통해 스스로 일하는 업무추진 자세를 강조한다.

업무중심 지점장과 사람중심 지점장의 비교

구분	기본 특성	업무추진 노하우
업무중심 지점장	철저한 목표의식 및 일에 대한 강한 열정	- 업무를 철저히 챙기고 독려 - 업적평가 실적제고를 위한 계수관리가 탁월 - 세심한 직원관리를 통한 밀도 있는 업무수행

사람중심 지점장	직원에 대한 신뢰에 바탕을 둔 자율적, 협력적 업무추진	- 팀장이나 책임자에게 대폭적인 권한위임 실시 - 모든 직원이 한마음으로 움직일 수 있도록 공동체 분위기 조성에 노력 - 책임자별 업무분담을 통해 스스로 일하는 업무추진 자세를 강조

지점장의 스타일을 정인(情人)과 지인(知人)으로 구분해볼 수도 있는데, 정인은 사람중심 지점장, 지인은 업무중심 지점장으로 대응된다. 지인의 경우 고객정보와 주요 거래처의 계수에 정통한 것이 특징이다. 어떤 사물에 대한 견해가 냉정하고 두뇌회전도 빠르다. 반면 정인은 직원의 입장을 고려한 인간관계가 따뜻한 지점 운영을 표방하는 지점장 유형이다. 정인과 지인 중 어떤 지점장 스타일이 지점장의 자질로 중요한 것인지는 다양한 견해가 있을 수 있지만, 지점장은 두 가지 스타일을 상황에 따라 적절하게 발휘하는 능력이 요구된다.

1-2 우수지점장의 업무추진 자세

은행의 경영환경이 급속히 변화하면서 지점장의 자질도 다양한 측면에서 요구되고 있다. 영업현장에서 금융기관 간 경쟁이 치열해지면서 지점장들의 경쟁력이 은행의 경쟁력으로 연결된다는 인식도 확산되고 있다. 지점장은 완벽한 업무지식과 적극적인 업무추진 자세를 갖는 것이 중요하며 업무에 대한 열정이 요구된다. 지점 경영에 상당한 노하우를 가진 지점장들의 지점 운영방법은 비즈니스 마인드와 자신감 보유, 직원에 대한 깊은 관심과 배려와 신뢰, 전략적 영업추진과 성실한 고객관리, 철저한 자기관리 등 4가지로 나타난다.

가. 비즈니스 마인드와 자신감 보유

지점장은 비즈니스 마인드와 열정으로 무장하고 솔선수범하는 자세를 갖추어야 하며, 자신이 사장이라는 생각으로 업무에 임해야 한다. 아무리 환경이 변해도 솔선수범과 겸손함이 가장 중요한 지점장의 덕목이라 생각하고 실천해야 한다. 또한 끈질긴 근성, 통솔력, 외유내강(外柔內剛), 반드시 성취해내고야 만다는 자신감으로 충만해야 된다. 현재 근무하고 있는 곳이 마지막 근무지라고 생각하고 혼신의 힘을 다하는 비즈니스 마인드로 무장해야 한다. 지점장이 목표를 달성하겠다는 자세를 초지일관 견지하고 앞장서서 노력해야만 직원이 변하고 지점이 변화되어 큰 성과를 이룰 수 있다.

나. 직원에 대한 깊은 관심과 신뢰

지점장은 직원들에 대한 세심한 관심을 바탕으로 개개인을 존중해주고 권한위임과 함께 책임을 동시에 강조하는 방향에서 지점을 운영하여야 한다. 지점 직원들을 인생의 동반자 또는 가족과 같이 신뢰하고 성심성의껏 대하며 사소한 일에도 격려와 칭찬을 아끼지 않는 자세가 필요하다. 직원과 직원 배우자의 생일에 장미 꽃다발과 손수 쓴 편지를 발송하여 직원에 대한 관심을 표명하는 지점장들도 다수 있다. 업무시간 중에는 사소한 일에도 직원을 칭찬하고, 꾸중하는 일은 가급적 삼가야 한다. 지점장 중에는 칭찬에 인색한 경우가 많은데, 칭찬을 통한 동기부여는 지점장이 갖추어야 할 중요한 덕목이다.

지점장의 직원에 대한 관심표현 사례

① 부임시 인사기록카드를 참고로 가족사항, 주소지 등을 암기하여 직원면담시 친근감을 표시하거나 회식자리에서 직원 개인에 대한 사적(私的)인 내용을 바탕으로 이야기하면 직원들은 감동하게 된다.

② 근무하고 있는 지점에 부임하는 직원이 첫 출근하기 전에 지점장이 먼저 전화를 하여 같이 일하게 되어 반갑다는 인사를 하고, 출근 첫날에는 자리에 꽃다발을 올려놓고 전 직원이 환영해준다.

다. 전략적 영업추진과 성실한 고객관리

점주권 특성을 감안한 중장기적 관점에서 영업활동을 전개하는 것이 중요하다. 점주 특성과 지점의 강·약점, 주요 핵심공략대상을 파악하여 지점의 역량으로 감당할 수 있는 '선택과 집중'을 통한 세일즈전략을 수립하여 시행해야 한다. 은행의 지점 영업은 단기간이 아닌 중장기적 관점에서 점주에서 인프라를 구축할 수 있는 방향으로 전개해야 한다. 지점장은 점주환경 및 직원구성에 따른 특성과 차이점을 인정하고, 타 지점에서의 성공사례에 집착하기보다는 점주권 특성에 따른 새로운 지점 영업전략을 수립하여 추진해야 한다.

지점장의 입장에서는 나중에 지점을 떠난 뒤에도 자신을 기억해줄 수 있는 세심한 고객관리가 필요하다. '고객의 성공이 곧 나의 성공'이라는 인식하에 진심에서 우러나는 마음가짐으로 고객을 응대해야 한다. 고객의 개인사정을 세심하게 기억하였다가 대화의 물꼬를 트는 데 활용하며, 고객의 고민사항 해결에 최선을 다해야 한다. 이때 배우자와 자녀의 이름을 기억하고 가족의 일상사에 관심을 표명하는 것은 필수적이다.

라. 철저한 자기관리

우수지점장들은 모범적인 이미지를 형성하기 위해 끊임없이 노력한다. 항상 당당하고 단정하면서 바른 외모와 자세를 유지하고, 최근 유행에 맞는 넥타이와 와이셔츠를 수시로 구입하여 단정하게 착용한다. 또한 투철한 윤리의식을 갖추고 은행에 누(累: 남의 잘못으로 말미암아 받게 되는 정신적인 괴로움이나 물질적인 손해)가 되는 일은 절대 하지 않는다.

은행업무는 순리에 맞게 처리한다. 단기적 업적제고를 위한 업무처리를 지양하고 중장기적 차원에서 지점 운영을 생각한다. 우수지점장들은 개인의 브랜드화에도 노력한다. 은행 내부에서뿐만 아니라 시장에서 인정받을 수 있는 사람이 되고자 끊임없이 자기계발을 추구한다.

지점장의 문제발견능력

한 가지 분야에 탁월한 지점장은 문제발견능력이 있다. 지점장은 무엇인가 한 가지 월등한 분야가 있어야 한다. 어떤 한 가지 일에 대하여 전문가가 되면 다른 분야에 대해서도 통찰력이 생긴다. 지점장의 경우 "우리 지점에서 지금 제일 중요한 것은 무엇인가"를 간파하는 능력이 요구된다. 바로 문제발견능력이다. 상황에 따라 정확한 판단을 내리는 능력이 영업현장에서는 중요하다. 반대로 한 가지 일조차도 정통하지 못한 사람은 그 어느 것도 어중간한 채로 끝나고 핵심을 놓치고 만다. 요령만으로 지내온 지점장은 문제의 핵심을 찾지 못한다. 지금은 한 가지 분야에 전문지식을 가지고 있는 사람, 나아가 인간적 매력을 구비하고 있는 지점장이 되는 것이 중요하다.

1-3 지점장이 갖추어야 할 마음자세

지점장은 은행의 대표로서 스스로 지점 경영에 대한 비전과 사명감을 가지고 입무를 수행해야 한다. 지점장이 갖추어야 할 마음자세로는 변화를 수용하는 능력, 부단한 자기연마, 현업에 대한 전문성 제고, 절체절명(絕體絕命)의 책임의식과 열정 등이 있다.

첫째, 변화를 수용하는 능력, 즉 지속적으로 새로운 것을 추구하는 열정이 필요하다. 단기실적을 중시하는 경영풍토는 지점장으로 하여금 현안에서 눈을 떼지 못하도록 만들고 시간이 흐르다 보면 타성이 생겨 습관적으로 행동하게 만든다. 따라서 정작 때가 왔을 때 근본적인 변화를 추구하지 못하게 되며 이런 지점장들은 미래가 없다.

둘째, 부단한 자기연마를 해야 한다. 지점장은 제각기 자신 있는 분야를 가지고 있기 때문에 자신 있는 분야로부터 사물을 판단하고자 한다. 자신 없는 분야를 피하려 한다. 하지만 현실에서는 용납되지 않는다. 지점경영 전반을 책임지고 있기 때문이다. 따라서 지점장으로서 자기능력을 향상시키기 위해 부족한 부분을 극복하도록 항상 노력해야 한다.

셋째, 현업에 대한 전문성을 제고해야 한다. 단순히 확인하거나 현상파악을 위해 여러 일을 시키거나 보고서에 의존하여 의사결정을 하는 지점장들이 종종 있다. 이는 기본적으로 현장을 제대로 파악하지 못하는 데에 그 주된 이유가 있다. 따라서 불필요한 일을 최소화하고 가치 있는 일 중심으로 업무를 수행하기 위해서는 지점장들이 현업에 대한 전문성과 조직현황 파악능력을 갖춰야 한다.

넷째, 최일선 야전사령관이라는 절체절명의 책임의식과 열정을 가져야 한다. 지점장은 지점의 선두에 서서 경영을 이끌어나가는 입장에 있다. 점주여건이나 직원 등은 지점장이 의도하는 대로 바꾸는 것이 용이하지 않으므로 주어진 환경 하에서 지점의 업적목표를 완수해야 한다. 따라서 무엇이 중요하고 무엇이 선택할 수 있는 최선의 방법인가를 항상 신중히 생각하고 결단하지 않으면 안 된다.

2 우수지점장의 특성과 덕목

2-1 우수지점장의 공통특성

은행도 생존경쟁시대에 돌입했지만 그것을 결정하는 요인은 무엇인가? 사람과 정보, 즉 정보력과 인재격차가 가장 큰 요인이다. 은행의 최대 자산은 인재이며, 인재격차란 좀 더 구체적으로 말하면 지점장격차라고 할 수 있다. 다음은 지점장 격차를 가져오는 요인을 추출하기 위해 우수지점장의 특성을 정리해보았다.

가. 일에 대한 남다른 열정

지점장은 일 자체에 대해 적극적인 사고방식과 열정을 갖고 있어야 한다. 이는 역경을 이겨내고 무엇인가 이루려는 불굴의 정신에 의하여 발현되는 것으로 일에 대한 열정은 조직에 대한 열정으로 연결된다. 특히 업무에 대한 열정은 우수한 지점장의 특성을 가장 잘 대표하는 것으로 초임 책임자 시절에 가졌던 마음자세를 지속적으로 유지함으로써 가능할 것이다. 업무에 대한 열정은 지점이 실적부진이나 사고관련 등으로 어려울 때 진가를 발휘하여 이를 극복하는 원동력이 된다.

나. 할 수 있다는 강한 자신감

지점장은 상황을 주도하고 적극적으로 돌파하려는 용기와 자신감이 필요하다. 지점장의 자신감이 지점 직원들에게 전파되면서 시너지 효과를 발휘해야 업적향상을 이룰 수 있다. 지점장은 전투를 지휘하는 사령관과 같아서 용기와 자신감이 충만한 지점장 밑에서는 역시 정신력이 강한 직원이 만들어지기 마련이다. 정신력이 강한 지점장은 대체로 건강관리에도 빈틈이 없는데, 자신감 있는 추진력은 바로 건강관리에서 나올 수 있다.

다. 뚜렷한 목표의식

지점의 상황 및 지점이 직면하고 있는 문제점에 대한 정확한 판단과 인식을 바탕으로 뚜렷한 목표의식을 가져야 한다. 뚜렷한 목표의식에는 정확한 분석력이 바탕이 되어야 하며 문제점을 직시하고 분석하는 자신만의 노하우를 가지고 있어야 한다. 목표의식과 함께 중요한 것은 은행의 비전과 전략방향 및 고객과의 최접점인 지점의 역할에 대한 정확한 통찰에 따른 실천력이다. 투철한 목표의식과 실천력에 따라 얻어지는 뛰어난 업적 평가결과는 자연스럽게 따라오는 결과물이다.

라. 확실한 신상필벌

우수한 지점장 밑에는 반드시 우수한 직원들이 있어 지점장을 뒷받침하고 있다. 우수한 직원은 잘한 것과 못한 것을 정확히 구분하고 잘한 것은 반드시 칭찬을 해주고 못한 것은 질책 이전에 그 대안을 제시해주는 상사가 있을 때 양성되는 것이다. 특히 잘한 것에 대해서는 공정한 보상을 하여 잘한 직원의 계속적인 분발과 타 직원의 동참을 유도하는 것이 중요하다. 이는 부하직원들에게 동기를 부여하여 하나로 결속시키는 요인이 된다.

마. 부하직원들에 대한 진심어린 애정

지점장은 부하직원에 대해 지속적인 관심과 애정을 갖고 있어야 한다. 부하직원에 대한 지속적인 관심은 직원이 다른 지점으로 떠난 이후에도 계속되어야 하며, 직원이 직장생활뿐만 아니라 가정생활에서도 충실할 수 있도록 지도하는 것이 필요하다. 이러한 정성은 직원들을 끊임없는 자기개발과 훈련으로 이끌고 화목한 직장분위기를 조성하는 데 기여할 것이다.

바. 폭넓은 인간관계 네트워크

지점장은 일단 한번 인연을 맺은 고객은 놓치지 않는 세심함과 인간관계 네트워크를 갖추고 있어야 한다. 우수한 지점장의 뛰어난 영업력은 대부분 확실한 자기만의 고객관리 기법이 있기 때문이다. 한 예로 고객관리노트를 작성하여 고객의 금융거래뿐만 아니라 일상사(日常事)에도 관심을 보여 고객의 감동을 이끌어내는 방법도 활용할 수 있다.

사. 철저한 자기관리

우수한 지점장이 되기 위해서는 공사(公私)를 분명히 하는 투명한 경영마인드를 바탕으로 철저한 자기관리가 필요하다. 지점 직원들은 항상 지점장을 주시하고 있다는 생각으로 지점에서의 자기관리 외에도 사생활 역시 철저한 관리가 요구된다. 깨끗하고 정돈된 지점장 밑에서는 사고가 나지 않는다는 신념으로 무장해야 하며, 특히 금전관계에 있어서는 빈틈을 보이지 않는 것이 필수적이다.

아. 몸소 실천하는 솔선수범

지점장은 사업가라는 적극적 사고 아래 부하직원이 자연스럽게 동화되어 따르도록 하는 솔선수범이 필요하다. 말이 앞서기보다는 먼저 몸으로 실천하는 것이 우수한 지점장의 특징이다. 특히 지점이 어려움에 처해 있을 때 지점장이 앞장서서 문제를 해결해나가는 자세를 보이는 것이 문제를 돌파하는 첩경이라는 것을 누구보다 잘 알아야 한다. 행동으로 실천하는 것은 그만큼 시간, 능력, 체력이 요구되는 것이다.

2-2 바람직한 지점장과 바람직하지 못한 지점장

은행 직원들은 대개 성실하고 고지식한 노력형 인간들이 많다. 그런데 성실하기만 하고 고지식한 지점장은 우수지점장이 될 수 없다는 말이 있다. 항상 밝은 표정으로 즐겁게 행동하고 사람들을 행복하게 해줄 수 있는 사람이 진정으로 바람직한 지점장이라는 것이다. 명랑하지 못하면 우수지점장이 될 수 없을 것이다. 지점 실적과 관련한 스트레스로 잠 못 이루는 밤을 보냈어도 다음날 출근해서는 밝은 표정을 유지해야 한다. 지점장은 지점의 최고경영자이고, 지점장 위에는 아무도 없다는 것을 명심해야 한다. 얼굴 표정이 밝지 못한 사람은 결코 우수지점장이 될 수 없다.

가. 바람직한 지점장

다음은 바람직한 지점장을 예시한 내용이다.

① 대화를 할 때 고객과 직원에게 최선을 다한다. 상대방이 알아듣지 못하면 구체적인 사례를 들어 재미있게 설명한다.

② 업무가 바쁠수록 여유를 가지고 다음 일을 생각한다.

③ 가끔씩은 부하직원들을 모아놓고 조직의 일체감을 조성하는 야단법석 이벤트를 벌일 줄 안다.

④ 인간은 감정적인 말에는 움직이지 않는다는 것을 알고, 단호하지만 친근감 있게 부하직원을 지도한다.

⑤ 매일매일을 즐겁고 재미있게 산다.

나. 바람직하지 못한 지점장

다음은 바람직하지 못한 지점장에 대한 내용이다.

① 자신감이 지나쳐서 능력 있는 사람에게도 고개 숙일 줄 모른다.

② 말투나 행동이 거만하다.

③ 실적이 나빠지면 작은 일에도 과민반응을 보이고 쉽게 짜증을 내며 어찌할 바를 몰라한다.

④ 직원들의 감정을 건드림으로써 근무의욕을 꺾어버린다.

⑤ 초지일관 성실일변도의 노력가다. 이것은 최악의 조건이다. 이런 사람은 적어도 리더로 나서면 안 된다.

⑥ 부하직원을 칭찬하는 데 인색하다.

2-3 우수지점장의 조건

훌륭한 지점장이 되기 위해서는 5가지 조건이 필요하다. LG경제연구원에서 발표한 성공한 리더로부터 얻을 수 있는 시사점을 바탕으로 은행경영에 적용한 내용을 살펴보면 다음과 같다.

가. 지점장 자신만의 색깔(Self-identity)을 만들어라

훌륭한 지점장이 되기 위해서는 모든 영역과 상황, 모든 역할에서 탁월한 인물이 돼야 한다고 생각하기 쉽다. 이 경우 모든 일을 다 잘해야 한다는 부담감이 자칫 수퍼맨 신드롬을 초래할 수 있다. 스스로의 강·약점과 정체성에 대한 분명한 인식을 바탕으로 자기만의 리더십 브랜드를 구축하는 사람이 성공한다.

나. 높은 역경극복지수(Adversity Quotient)를 갖춰라

전환기적 어려운 상황에서 지능지수(IQ)나 감성지수(EQ) 두 가지가 아무리 높다 해도 위기를 극복하는 역경극복지수(AQ)가 받쳐주지 않는다면 제대로 활용할 수 없다. 즉 수많은 역경에도 굴복하지 않고 냉철한 현실 인식과 합리적인 판단을 바탕으로 끝까지 도전해 목표를 성취하는 능력이 필요하다.

역경극복지수(AQ: Adversity Quotient)

1997년 미국의 커뮤니케이션 이론가 폴 스톨츠(Paul G. Stoltz) 박사는 지능지수(IQ)나 감성지수(EQ)보다 역경극복지수(AQ)가 높은 사람이 성공하는 시대가 될 것이라는 이론을 발표했다. 변화의 속도가 빠르거나, 전환기의 어수선한 상황에서는 지능지수(IQ)나 감성지수(EQ) 두 가지가 아무리 높다 해도 위기를 극복하는 제3의 능력(AQ)이 받쳐주지 않는다면 제대로 활용될 수 없기 때문이다. 역경극복지수 혹은 위기관리능력지수(AQ)란, 어떠한 위기를 만나도 이에 굴하지 않고 끝까지 도전하여 목표를 성취하는 능력을 말한다.

다. 비전을 제시하고 이를 지점 직원들의 꿈으로 만들어라

흔히 카리스마나 권력이 훌륭한 리더가 되기 위한 전제조건이라고 생각한다. 그러나 정작 리더에게 필수적으로 요구되는 것은 카리스마가 아니라 '비전'이다. 또한 원대한 꿈을 갖고 있더라도 꿈을 실현할 실행계획이 없다면 그 리더는 몽상가에 머물고 만다. 꿈과 실행계획을 모두 가져야 비전 리더로서 조직 내에서 역할을 다할 수 있다.

라. 지점 직원 및 고객들과 파트너십을 형성하라

유비가 제갈공명을, 부처가 가섭을, 빌 게이츠가 스티브 발머를 만났듯이 리더가 성공하기 위해서는 최고의 동지를 만나야 한다. 그리고 이들 2인자 그룹과 상생의 파트너십을 형성하는 경우에만 진정한 성공을 달성할 수 있다.

변화를 읽는 안목과 결단의 중요성에 대한 지점장 대상 조사결과

지점장의 변화시대를 읽는 안목과 결단은 전 직원이 열심히 일하는 것에 버금가게 중요합니다. 그러므로 적절한 여가활동을 통해 업무부담과 스트레스에 대처해야 하며 때때로 일상에서 벗어나 자신이 이끄는 조직의 좌표를 확인해야 합니다. 일 자체에 함몰되어서는 해결책을 찾는 데 한계가 있으며 어디로 가고 있는지, 어디로 가야 하는지 정기적으로 점검해볼 필요가 있습니다.

2-4 지점장이 갖추어야 할 덕목

지점장이 갖추어야 할 덕목 중 적극적인 마인드는 불가능을 가능으로 이끄는 가장 중요한 요소다. 요즘은 흔히 얘기하는 무한경쟁의 시대다. 치열한 영업현장에서 살아남기 위해서는 매사에 더욱 적극적이어야 한다. "일찍 일어나는 새가 벌레를 잡을 수 있다"는 속담처럼 남보다 한 걸음 더 앞서 가야만 바라는 것을 이룰 수 있다.

상생(相生)의 거래, 즉 '윈-윈 마케팅(Win-Win Marketing)전략의 실행이 중요하다. 아무리 절친한 사이라도 일방적으로 나만의 이익을 추구한다면 그 거래는 영속되지 못한다. 고객에게도 상대적으로 많은 수익이 창출될 수 있도록 배려할 때 거래관계가 더욱 심화되고, 따라서 은행도 더 많은 것을 얻을 수 있다고 생각해야 한다. 직원들에게도 고객의 일이 바로 내 일, 또는 내 가족의 일이라고 생각하고 처리하도록 당부해야 한다.

가장 모범이 되는 인간으로 성장하기 위해서는 지덕체(知德體)를 모두 갖추어야 되는데 은행의 지점장도 마찬가지다.

그중에서 지점장에게 무엇보다 중요한 것은 체(體)다. 매일매일 끊임없이 이어지는 일과는 강인한 체력을 요구하며, 건강하지 아니하면 의욕마저 상실되어 적극적인 업무추진이 불가능하기 때문이다.

둘째는 지(知)다. 오늘날은 인터넷의 발달로 인하여 모든 사람들이 다양한 정

보를 쉽게 접할 수 있으며, 고객의 니즈도 점점 까다롭고 고차원화되어가고 있다. 이러한 고객의 니즈를 충족시키고 신뢰를 얻기 위하여, 또는 선배로서 후배직원들에 대한 지도육성의 책무를 다하기 위하여서는 이들보다 다양하고 깊은 지식을 함양하기 위해 지속적으로 노력해야 한다.

세 번째는 덕(德)이다. 날로 다양해지고 방대해져가는 업무패턴에 반해 지점규모와 구성원의 수는 점점 슬림화되고 있다. 따라서 주어진 목표를 지점장 혼자서는 결코 달성할 수 없으며 전 조직원이 하나가 되어 일사불란하게 움직일 때 가능하다. 이를 위해서는 구성원의 마음을 이해하고 배려하는 자세가 우선되어야 한다. 칭찬은 고래도 춤추게 하지만 배려는 모든 이웃을 팬으로 만드는 도구인 것이다.

날이 갈수록 각박해지는 현실 속에서 나보다는 주위사람을 먼저 생각하며, 양보하고 배려하는 행동을 실천하기 위해 최선을 다해야 한다.

3 우수지점장의 역할

3-1 지점장 역할의 중요성

은행의 지점 경영자인 지점장은 흔히 군대의 야전장교에 비유된다. 전쟁에서 승리하려면 야전사령부에 속해 있는 한사람 한사람의 장교가 강해야 하듯이 영업일선을 누비는 지점장들의 역할수행능력에 따라 지점 경영의 성패가 좌우되며, 나아가 은행 전체의 경영성과로 직결된다. 그만큼 은행 지점 경영자들의 과제는 막중한 것이다. 더욱이 지점의 독립채산경영이 강조되고 지점장들의 권한이 확대되면서 지점장의 능력이 은행 전체의 업적을 크게 좌우한다. 심지어는 금융기관 간 경쟁력격차의 근원이 바로 지점장격차라는 말까지 있다.

금융업계에서도 금융겸업화 진전에 따라 이제 동종(同種) 금융기관 간 경쟁뿐만 아니라 증권, 보험 등 이종(異種) 금융기관 간 경쟁이 격화되면서 지점장에게 부여되는 역할이 더욱 중요해지고 있다. 이와 같이 경쟁이 치열해지고 고객의 금융니즈도 다양화되면서 은행 지점은 입지한 지역 내에서 뚜렷한 이미지를 부각시키지 않고는 생존이 어려워지고 있다. 지점장의 역할은 단순히 예금을 유치하고 대출을 확대시키는 것만으로는 미흡하다. 지점이 입지한 지역 및 시장의 특성을 파악하고 은행 본부의 경영방침이 최대한 잘 반영될 수 있도록 지점의 장기비전까지도 설정해야 한다. 지점에 부여된 역할에 입각해서 지점의 물적·인적자원을 적절히 배합하여 계획목표를 달성해야 한다.

3-2 지점 경영에서 지점장의 역할

기업의 구성요소로는 '사람'과 '물건'과 '돈'의 3가지가 있는데 이들 3요소가 일정한 목적하에서 결합되는 것을 조직이라고 하며, 이것을 어떻게 유지하는가의 문제가 관리활동이다. 조직이 있는 곳에는 반드시 관리활동이 있게 된다. 은행지점에서 관리활동의 주체가 바로 지점장이다. 지점장의 역할이 무엇인지를 파악하는 것이 지점 경영의 성과제고를 위한 가장 기본적인 사항이다.

은행의 지점 경영에 있어서 지점의 성쇠(盛衰)는 바로 지점장에 의해 결정된다고 흔히 이야기한다. "기업은 경영자 그릇 이상으로 클 수 없다"라는 말이 있듯이 은행 경영에 있어서도 지점장의 올바른 역할이 지점의 경쟁력을 결정한다. 영업 최일선인 점주권에서 금융회사 간 경쟁이 점점 치열해지는 경영환경 변혁의 시대로 갈수록 지점장의 역할은 더욱 중요해지고 있다.

지점장에게 요구되는 자질 중 가장 중요한 것은 지점 경영에 강한 열정을 가지고 몰두하는 것이다. 지점장이 솔선수범하여 노력한다면 부하직원들도 자연히 '나도 하지 않으면...'이라고 생각하게 된다. 지점장의 경영능력이 다소 부족하더라도 열의가 있다면 부하직원은 따라오게 마련이다.

지점장이 부하직원으로부터 신뢰를 얻는 것도 매우 중요한 조건이다. 지점장이 항상 꾸준히 노력하고 언제나 웃는 얼굴로 업무에 열정을 쏟는다면 부하직원들에게도 자연스럽게 그 열의가 전달되어 의욕적으로 일하게 되고 지점장에 대한 신뢰도가 높아지게 된다.

현직 지점장을 대상으로 조사한 결과에 따르면, 지점장에게 필요한 중요한 요소로 선견력(先見力)을 지적하곤 한다. 예리하고 정확한 선견력으로 앞을 내다볼 줄 아는 지혜를 갖춘 지점장이 필요하다는 것이다. 선견력이란 직관적인 감각, 넓은 시야, 본질을 꿰뚫어보는 눈 등을 말한다. 선견력은 타고난 재능일 수도 있지만 선견력이 뛰어난 사람과 지속적인 교류를 통해서 후천적으로 갖추는 것이 가능하므로 이를 위해서 꾸준히 노력하는 지점장이 되어야 한다.

지점 경영의 중요한 축을 담당하는 지점장에게 리더십은 갖춰야 할 요소 중 절대로 빠질 수 없는 중요한 덕목이다. 리더십을 발휘하는 역할이야말로 지점장에게 가장 중요하다. 리더십이란 직원의 의욕을 복돋우기 위해 나아갈 방향을 명확히 제시하고, 지점장이 선두에 서서 이끌어가는 것이다. 경쟁력 있는 은행 지점에는 예외 없이 지점장의 강력한 리더십이 존재한다.

은행 지점의 미래상을 그릴 수 있는 지점장의 역할이 필요하다. 아무리 단기 업적 위주의 실적경쟁이 치열한 상황이지만 지점을 운영할 때 미래에 어떠한 방향으로 지점을 이끌고 갈 것인지에 대한 장기적인 관점이 반드시 필요하다. 장기적인 비전을 가지고 일상업무를 수행하는 지점과 그렇지 않은 지점과는 일정 기간이 지나면 만회할 수 없을 정도로 큰 차이가 발생한다. 은행 지점은 현재의 지점장이 떠나더라도 계속 남아 있기 때문에 장기비전은 더욱 중요하다.

또한 상황의 변화에 능동적으로 대처하는 지점장의 역할이 필요하다. 현재와 같이 금융기관 간 경쟁이 격화되는 시기에는 상황에 적응해 개혁할 수 있는 지점장만이 생존할 수 있다. 강한 것, 지혜로운 것이 아닌 오직 변화하는 것만이 살아남는다는 영국의 유전학자 찰스 다윈의 말처럼 관습과 낡은 사고에 젖어 지점을 운영하는 지점장은 생존할 수 없다.

지점장의 역할에 대한 인식

지점장의 역할은 영업기반을 확대하고 수익을 올리는 일이며, 전체적인 내부관리를 잘하는 것, 직원교육 등이다. 이것은 너무도 당연한 이야기지만 현재 지점장 평가기준은 수익에 치우쳐 있다. 이익을 얼마나 올렸느냐가 지점장의 평가기준이다. 하지만 은행의 장래를 생각한다면 인재육성이 대단히 중요하다. 대부분의 지점장들은 인재육성에 소홀하다. 지점장 개인으로서는 누구나 나름대로 소신과 인생관, 가치관을 가지고 있다. 하지만 은행조직의 일원으로서 지점장직무를 수행하기 위해서는 평가로 직결되는 이익증대에 진력할 수밖에 없다. 이익 제일주의로 나가지 않으면 지점장의 지위도 확보할 수 없는 현실 때문이다.

3-3 지점장의 역할 변화에 대한 이해

가. 지점장의 역할변화

급변하는 금융환경 변화 속에서 살아남기 위해서는 과거 지시와 통제에 익숙해진 관행과 관습으로 인한 수동적이고 소극적인 지점경영에서 탈피하여 자율과 창의에 입각한 지점경영을 통하여 지점단위의 조직역량을 극대화시켜야 한다. 지점장은 단위조직의 관리자로서 “조직은 끊임없이 변화하는 것이며 변화란 살아있다는 증거이며 변화가 없으면 기업은 살아남을 수 없다”라는 변화에 대한 적극적인 수용자세를 견지해야 한다.

지점의 활성화를 위해서는 지점장들이 단순한 개선이 아닌 혁신에 대한 확신을 가지고 스스로 혁신의 선도자가 되어야 한다. 따라서 지점장은 도전적이며 실현가능한 비전을 제시하고 지점 부하직원들에게 이러한 비전이 달성 가능하다는 확신을 심어주는 역할을 수행해야 한다.

단위 영업조직에서 지점장의 리더십은 영업추진과 동기부여역할, 그리고 비전과 직원들의 열정을 하나로 모으는 핵심추진력이다. 리더십의 발현은 지점장 개개인의 품성이 가장 많이 좌우한다. 영업에 대한 열정도 지점장의 리더십에 따라 좌우되며, 가장 강력한 리더십은 공감의 리더십이 되어야 한다. 공감의 리더십은 설득의 리더십이라고 할 수 있다. 끊임없이 고객과 직원, 본부를 설득하여 자신이 원하는 목표를 향해 나가야 한다.

지점장의 솔선수범 및 정열, 언행일치는 매우 중요하다. 삶에 대한 정열, 근면성, 강인한 업무추진력, 끊임없는 자기계발 모습을 보이는 것도 필요하다. 또한 달성가능한 비전과 방법을 제시하여 부하직원들이 자신감을 갖도록 노력해야 진정한 리더라 할 수 있다.

지점경영 역시 사람들이 만나 경영하는 곳이기 때문에 내부고객만족이 무엇보다도 중요하다. 부하직원들이 잘한 것이 있을 때 그때그때 공개적으로 칭찬하고 잘못된 일이 있을 때에는 동료, 부하직원이 없을 때 조용하게 지도하는 것이 바람직하다. 더욱이 전(前)소속점의 우수직원과 비교하여 평가하는 것은 절대금물이다. 고객이 직원을 칭찬하는 것을 들으면 직원들의 자질, 신뢰도가 커져 업무능력도 향상될 것이다. 임점(臨店) 검사시 잘못된 것을 지적받으면 부하직원 보다 자신에게 책임이 있음을 명심해야 한다.

나. 지점장의 역할

새로 부임한 지점장은 자신의 평소 소신과 지점 경영 프로세스에 따라 매우 의욕적으로 업무를 추진하지만 마음먹은대로 안되고, 부진한 성과에 빠지는 경우가 발생할 수 있다. 지점장으로서 적절한 역할 찾기는 중요하며, 지점장의 균형잡힌 지점경영은 부하직원의 사기에도 중요한 영향을 미친다.

(1) 성과분석자로서의 역할

지점장으로서 경영프로세스의 첫단계는 현황파악이다. 지점장은 경영전반에 걸친 철저한 분석을 수행하는 것이 필요하다. 우선 충분한 시간을 갖고 직원들의 의견을 수렴해야 한다. 분석항목을 정해주고 분석결과를 세밀히 해석해 보아야 하며, 이때 본부에서 지원되는 각종 자료를 활용하는 것이 중요하다.

(2) 변화주도자로서의 역할

지점의 모든 직원들이 희망과 열정을 가질 수 있는 비전제시와 정서적인 공감대를 이끌어내는 역할을 수행해야 한다. 금융환경, 경쟁자, 시장, 고객은 항상 변화한다는 것을 인식해야 한다. 지점도 이에 맞추어 변화와 실천을 계속해야 하며, 지점장은 변화의 주도자가 되어야 한다. 지점장은 부하직원들에게 비전설정과 정서적 안정감을 줄 필요가 있다. 변화의 필요성, 지점 경영혁신에 동참했을 경우 그 결과가 모두에게 기쁨과 성취감을 줄 것이라는 희망을 제시하고 자발적인 참여를 이끌어내야 한다.

중요한 것은 변화의 주체는 직원 전체이어야 하며, 지점장은 모든 직원들 스스로가 변화의 주체임을 인식하고 자발적 참여를 유도해야 한다. 이때 지점장은 앞장서는 것만이 능사가 아니라는 사실을 인식해야 한다. 직원들과 정서적으로 하나가 되지 못한채 혼자 앞서가는 것만으로는 부족하다. 경영과 변화는 혼자만으로 달성하지 못한다.

(3) 동기부여자로서의 역할

조직은 사람에 의해 움직이는데, 특히 은행지점에서는 구성원이 중요하다. 지점장은 직원 각자가 보유한 역량을 최대한 발휘하도록 적절한 동기부여가 반드시 필요하다. 제시된 비전에 의해 각자의 역할을 분담하고 칭찬과 독려로 업무에 몰입토록 해야 한다. 지점 구성원들이 공동체 의식과 책임감을 갖도록 일깨워주는 자세도 중요하다. 이때 역량을 발휘한 직원은 격려하되, 낙오자는 만들지 않는 것이 필요하다. 업무분담과 능력에 맞는 적절한 보상으로 최선을 다한 결과를 함께 나누며 서로 배려하는 분위기를 지점장이 앞장서 조성하는 것이 중요하다.

3-4 지점장의 역할에 대한 조사결과

가. 성공하는 지점장의 유형

은행간 '영업경쟁'이 격화하면서 어느 때보다 일선 지점장들의 역량이 은행경영의 승패를 좌우하는 핵심요소로 등장한 상황이다. 지점의 경쟁력을 결정하는 가장 중요한 요인은 근무하는 직원들의 역량이다. '우수 지점장은 지점이 바뀌어도 좋은 성적을 낸다'는 기존 관념이 있듯이 우수한 지점관리자가 있는 지점은 경쟁력을 가진다. 주요은행 인사담당자의 의견을 종합하면 매년 실시되는 업적평가에서 일부 우수지점장은 지점이 바뀌어도 상위 30%내에 꾸준히 머문다는 것이다. 우수한 관리자는 점주에 관계없이 좋은 성과를 거두는 것이다.

경영평가와 마케팅, 여신 등 분야별 우수지점장을 선정해 심층 면담조사를 실시한 결과 성공적인 지점관리자들은 태도면에서 남들과 차별되는 몇가지 장점을 지니고 있었다. 성공한 지점관리자들의 특성은 우선 일에 대한 열정이 누구보다 뜨겁고, 민주적 리더십을 구사한다는 점이다. 팀장이나 책임자에세 권한을 대폭 위임하고 스스로도 업무를 철저히 챙기는 '솔선수범형'이라는 얘기다.

또 성공한 지점장들은 장사꾼 마인드와 자신감으로 무장해 '배치받은 곳이 마지막 무덤'이라는 생각으로 매순간 최선을 다하는 성실성을 갖췄다. 명확한 비전 제시와 더불어 업무추진비를 직원들의 업무에 대부분 사용할 정도로 직원에 대한 깊은 관심과 신뢰를 갖는 것도 필수 덕목으로 꼽혔다. 물론 전략적인 영업추진과 성실한 고객관리, 지점장 이미지 관리 등도 주요 성공요인이다.

은행 지점장에게 요구되는 역할도 과거와는 많이 달라졌다. 국내에서 영업력이 가장 뛰어나다는 ○○은행에서는 지점장 선발시 기계적인 평가는 거의 이루어지지 않고 정성적인 평가와 임원과 지점장이 한몸이 되는 것을 중시한다고 한다. 또한 개인의 역량을 중시하여 지점장 자체를 파악하지 학벌이나 지역은 철저히 무시하고 파벌모임은 금지한다고 알려져 있다.

은행지점장에 요구되는 역할에 대한 조사결과

① 지점장은 은행장의 분신, 목표달성과 인재육성

② 솔선수범과 부하직원에 대한 도전정신을 북돋우며 육성·지도하는 일

③ 점주 지역에서 존재감 있는 지점장

④ 컴플라이언스, 지점내를 명랑하게 만드는 일, 직원을 육성하는 일 등 3대업무에 집중

⑤ 리더십과 매니지먼트 역량 발휘, 업적추진과 업무관리는 양축, 내부관리에 관심을 쏟을 것

⑥ 영업력에 추가하여 컴플라이언스

⑦ 리더십에 바탕을 둔 부하직원으로부터의 신뢰

나. 지점장의 핵심적 역할

지점관리자의 역할에 대한 '금융저널'지의 조사결과 인재육성과 업적공헌이 가장 중요시되는 역할이라고 응답했다. 업적달성이 지점장의 가장 중요한 업무라고 인식하고 있으며, 업적목표 이외에 지점장의 역할은 '없다'라고 응답한 지점장도 다수 존재했다. 지점의 평가가 목표달성에 달려있기 때문에 업적에 집중하는 것으로 해석된다. 또한 은행에 있어 가장 중요한 자산은 인재(人材)라는 인식하에 젊은 행원의 교육이 중요하다는 응답도 많았다. 컴플라이언스와 리스크관리 부문도 지점장의 중요한 역할이라고 지적하였다. 지방지역 지점장들은 지역 및 사회공헌도 중요하다고 지적했다.

지점관리자는 인생 그리고 직장선배로서 부하직원의 육성은 가장 막중한 책무 중 하나다. 후배직원의 그릇된 언행을 방지하고, 수시로 결점을 지적하여 개선토록 지도하고 그 직원만이 가지고 있는 장점을 발견하여 칭찬하며, 그 장점을 살리도록 유도해야 한다. 지점관리자는 조직을 이끌 탁월한 리더십을 정립해야 되며 적극적이고 합리적인 사고 및 세일즈 능력을 갖추어야 한다. 후배직원 지도와 신속하고 정확한 업무수행을 위한 역량과 외부고객 뿐만 아니라 내부직원

과의 원만한 인간관계 구축이 중요하다.

다. 지점 운영의 애로요인

지점장의 역할을 수행하면서 가장 어려운 점을 묻는 질문에는 인사관련 항목을 가장 많이 지적했다. 구체적인 내역은 인재육성, 인원삭감과 연령구성문제, 점내커뮤니케이션과 모티베이션 유지 등을 지적했다. 개별금융기관의 장래를 담당할 젊은 행원의 육성은 지점운영에 한정되지 않고 기업의 영속성과 밀접히 연관된 중요한 과제다. 금융업의 경우 차별화되는 요인은 인재 이외에는 별로 없다고 말해도 과언이 아니다. 하지만 많은 수의 지점장들은 단기적인 업적목표에 쫓겨 인재육성에 시간을 할애할 수 없으며, OJT 등은 본부의 지원이 절실하다고 응답했다.

일부 지점장들은 부하직원의 능력에 의문을 표시하는 응답도 있었으며, 지점 인력이 부족하기 때문에 리스크관리 측면에서 직무순환을 실시하려고 해도 마땅한 인력이 없다는 어려움도 토로하고 있다. 법인고객 담당자의 담당기래처가 늘어나면서 개별기업에 충분한 시간을 할애하는 것이 곤란하다는 의견도 개진됐다. 또한 승진이 적기에 안 된 연령이 높은 직원에 대한 동기부여가 어렵다는 주장도 있었다.

전반적으로 양적인 인력부족과 더불어 영업능력이 부족하다거나 목표달성을 위해 자발적으로 움직이는 직원이 부족하다는 지적도 있다. 은행 지점은 소수인원으로 운영되고 있어 단 한명이라도 불성실한 직원이 있을 경우 지점 인화(人和)에 크게 영향을 미치고 영업 전력(戰力)이 크게 손실된다. 지점 업무가 다양해지면서 지점내 팀간 커뮤니케이션의 부족에 기인하는 어려움도 나타나고 있다. 또한 목표달성과 더불어 타 금융기관과의 경쟁이 지점 운영에 있어 어려움이라고 호소하고 있다.

한편 리스크관리가 세분화되고 있는 점도 어려움으로 지적되고 있다. 리스크 상품판매와 컴플라이언스 위반, 자본시장법 시행에 따른 고객에 대한 상세한 설명의무 등 영업추진과 직결되는 문제에 직면해 있다. 고령고객 증가에 따른 인지증(認知症)으로 인한 대책도 필요하다는 의견도 제시됐다.

지점 경영의 어려움에 대해 초임지점장과 중임이상 지점장의 견해에는 일부 차이가 존재했다. 초임지점장은 중임이상 지점장에 비해 부하직원들의 동기부여, 타 금융기관과의 경쟁 부문에서 어려움이 있다고 밝혔다. 반면 중임이상 지점장은 인재육성, 지점내 커뮤니케이션, 컴플라이언스, 리스크상품판매 측면에서의 어려움을 표출했다.

지점 경영에 있어 초임지점장이나 중임지점장이나 별 차이는 없다고 생각한다. 중임이상 지점장의 경우 전입지점의 현황을 면밀히 분석하여 부진부문에 대하여는 개선대책을 수립하여 실행해야 한다. 항상 초심을 잃지 않고 기본에 충실하되, 전임지점의 경험과 노하우를 직원들과 공유하고 이를 바탕으로 직원 모두의 역량을 하나로 모아 지점경영 목표달성을 위해 최선을 다해야 한다.

라. 본부에 대한 기대사항

본부에 대한 기대는 상품개발 등 타 은행과 경쟁에서 우위를 점유할 수 있는 요청사항과 더불어 현장입장을 고려한 목표설정에 대한 주문이 많았다. '지점지원의 충실'은 인재가 부족하여 요구하는 내용이다. 법인고객대상 제안형 영업을 추진하는데 있어 본부지원이 필요하다는 의견이 많았다. 본부와 지점간의 커뮤니케이션의 부족에 대한 지적도 있었다.

공격적인 영업을 위해 증원이 필요하다든지, 경험이 풍부한 직원을 배치하여 타직원을 지도함으로써 전체 지점 직원의 수준향상을 도모하는 것이 필요하다는 의견도 있다. 목표설정에 있어서는 지역특성을 고려한 목표설정이 필요하다거나, 점주에 특화한 전략입안이 부족하다는 불만이 많았다.

3-5 지점장의 바람직한 대화방법

가. 지점장의 대화 방법

직원들에게 지점장은 어려운 존재다. 따라서 지점장은 직원이 오기 전에 먼저 다가가는 자세가 필요하다. 직원이 애로사항을 지점장에게 쉽게 털어 놓을 수 있도록 지점 분위기를 이끌어 가는 것이 사고 예방과 직원의 사기 진작에 도움이 된다. 직원들을 전체적으로 대하는 것보다는 개별적으로 상대하는 것이 효과적이다. 전체적으로 격려하는 것도 좋지만, '자신'에게 특별한 관심이 있다는 신호는 사기진작과 능력개발에 큰 도움이 되는 것이다.

나. 성과가 우수한 직원

지점장은 성과가 우수한 직원들이 하향평준화가 되지 않도록 칭찬 및 배려 속에서 성취감을 맛볼 수 있도록 지속적인 동기부여 및 관심을 표명해야 한다. 성실한 직원의 경우, 주요고객늘 앞에서 종종 칭찬을 하여 고객들의 호감을 유도, 각종 인사자료에 의견개진, 향후 최우수 지점장이 될 가능성을 언급한다.

다. 성과가 우수하지 않은 직원

선입견을 배재하고 개별적인 상담을 통해 본인의 불만 사항을 조기에 파악하고 해소하는데 개인별 특기를 발굴하는데 주력해야 한다. 지점장이 함께 섭위하여 성공경험을 느낄 수 있도록 지도하여 작은 성과에도 함께 축하해 주는 지점 분위기를 만들어야 한다. 타 지점 또는 후선업무로 전근요청을 하는 것 보다는 자체 연수를 통한 능력 배양이 은행의 발전이라는 생각을 가지고 꾸준히 지도해야 한다. 일정기간 육성노력 후 도저히 개선이 불가능한 경우 분부와의 협의 하에 가시적인 조치를 취하는 것이 지점 분위기 개선에 바람직하다.

라. 지점장이 주의할 점

직급이 올라갈수록 후배직원의 입장을 존중하기 보다는 자신의 주장을 앞세우기 쉬우며 그런 대화습관의 반복은 겸손과는 점점 멀어지게 한다. 특히 고객이 있는 자리에서 직원을 야단치거나 잘못을 지적하는 것은 절대적으로 피해야 한다.

지점장의 대화 방법에 대한 조사결과(1)

지점장으로 발령받은 이후 그동안 모셨던 지점장님들을 회고해 보면서 바람직하지 못하게 여겼던 행동은 가능한 하지 않았다. 첫째, 책임을 회피하지 않았다. "너희가 한 일은 너희가 책임을 져라" 라는 식의 지점장의 행동은 올바르지 않다. "지점장이 책임질테니, 당신들은 따라오라" 는 식으로 지점을 운영하고 있다. 둘째, 직원별 차별대우나 편애하지 않았다. 직원들을 차별적으로 대할 때 지점장의 권위는 없어진다. 특히 모두 다 보는 앞에서 특정 직원을 차별대우하거나 편대하는 것은 절대 금물이다. 셋째, 전략 마인드 없이 일하지 않는다. 구체적인 목표를 세운 다음 지점장의 생각을 직원들이게 설명하여 이해와 협조를 구한 다음 달성을 위한 계획을 실행하는 것이 중요하다. 이때 지점장의 생각이 어떠한지를 확실히 밝히는 것이 중요하다. 1인당 목표를 없앴다. 1인당 목표는 지점 팀워크에 도움이 안 되기 때문이다. 특히 실적달성에 사용하는 1/n을 없앴다. 1/n을 없애니, 직원들의 책임의식은 더욱 강화되어, 목표달성을 위한 행동이 더욱 능동적으로 변화되었다. 넷째, 부정적인 표현을 사용하지 않는다. 항상 긍정적인 마인드를 심고 이를 실천한다. 부정적 표현은 입에서 절대로 나오지 않는다. 미래에 생각의 초점을 맞추고, 될 수 있는 한 직원들에게는 칭찬만 한다.

지점장의 대화 방법에 대한 조사결과(2)

우선 지점장부터 솔선수범을 보여주고 지점장 본인의 노하우, 예를 들어 어떻게 손님에게 접근하면 성과를 내는지 등에 대해 직원회의 시간에 알려준다. 인근 우수 영업점의 노하우가 있다면 당점에 바로 적용할 수 있도록 조치한다. 직원이 고객 섭외 시 지점장이 상담을 적극 지원해 준다면 성공 가능성이 높다는 점을 인식시키고 이왕이면 응접실을 이용하여 상담하도록 직원들을 교육시킨다.

제3절
지점장의 비전수립

1 지점의 비전수립

1-1 지점 비전수립의 필요성

은행의 경쟁력 강화를 위해서는 영업의 최일선인 지점과 이를 직접 지휘하는 지점장의 역할이 중요하다. 은행의 경영성과는 금융상품 및 서비스를 지점에서 고객에게 제공하는 과정에서 구체화되기 때문이다. 지점이 환경변화에 적절히 대응하고 지점의 발전을 위한 안정적인 수익원을 확보하며 미래업적신장을 위한 고객기반을 계획성 있게 확보하기 위해서는 지점 자체의 비전을 수립해야 한다. 지점은 자칫하면 업적평가에 연연하여 외부 환경변화에 눈감해질 수 있고 이러한 가운데 타성에 젖어 전행적인 관점에서 요구되는 지점의 역할에 대해서 미온적일 수 있기 때문이다. 우수지점장들은 한결같이 지점의 생존과 영업성과 제고를 위한 비전수립은 필수적이라고 지적한다.

비전은 은행이 추구하는 장기적인 목표와 바람직한 미래상을 의미한다. 비전은 막연한 희망이 아니라 장기적인 안목에서 미래의 목표와 현실을 연결하는 역할을 수행한다. 지점 경영에 있어 명확한 비전설정은 목표의식을 갖게 하고 지점 운영의 행동기준을 제시해 준다. 또한 지점 구성원들에게 동기를 부여하고 참여의식을 유발함으로써 지점성과 제고에 기여한다. 지점의 비전이 명확하면 구성원들이 확실한 목표의식에 입각하여 일사불란하게 행동함으로써 지점성과가 높아진다.

지점의 비전은 정확한 방향을 알려주는 수단이다. "우리 지점은 이러한 방향으로 나아간다", "그렇게 되면 2년 후, 10년 후에는 이렇게 발전한다", "그때 당신은 이러한 위치에 있을 것이다" 등의 비전은 경영환경이 급변하는 상황에서 무척 중요하다. 지점 경영의 방향인 비전은 직원들에게 밝은 희망을 심어주는 역할을 한다.

은행 지점의 비전은 본부에서 수립한 전행적 관점에서의 경영비전 및 중장기 전략과 지점의 시장여건과 고객기반을 바탕으로 구체화시키는 단기 영업전략과의 사이에서 중간 연결고리의 역할을 해야 한다. 지점은 본부에서 수립한 전행적 전략을 구체화시키는 위치에 있으므로 실천성 및 적용성이 강조된다. 지점 비전은 영업전략의 계속성이라는 측면에서도 필요하다. 특히 노력의 결과가 업적으로 나오기까지 장시간을 요하는 지역밀착도 증진노력 등은 지점의 자체 비전 아래에서 추진되어야 한다. 각 지점은 점주권 특성에 영향을 받는 살아있는 생명체와도 같다. 하지만 현실적으로 2~3년 주기로 지점장이 바뀌고 있으며, 빠를 경우 1년 이내에도 교체될 수 있기 때문에 지점경영의 영속성이 단절될 수 있다. 더욱이 새로 부임한 지점장의 성향에 따라 영업전략의 대부분이 바뀌는 경우도 있어 영업의 계속성이 저해되는 경우가 많다.

은행 지점 비전은 구체적인 목표로 나타나는 것이 일반적이다. 비전은 하늘 높이 떠 있는 태양과도 같이 미래지향적인 관점에서 지점 경영의 기본방향을 설정해주고, 지점 구성원들에게 행동지침을 제공해주는 역할을 한다. 비전은 산꼭대기에서 세상을 내려다보는 것처럼 전반적인 시야를 갖도록 눈과 마음을 열어준다. 지점 구성원들이 마음속에 비전을 더 구체적으로 가지고 있을수록 비전을 실현할 방법을 더 잘 알게 마련이다. 지점 차원에서 비전은 목표로 나타나는 것이 일반적인데, 구체적인 예를 들면 다음과 같다.

① 우리 지점은 1년 후에 현재 수신액의 30% 증가를 달성한다.

② 우리 지점은 2년 후에 점주권에서 여수신계수 시장점유율이 가장 높은 지점이 된다.

③ 우리 지점은 점주권에서 고객만족도 점수 최고 지점이 되고, 고객관리가 가장 우수하다는 평판을 얻는다.

1-2 지점 비전의 수립절차

지점 비전을 수립하기 위해서는 우선 경영논리의 변화를 파악하여 현재의 상황을 명확히 인식하고 있어야 한다. 은행 간의 경쟁이 격화되고 있는 최근에는 수요창조의 논리와 구매자중심의 논리 그리고 고객만족중심 논리의 경영만이 성공을 보장받을 수 있다. 과거와 같은 수요대응 논리, 판매자중심, 생산자중심적인 경영은 성공을 거둘 수 없다.

지점의 비전은 크게 3단계를 거쳐 수립된다. 제1단계에서는 비전수립의 목적을 명확히 하고 환경을 알고 가이드라인을 정해야 한다. 이때 중요한 것은 환경변화, 경쟁 금융기관 지점 및 고객동향, 자점상황 등을 파악하는 것이다. 구체적으로는 거시적인 측면에서 현재의 경제상황, 자금의 흐름, 금리변화추이, 타 금융권 동향, 타행과의 경쟁정도, 지리적 입지조건, 자행의 지명도와 자점의 영업역량, 고객특성에 대한 분석이 필요하다. 이와 같은 지점의 경영환경 및 지역특성 파악에는 상당히 많은 시간이 요구되나 그 결과는 실질적으로 영업전략의 수립시에노 도움이 되므로 정밀하게 분석하여야 한다.

제2단계에서는 환경분석에 입각하여 새로운 발상을 구하고 지점 비전의 기본구상 및 설정이 필요하다. 제1단계에서 얻어낸 결과를 바탕으로 자점의 직원수, 규모, 본부의 지원가능성 등을 고려하여 비전을 수립해야 한다.

제3단계에서는 설정된 비전을 상세화 및 구체화하고 이를 전개할 시나리오를 만든다. 영업체제와 중점적인 목표시장의 결정, 계수관리방안 및 수익성 제고가능성 등과 같은 구체적인 전개 시나리오를 작성해야 한다.

지점 비전수립의 궁극적 목적은 은행 전체의 이익을 도모하기 위한 것이다. 은행 전체적 차원에서 수립한 장기비전과 중장기 경영전략을 성공적으로 달성하기 위한 자점의 역할을 충분히 인식한 후에 지점의 비전을 수립해야 한다. 그러나 비전이 수립되었다 해도 전 구성원이 공감하지 못하고 움직여주지 않는다면 그 비전은 유용하지 못하다. 가능한 많은 구성원들이 참여하여 그들의 꿈과 의지가 담긴 비전을 만들고 구체적인 실행 스케줄이 뒤따라야만 전 구성원이 공감할 수 있다. 또한 비전은 간결하고 쉽게 이해할 수 있어야 하며, 도전적이면서 실현가능성이 있는 목표가 제시되어야 한다.

2 지점장의 비전수립

2-1 지점장 비전수립의 필요성

지점의 생존과 은행 전체의 영업성과에 지대한 영향을 미치는 지점장 자신의 비전수립이 필수적이다. 자신의 비전을 제시할 수 없는 지점장이 은행의 비전을 이야기하고 부하직원들에게 비전을 가지라고 한다면 설득력이 없을 것이기 때문이다. 지점 경영목표에 대한 지점장의 비전을 직원들이 공감할 수 있도록 하고 부하직원들에게도 은행 및 지점의 비전에 부합되는 자신의 비전을 수립하게 한다면 직원 스스로의 자기개발로 연결되어 인재육성이 가능하다. 지점장의 명확하고 설득력 있는 비전이 제시되고 그것이 지점 직원들의 가슴속에 새겨질 때에만 열심히 스스로의 업무에 몰입할 수 있다.

지점장의 입장에서 비전이 있어야만 문제를 해결하고 뚜렷한 목적의식하에 업무를 처리할 수 있어 양(量) 중심의 업무추진이 아닌 주체성 있는 질(質) 중심의 영업추진이 가능하다. 개인이든 조직이든 사람이 살아가는 곳에는 언제나 꿈과 비전이 있어야 하는데, 이는 꿈과 비전의 유무에 따라 하는 업무가 달라지고 그 업무를 추진할 수 있는 열의가 달라지기 때문이다. 우수지점장의 경우 비전수립의 목적을 명확히 하고 지점 비전을 바탕으로 구체적인 실행 시나리오를 통해 실천하고 있다.

계수파악보다 중요한 비전수립

초임 지점장은 이제 자기의 포부와 철학으로 지점을 경영하게 된다는 사실 하나만으로도 가슴이 뛴다. 그리고 맨 먼저 계수파악부터 한다. 영업전략에 대한 구상으로 머리가 빠르게 돌아간다. 앞뒤 돌아볼 겨를 없이 전 직원을 독려하며 영업추진에 매진한다. 그러나 직원들과 함께 변화의 지향점과 비전, 목표 그리고 공감대를 이끌어내는 일은 시간을 놓치면 할 수 없다. 가장 먼저 해야 할 일은 계수파악이 아니다.

2-2 지점장의 비전수립절차

지점장 개인의 비전은 '해야 할 일', '하고 싶은 일', '할 수 있는 일'에 대한 자신의 생각을 정리하는 과정에서 수립된다. 이때 일에 대한 기본개념을 이해하는 것이 중요하다. 아무 것이나 닥치는 대로 한다고 해서 다 일이라 할 수 없다. 작더라도 어제와 다른 새로운 것이 바로 일인 것이다.

지점장은 먼저 '해야 할 일'을 결정해야 한다. 과거와 현재 지점상황에 대한 분석을 바탕으로 미래를 예측하고 은행에 대한 기여도를 바탕으로 차별화가능성을 고려한다. 은행 본부에서 기대하고 요구하는 것, 은행이 나아가고자 하는 방향을 고려해야 한다.

다음에는 '하고 싶은 일'을 결정해야 한다. 개인적인 흥미, 취향 등을 고려하여 관심 있는 분야가 무엇인지를 고민하는 단계로 개인적 가치가 중시되는 특징이 있다. 의미 있는 일에 대해 모든 사람이 동일한 판단기준을 가지고 있지 않기 때문에 자기 자신에게 솔직해질 필요가 있으며 선택가능한 일 중에서 우선순위에 따라 결정한다.

'하고 싶은 일'을 결정한 다음에는 '할 수 있는 일'을 결정하는 것이다. 지점장 스스로 강점과 약점을 분석해보고 지금까지의 경력 등을 고려하여 자신의 역량을 냉철하게 분석하는 시간을 갖는다. 지점장의 역량으로 특히 중요한 것은 인적 네트워크와 같은 대인관계능력이다.

이상과 같은 세 가지 일에 대해 고민하면서 공통적인 생각을 지점장 자신의 비전으로 결정하면 된다. 비전이 없다면 하루하루를 그냥 지낼 뿐이어서 어제 했던 일이나 오늘 할 일이나 내일 해야 되는 일이 다를 바가 없어 활력이 사라지고 현상유지의 심리가 팽배해진다.

지점장의 비전수립의 중요성에 대한 조사결과

은행 지점의 미래상을 그릴 수 있는 지점장의 역할이 필요합니다. 단기업적 위주의 실적 경쟁이 치열한 상황이지만 지점을 운영할 때 미래에 어떠한 방향으로 지점을 이끌고 갈 것인지에 대한 장기적인 관점이 반드시 필요합니다. 장기적인 비전을 가지고 일상업무를 수행하는 지점과 그렇지 않은 지점과는 일정기간이 지나면 만회할 수 없을 정도로 큰 차이가 발생합니다. 은행 지점은 현재의 지점장이 떠나더라도 계속 남아있기 때문에 지점 자체의 장기비전은 중요합니다.

제4절

지점장의 리더십

1 지점 경영과 리더십

1-1 지점 경영에서 리더십의 중요성

리더란 조직을 성공적으로 운영하는 데 있어 핵심적인 역할을 하는 사람들이다. 은행 지점에서 리더란 각 팀의 과장, 차장 및 지점장 등이 해당된다. 이들이 얼마나 효과적으로 리더십을 개발하고 발휘하는가에 따라 은행 지점의 성과가 좌우된다고 해도 과언이 아니다. 실제 은행 지점에서도 리더십이 효율적으로 발휘되지 못해 지점의 성과제고에 걸림돌로 작용하는 사례가 많이 나타나고 있다.

은행 경영에 있어 리더십은 본질적으로 리더가 지점이 처한 상황과 지점구성 직원의 특성이나 기대를 고려하여 직원들로 하여금 지점 목표를 달성하도록 사회적 영향력을 행사하는 역량으로 정의할 수 있다. 사회적 영향력이란 한 사람이 다른 사람의 행동이나 태도를 변화시키는 과정을 의미한다. 이 과정은 강압적인 방식에 의한 것일 수도 있고, 민주적인 방식에 의할 수도 있다. 지점장에게 요구되는 리더십은 일방적이고 강압적인 권한행사와는 달리 은행 본부에서 요구하는 목표에 대해 직원들의 동의와 자발적인 행동을 이끌어내는 능력이다.

현실적으로 은행 지점에서 지점장들이 부하직원들에게 영향력을 행사하기 위해서는 자신의 직위상 부여된 공식적 권한 이외에 개인적인 매력이나 행동스타일 또는 경험 등과 같은 비공식적인 영향력을 활용해야 한다. 공식적인 방법에만 의존하는 것이 아니라 비공식적인 영향력을 함께 행사할 때만이 진정한 리더라고 할 수 있다.

리더의 특성에 관한 이론

리더의 특성에 대한 여러 가지 주장은 리더십 특성이론을 통해 제시됐다. 리더십 특성이론은 기업 내 경영관리자를 대상으로 "리더와 리더가 아닌 사람을 구별짓는 특성 혹은 자질은 무엇이며, 효과적인 리더와 비효과적인 리더의 차이를 야기하는 것은 무엇인가" 하는 문제에 초점을 맞추고, 효과적인 리더는 비효과적인 리더 혹은 리더가 아닌 사람과 구분되는 고유한 특성과 자질을 지니고 있다고 주장했다.

특성이론적 접근의 대표적인 연구로 Stogdill과 Bass 등은 리더십과 높은 상관성이 있는 특성으로 ① 창의력, ② 인기, ③ 사교성과 대인관계능력 ④ 판단력 ⑤ 적극성, ⑥ 성취욕구, ⑦ 유머, ⑧ 협조성 등을 제시하였다.

Kirk Patrick은 리더의 고유한 특성으로 욕구, 동기부여, 통합성, 자신감, 정보, 지식 등 6가지 요인을 제시했다.

① 욕구(drive): 높은 수준의 성취욕구와 야망, 활력 및 발전하려는 의지가 있음
② 동기부여(motivation): 조직의 비전을 지원하기 위해 타인에게 영향을 미치며 이끌려는 강력한 바람과 기꺼이 책임을 지려는 의지가 있음
③ 통합성(integrity): 진실함과 언행일치를 통해 자신과 부하들과의 관계에서 신뢰를 구축함
④ 자신감(self-confidence): 결단력과 주장이 강하며 부하의 신뢰를 얻기 위해 자신감을 보임
⑤ 정보(intelligence) : 다양하고 복잡한 수많은 정보를 수집하고 종합하며 해석할 수 있는 충분한 지식을 갖고 있고 비전을 제시하며 문제를 해결하고 올바른 의사결정을 할 수 있음
⑥ 지식(knowledge): 기업과 기업이 속한 산업 및 기술적인 문제에 대한 높은 수준의 지식(이해)을 갖춤

Bennis는 다음과 같은 5가지 요인을 리더의 특성으로 제시했다.

① 남다른 열정과 분명한 목적의식
② 관련되는 사람들과의 신뢰 형성 및 유지
③ 성공하리라는 희망과 낙관주의
④ 목적과 비전을 실천하는 행동주의
⑤ 계속적인 학습을 통한 성장

1-2 지점 경영에 있어 바람직한 리더십 유형

지점장으로서 가장 절실히 요구되는 것 중의 하나는 리더십이다. 리더십이란 도전적인 기회 속에서 비전을 명확히 세워 현실을 돌파해나가기 위해 조직과 사회를 동원하는 활동이라 할 수 있다.

성공적인 리더십을 위해서는 첫째, 직원들에게 명확한 방향과 목표를 제시해주어야 한다. 높은 실적을 보이고 있는 지점장들은 대부분 상세한 전략수립보다는 몇 가지의 명확하고 현실적인 목표와 우선순위를 정하고 이를 실행해 나가는 데 강한 면모를 보여주고 있다. 아무리 뛰어난 전략이 있다 하더라도 목표와 우선순위가 명확하게 제시되지 않는다면 직원들은 성과창출을 위한 실제 행동을 취할 수 없다.

둘째, 끝까지 밀고 나가는 열정과 추진력이 있어야 한다. 실행력이 부족한 지점장은 잘못된 결정을 내리는 것을 두려워하기 때문에 의사결정을 지체하는 경향이 있으며 자신이 옳다고 생각하더라도 상대방이 강하게 나오면 자신의 주장을 쉽게 굽히거나 한번 내린 결정을 번복하는 경우가 잦다. 따라서 지점장으로서 방향이 옳다고 판단되면 주저 없이 과감하고 신속하게 목표한 바를 추진해나가야 할 것이다.

셋째, 직원들에게 역량을 개발할 수 있는 적절한 기회를 제공하고 여기에서 얻은 자신감을 토대로 새로운 일을 의욕적으로 추진할 수 있도록 만들어야 한다. 단순히 목표를 높이고 이를 달성하라고 직원들에게 요구하는 것은 매우 무책임한 일이다. 목표만 잡는다고 그러한 목표가 저절로 실행되는 것은 아니기 때문이다.

카르마경영과 리더십

교세라 그룹의 명예회장인 이나모리 가즈오가 주장한 것이 카르마경영이다. 카르마란 '인생은 마음에 그리는 대로 이루어진다'는 것을 의미한다. 즉 원하는 것만 얻을 수 있는 것이 인생의 법칙이다. 운명은 마음먹기에 달려 있다는 진리를 깨닫게 해준다. 단, 세심한 계획과 준비 없이는 성공할 수 없다는 함의를 담고 있다.

카르마경영의 공식 = 사고방식(－100~100) × 열의(0~100) × 능력(0~100)

사고방식은 삶의 자세, 마음가짐, 철학, 이념을 의미한다. 열의는 일을 하고자 하는 정열과 노력을 말한다. 능력은 재능과 지능, 자질, 건강을 가리킨다.

"인생을 살아가는 데는 보이지 않는 커다란 두 가지 힘, 즉 운명과 인과응보(因果應報: 전생에 지은 선악에 따라 현재의 행과 불행이 있고, 현세에서의 선악의 결과에 따라 내세에서 행과 불행이 있다는 의미)의 법칙이 작용한다. 좋은 걸 생각하면 운명이 바뀌고 이것이 또 좋은 결과를 가져온다. 결과에 노심초사할 필요가 없다. 원인과 결과는 놀라울 만큼 정확히 일치한다."

"오늘 하루를 살지 않으면 내일은 오지 않는다. 바라고 원하는 지점까지 일사천리(一瀉千里)로 가는 길 따위는 없다. 어떠한 커다란 꿈도 한 걸음씩 내딛는 하루하루가 모여 이루어진다. 우선 오늘 하루 충실하라. 그것이 결국 꿈을 현실로 만드는 최선의 길이다."

지점 경영에 바람직한 리더십 유형에 대한 지점장 대상 조사결과(1)

저는 포드형 리더십을 중시합니다. 강한 책임감을 바탕으로 한 업무체계화, 효율화는 지점장으로서 가장 어울리는 리더십이라고 생각합니다. 일반적인 직장과 다르게 은행의 지점이라는 특수성을 감안한다면 한 지점의 지배인으로서 강한 책임감은 필수이며, 업무 특성상 포드식의 업무분담과 체계화, 효율화가 적절하다고 판단됩니다.

① 간디형 리더십: 배려와 인간관계를 통한 지원을 중요시

② 포드형 리더십: 분석적이고 강한 책임감이 있으며 업무의 시스템화를 중시

③ 빌게이츠형 리더십: 도전과 경쟁을 즐기며 미래에 관심이 많고 성과를 중시

④ 처칠형 리더십: 낙천적, 사교적이며 남에게 인정받는 것을 중요시

지점 경영에 바람직한 리더십 유형에 대한 지점장 대상 조사결과(2)

① 명확한 방향을 제시해야 합니다. 전 직원의 참여 속에 지점의 현황을 파악하여 선택과 집중을 할 수 있도록 방향을 제시해야 합니다.

② 지점을 경영함에 있어 어느 한쪽으로 치우침이 없도록 하여 팀 간 균형을 유지해야 합니다.

③ 자기중심적이지 않아야 하며, 가능한 직원들의 의견을 청취하여 경영에 반영해야 합니

다. 다양한 의견을 모아 토론하여 직원들의 참여를 유도해야 합니다.

④ 직원들이 자발적으로 업무추진을 할 수 있는 분위기를 조성합니다.

⑤ 솔선수범해야 합니다. 입으로만 하지 말고 행동으로 실천하여 직원들이 따라오도록 합니다.

⑥ 덕목을 갖춰 직원들로부터 존경받는 사람이어야 합니다.

지점 경영에 바람직한 리더십 유형에 대한 지점장 대상 조사결과(3)

① 고객을 최고로 모실 줄 아는 지점장

② 자신감을 갖고 업무를 추진하며 직원들에게 비전을 주는 지점장

③ 솔선수범하고 진취적으로 업무를 추진하는 지점장

④ 직원들을 칭찬하는 데 후한 지점장

1-3 리더십과 감성지능의 역할

최근 리더가 갖추어야 할 자질로서 감성지능(Emotional Intelligence)이 매우 중요하다는 지적이 있다. 감성지능은 흔히 인지적 지능(Cognitive Intelligence)이라 하는 IQ에 반대되는 EQ라는 용어로 사용되기도 한다. 그렇다면 기업의 상황에서 EQ와 IQ의 대칭적인 비교가 가지는 의미는 무엇일까?

다니엘 골만(Daniel Goleman)은 선진국 188개 대기업 임원들을 대상으로 실시한 연구에서 높은 성과를 거둔 고위 경영자가 그렇지 못한 고위 경영자에 비하여 감성지능에서 뚜렷한 우위가 있음을 밝히고 있다. 그는 고위 경영자의 리더십을 기술적인 능력, 인지적 지능, 감성지능의 세 가지로 구분하여 측정한 결과 감성지능이 성과향상에 기여한 정도가 다른 두 가지 능력보다 무려 2배 이상 높다는 사실을 보고하고 있다.

나아가 더욱 흥미로운 사실은 감성지능을 구성하는 요인들이 각각 높고 낮음에 따라 그 사람의 리더십 스타일이 결정되는 성향이 있다는 것이다. 이를테면 민주적 리더십은 사회적 숙련도와 관련된 감성요인이 높은 경영자에게 나타나며 강압적 리더십은 자기관리와 관련된 감성요인이 높은 경우에 나타나는 경향이

있다는 것이다.

이와 같이 리더십 스타일을 결정하는 감성요인을 선별하는 작업은 리더십 개발에 매우 중요한 의미를 가진다. 만약 우리가 리더십 유형을 결정하는 성격적인 인자를 구분할 수 있다면 기업이 처한 상황에 적합한 리더십 유형을 개발할 수 있는 길이 열릴 수 있다.

예를 들어 주어진 경영상황에 민주적인 리더십이 필요하다는 판단이 내려지면 이와 관련된 감성지능 영역에 대하여 기업은 집중적인 교육과 학습 프로그램을 실시할 수 있다. 이는 의사가 간이나 위가 좋지 않은 환자에게 이와 관련된 약을 처방함으로써 건강을 회복시키는 경우와 같은 것이다. 만약 의사가 환자의 특정한 문제를 도외시하고 표준적인 처방으로 몸의 전반적인 상태를 향상시키려 한다면 이는 비용 뿐만 아니라 효과면에 있어서도 많은 제약을 받게 될 것이다.

리더십에 관한 과거의 연구들은 특정인의 리더십이 어떠한 이유에서 형성되기 시작하는지 분명한 메시지를 전달하고 있지 않다. 단지 우리는 리더십 상황이론을 통하여 특정한 리더십유형이 특정한 상황을 만나게 되면 보다 효과적이라는 사실에 대해서 상당한 연구결과를 이해하고 있을 뿐이다.

이에 비하여 리더십의 결정인자 자체에 대한 연구는 상당한 최근의 이슈 중 하나이다. 감성지능에 대한 연구는 리더십의 연결고리들을 규명하여 'x (감성지능)→ y (리더십 유형)→ z (효과적인 상황)'을 이해할 수 있는 단서를 제공해주고 있다. 지금까지 우리는 'yz'에만 초점을 맞추고 있었다면 앞으로 그 근저에 있는 'x'라는 영역에까지 들어갈 수 있는 노력이 필요하다. 만약 감성지능이 리더십의 유형 결정 방식을 예측할 수 있게 한다면 우리는 리더가 처한 상황에 따라 관련된 감성지능 교육을 할 수 있게 되어 목적지향적 리더십 개발 프로그램을 가능하게 할 것이다.

감성지능의 개념 자체는 자아인지력, 자기통제력, 동기부여, 감정이입, 사교성의 5가지 영역으로 구분된다. 자아인식력이란 자기를 객관적으로 평가할 수 있는 능력이며 자기통제력은 부정적인 충동과 기분을 통제할 수 있는 정도를 말한다. 또한 감정이입이란 타인의 감정을 이해하고 이를 건설적인 방향으로 돌릴 수 있는 능력이며 동기부여는 업무에 대한 열정으로 스스로 내적 성취감을 지향하는 성향을 뜻한다. 마지막으로 사교능력은 앞서 언급한 4가지 능력이 복합적으로 조화를 이루게 될 때 나타나는 결과적 측면이 강하다.

다니엘골만이 주장한 감성지수 구성의 5가지 요소

다니엘 골만은 1995년 'Emotional Intelligence(감성적 지능)'라는 용어를 동명(同名)의 저서에서 처음 사용하였고, 이를 1998년 하버드비즈니스리뷰(HBR) 논문에서 최초로 비즈니스에 그 개념을 적용하였다. 그는 글로벌 기업들에 대한 조사를 통하여, 리더십과 전통적으로 연계된 특성들 즉 지능, 강인함, 결단력, 비전 등이 성공을 위해 필요하다고 하지만, 그들만으로는 충분하지 못함을 밝혔다. 실제로 유능한 리더들은 높은 수준의 감성적 지능 -자각, 자기규율, 동기부여, 공감/감정이입, 사회적 기능을 포함하는 감성적 지능-에 의해 뚜렷하게 구별됨을 밝혔다. 이러한 특성들이 뭔가 강인하지 못하고(soft) 비즈니스와 관계없는 것처럼 들릴지 모르지만, 골만은 감성적 지능과 측정 가능한 사업결과 사이에는 직접적인 연결이 있음을 주장했다. 골만의 주장이 발표된 이후로 비즈니스와 감성적 지능 사이의 관련성에 대한 논쟁이 지속되어 왔다.

① 감성지수 구성요소1 : 자기인식/자각(Self-Awareness)
- 다른 사람들에 대한 자신의 영향 뿐만 아니라 기분, 감성 및 동인(動因 : drives)을 인지하고 이해하는 능력
- 특질 : 자신감, 현실적인 자기평가, 자신의 중요성을 최소화하는 유머감각

② 감성지수 구성요소2 : 자기규율(Self-Regulation)
- 파괴적인 충동 및 기분을 통제하거나 방향을 바꾸는 능력
- 행동하기 전에 생각하기 위하여 판단을 보류하는 성향
- 특질 : 신뢰할 수 있음, 성실성, 모호함에 대한 편안한 마음, 변화에 대한 개방성

③ 감성지수 구성요소3 : 동기부여(Motivation)
- 돈이나 지위를 초월한 이유로 일을 하는 열정
- 특질 : 에너지와 인내를 갖고 목표를 추구하는 성향, 강한 성취욕구, 실패에 직면하여서도 낙관주의, 조직에 대한 헌신

④ 감성지수 구성요소4 : 감정이입/공감(Empathy)
- 다른 사람들의 감성적 기질을 이해하는 능력
- 사람들의 감성적 반응에 따라 그들을 대우하는 스킬
- 특질 : 재능을 구축 및 계속 보유하는 전문적 지식(기술), 서로 다른 문화간의 민감성, 고객에 대한 서비스

⑤ 감성지수 구성요소5 : 사회적 스킬(Social Skill)
- 관계를 관리하고 네트워크를 구축함에 있어서의 능숙한 스킬
- 공통점을 발견하고 친근한 관계를 구축하는 능력
- 특질 : 변화 선도에 있어서의 유효성, 설득력, 팀 구축 및 리드하는 전문적 지식/기술

1-4 감성적 리더십의 중요성과 실천전략

감성리더십은 지점 직원들의 긍정에너지를 끌어내는 힘이다. 리더 스스로 자신의 내면을 파악하고 부하직원들의 감성을 이해하고 배려하면서, 자연스럽게 직원들 간에도 신뢰관계를 형성하며 지점의 감성역량을 높이는 능력이다. 리더와 직원 간 긍정적 관계를 유지하는 리더십이다.

지점 구성원이 다양해지고 가치관이 빠르게 변화하면서 직원들에 대한 감성관리가 중요한 과제다. 감성리더십은 지점 직원들을 배려하는 한 두 번의 이벤트로 구축할 수 없다. 지점 리더인 지점장 입장에서 감성리더십은 단계별로 접근하는 것이 관건이다.

우선 감성리더십은 지점장 스스로 자신의 감정상태를 정확하게 알고 통제할

수 있어야 제대로 발휘된다. 지점에서 함께 일하는 직원들은 서로 감정이 전이되므로 리더의 안 좋은 감정은 부하직원들에게 부정적 영향을 미친다. 둘째, 지점 내 신뢰구축이 필요하다. 직원을 진심으로 존중하고 대우하는 진정성을 표현해, 모든 구성원과 신뢰관계를 구축해야 한다. 지점장은 직원들에게 신뢰와 존중을 경영철학으로 공표하고, 이를 실제 행동으로 나타내야 한다. 신뢰관계를 바탕으로 조직과 구성원이 함께 성장하는 선순환 구조를 구축해야 한다. 셋째, 지점 직원에 대한 개별적 관심과 배려가 중요하다. 직원들은 지점장이 개별적인 관심을 표현하면 조직 구성원 중 한사람이 아닌 남과 다른 특별한 존재로 대우받는다고 느낀다. 개별 직원의 상황에 따라 맞춤형 배려가 가장 효과가 크다. 지점장의 칭찬과 격려는 직원들의 업무에 대한 열정을 높인다. 마지막으로 긍정적 집단감성을 형성하는 단계다. 감성리더십은 지점 전체가 감성을 공유할 때 완성된다. 지점장 혼자만 직원들의 감성을 이해하고 공감하는 것이 아니라 직원 간 서로 관심을 보이고 배려하도록 독려해야 한다. 이를 통해 지점 역량을 극대화시킬 수 있는 에너지가 축적된다.

직원들의 희생이 반드시 지점성과극대화에 연결되지는 않는다. 하지만 지점경영에서 리더가 직원들의 고충에 공감하고 배려하는 감성리더십을 발휘해야만 성장기반 구축이 가능하다. 지점장이 진정성을 표현하고 긍정의 전도사가 되는 것이 중요하다. 지점장이 앞장서서 긍정에너지를 발산해야 부하직원들과 우호적인 관계를 맺을 수 있음을 명심해야 한다.

지점구성원의 가치관이 빠르게 변화하면서 일상업무에서 직원들이 느끼는 감성을 이해하고 구성원과 신뢰관계를 구축해야 한다. 업무관리만으로는 신세대, 여성인력 등 다양한 직원들의 몰입과 열정을 끌어내는데 한계가 있다. 지점 내 직원들 간 신뢰를 구축하고 개별적 관심과 배려를 통해서만 긍정적 집단감성이 형성되고, 감성리더십을 발휘할 수 있는 여건이 마련된다.

2 리더십 관련 이론

2-1 리더십 특성 및 행동이론

가. 리더십의 특성이론

기존의 리더십이론중 가장 대표적인 리더십 특성이론은 리더의 특성을 측정하고 측정된 리더특성과 리더십의 유효성과의 관계를 살펴보는데 주력한다. 리더십 특성은 사람들이 갖고 있는 신체적, 성격적, 사회적, 그리고 능력상의 특성들로부터 추출된 효과적인 리더가 갖추어야 하는 특성들의 집합을 의미한다.

그러나 리더는 '타고난 인물'이라는 전제에서 리더십 유효성을 연구한 특성이론은 다음과 같은 문제점들이 지적되었다.

① 특성이론이 리더의 선천적 특성으로 제시한 특성들을 리더가 아닌 사람을 포함한 모든 사람들도 갖고 있는 것으로 리더 고유의 것이라고 볼 수는 없다.

② 특성이론에서 제시하는 우수한 특성과 능력을 전부 구비하기는 불가능하다.

③ 제시된 리더의 특성 중 후천적인 학습을 통해 습득할 수 있는 자질이 있다.

④ 개인의 특성이라고 생각되는 것은 열거할 수 없을 정도로 매우 많은데 그 내용의 엄밀한 과학적 검토나 측정은 거의 불가능하다.

⑤ 특정상황의 특정지위에 있는 리더에게 필요한 특성을 어떻게 개발할 것인가에 관해서는 무관심하다.

⑥ 여러 가지 특성을 상호 관련된 것으로 통일된 관점에서 정리하지 않고 단순히 나열함으로써 과학적 타당성을 결여하고 있다.

⑦ 모든 리더에게 일반적으로 중요한 특성을 찾고자 하였으나 분야를 달리함에 따라 필요한 특성을 달리하고 있음을 간과하고 있다.

이상과 같은 리더십 특성이론의 문제점과 한계를 극복하기 위해 등장한 리더십 연구가 행동론적 리더십 이론이다. 특성론적 접근방법이 "리더는 어떤 속성을 지닌 사람인가"하는 물음에 답하고자 했던 반면 행동론적 접근방법은 "리더는 무엇을 하는가"라는 물음에 답하고자 하였다. 즉 리더십 유효성을 결정하는 중요한 요인은 리더의 행동, 특히 부하직원에 대한 리더의 행동이라는 관점이다. 따라서 행동론적 접근방법은 리더의 행동 뿐 아니라 부하직원의 반응에 관심을 두며 이들의 상호작용에 관한 연구에 주력한다.

특성이론적 접근방법이 리더 개인이 지닌 특성에 초점을 둔 데 비해 행동론적 접근방법은 리더의 실제적인 행동에 초점을 둔다. 또한 대부분의 특성이론적 연구가 리더와 리더가 아닌 사람을 구분하는데 집중한 반면 행동론적 연구는 리더의 특정한 행동이 부하직원의 직무성과, 직무만족 등에 어떠한 영향을 미치는가에 연구의 초점을 둔다.

행동론적 접근법의 대표적인 것이 오하이오대학의 행동이론이다. 오하이오 대학의 리더십 연구는 '구조화'와 '배려'라는 두 가지 리더십 행동의 독립적인 차원을 찾아내고 이를 토대로 리더십 유형을 설명하고자 하였다.

구조화는 특정과업의 할당, 절차의 구체화, 작업계획 등 기업 혹은 특정 부문의 목표를 달성하기 위한 활동에 대한 리더의 관심의 정도를 의미하는 개념이다. 목표달성을 위해 리더가 자신과 구성원의 역할을 정하고 구조화하기 원하는 정도를 의미하며 주로 생산에 관심을 두고 이를 완수하는 데 초점을 둠으로써 과업지향적인 리더십 유형과 유사하다. 배려는 상호신뢰, 구성원의 생각에 대한 존경, 따뜻한 분위기, 상호존경, 우애, 지원 및 구성원의 복지에 대한 관심 등 인간관계에 대한 리더의 관심의 정도를 의미하는 개념으로 조직원 지향적 리더십 유형이라 할 수 있다.

나. 리더십 상황이론

상황이론은 일 중심 스타일이나 관계중심 스타일중 어느 하나가 더 효과적이라고 주장하는 것이 아니라 각각의 유효성은 상황에 따라 다르다는 것이다. 보편적 리더십이 존재하는 것이 아니라 특성이든 행위이든 간에 리더십의 유효성은 상황변수의 조건에 따라 달라진다고 주장한다. 대표적 이론은 리더십 상황모델, 경로-목표이론, 상황적 리더십이론 등으로 정리된다.

(1) 피들러의 리더십 상황모델

피들러(Fiedler)의 리더십 상황모델은 상황을 고려한 최초의 리더십이론으로 알려져 있다. 피들러는 집단의 성과는 과업동기 또는 관계동기라고 불리는 리더의 성격적 특성과 리더십상황의 적합화 정도에 달려있다고 주장한다. 상황모델에서는 변수를 세 가지로 구체화하고 있는데 리더-구성원간의 관계, 과업구조 및 직위권력 등이다.

① 리더-구성원간 관계 : 집단의 구성원들이 리더를 신뢰하고 좋아하며 리더의 말을 기꺼이 따르려는 정도를 뜻하며 가장 중요한 상황변수이다.

② 과업구조 : 과업의 요구조건들이 얼마나 명백히 정해져 있는가 하는 것(목표명료성), 어떤 과업을 수행하는 데 사용될 수 있는 과업수행 방법의 수(목표경로의 다양성), 과업을 수행하고 나서 그 결과를 알 수 있는 정도(검증가능성), 과업에 대한 최적의 해답이나 결과가 존재하는 정도(구체성)

③ 직위권력 : 리더가 갖고 있는 직위에 집단구성원들을 지도하고 평가하고 상과 벌을 줄 수 있는 권한이 주어진 정도

피들러에 따르면 상황호의성이 중간정도일 때에는 보다 관용적이고 관계지향적인 리더십스타일이 최적이라고 한다. 부하직원들이 리더를 보통 정도 호의적으로 대해 주고 리더가 어느 정도의 권력을 갖고 있으며 하위자들이 수행하는 과업이 약간 애매한 상황에서는 관계중심적 리더십이 최선의 결과를 낳는다는 것이다. 반대로 상황이 아주 호의적이든가 또는 비호의적일 때에는 과업중심적 리더십 스타일이 최선의 성과를 가져다준다고 한다.

(2) 경력-목표이론

하우스(R.House)의 경로-목표이론은 동기이론 중 하나인 기대이론에 근거하여 제시되고 있다. 기대이론에 따르면 개인의 동기는 노력-성과간의 기대치와

성과-결과간의 수단성, 그리고 보상의 유의성이 증가할수록 높아진다. 기대치와 수단성, 그리고 유의성을 종합적으로 부하직원들이 자기 자신, 일, 그리고 조직에 대해서 갖는 기대감이라고 표현한다면 리더가 부하직원들의 기대감에 영향을 미치는 과정을 설명하려 했던 것이 경로-목표이론이다.

하우스에 따르면 리더의 행위가 부하직원들의 동기를 유발할 수 있으려면 부하직원들의 목표성취에 방해가 되는 요소들을 제거해 줘야 하고 그들이 필요로 하는 지원과 도움을 줄 수 있어야 하며 목표성취와 그에 따른 유의한 보상을 연결시켜 줘야 한다고 주장한다. 하우스가 주장한 리더십스타일은 크게 네 가지로 구분된다.

① **지시적 리더십** : 부하직원 통제, 조직화, 감독 등과 관련되는 리더의 행위이다. 규정을 마련하며 준수토록 하고 부과된 업무일정을 수립하든가 직무를 명확히 해주는 등의 리더행위를 포함한다.

② **후원적 리더십** : 부하직원들의 욕구와 복지에 관심을 보이고 언제든지 친구처럼 대해주며 동지적 관계를 중시하는 리더의 행위이다.

③ **참여적 리더십** : 의사결정을 할 때 부하직원들과 상의하고 그들의 아이디어를 진지하게 고려해 주는 리더십행위이다.

④ **성취지향적 리더십** : 도전적 목표를 수립하고 최우수를 지향하며 자신의 능력에 자신감을 갖도록 함으로써 부하직원들이 최고의 성과를 달성할 수 있도록 하는 리더십스타일이다.

하우스는 이들 네 가지 리더십 스타일들이 환경적 요인과 부하직원의 특성에 따라 다른 결과를 낳는다고 주장하였다. 과업구조가 불분명하면 지시적 리더십이 효과적이고 과업구조가 분명한 상황에서는 후원적 리더십이 보다 좋은 결과를 낳는다고 볼 수 있다. 참여적 또는 성취지향적 리더십은 과업구조가 불분명하고 반복적이지 않다는 것을 전제로 하고 있다.

(3) 상황적 리더십 이론

허시(P. Hersey)와 블랜챠드(K. H. Blanchard)에 의해 주창된 상황적 리더십이론은 리더의 행위를 과업행위와 관계행위로 설정하고 각 축을 고(高), 저(低)로 나누어 네 가지 리더십스타일을 제시했다. 그리고 상황변수로는 부하직원들의 성숙도를 들었다. 부하직원들의 성숙도에 따라 리더십 스타일의 유효성이 달라진다는 주장이다. 여기서 성숙도란 부하직원이 달성 가능한 범위내에서 높은 목표를 세울 수 있는 역량(성취욕구), 부하직원들이 자신의 일에 대해서 책임을 지려는 의지와 능력, 부하직원들이 갖는 과업과 관련된 교육과 경험 등을 통칭한다. 결론적으로 성숙도란 부하직원들의 일에 대한 능력과 의지를 의미한다.

① **지시형 : 구체적 지시, 밀착 감독**

부하직원들이 능력도 없고 의지나 자신감도 부족한 상황에 적합한 스타일이며 지시와 감독에 의한 방법이 가장 적합하다.

② **지도형** : 리더가 내린 결정을 설명해주고 타인에게 그 결정을 습득시킬 수 있는 기회를 부여

부하직원들이 리더의 능력개발 덕택에 능력은 아직 모자라지만 의지와 어느 정도의 자신감을 갖고 있으며 최적의 리더십이 발휘될 때 적합하다. 이때는 계획된 참여, 또는 구조화된 참여가 필요한 단계이다.

③ **지원형** : 의사결정에서 아이디어와 정보 공유

부하직원들이 능력은 갖추었으나 의지가 낮은 단계이며, 이 상황에서는 리더는 될 수 있으면 부하직원들을 의사결정에 참여시키고 지원해줌으로써 부하직원들의 과업의지를 북돋우어야 한다. 리더의 과업행위보다는 관계행위가 더 유효한 단계이다.

④ **위임형** : 결정과 실행책임을 부하직원에게 넘겨준다.

부하직원들이 능력과 의지차원에서 완전히 성숙한 단계에서는 과업행위든 관계행위든 간에 리더의 간섭을 될 수 있으면 배제하는 전략이 필요하다.

2-2 거래적 리더십과 변혁적 리더십

가. 거래적 리더십

변혁적 리더십 이론은 번스(Burns)에 의해 제시되었으며 그후 바스(Bass)가 조직상황에 맞춰 구체화함으로써 널리 알려지게 되었다. Bass는 다른 리더십 이론들이 리더와 부하직원 간의 거래적 교환관계에 기초하고 있다고 주장한다.

거래적 리더십 과정에서 리더의 역할은 두 가지로 표현된다. 하나는 원하는 결과가 무엇인가를 부하직원에게 주지시키는 일이고, 다른 하나는 결과달성 여부에 따라 부하직원이 어떤 보상을 받게 되는지를 명확히 하는 일이다. 여기서 결과란 계수증대, 비용절감 등과 같은 가시적이고 단기적인 항목들이다. 리더는 부하직원들이 지시한 목표에 대해 높은 성과를 달성했을 때 그들이 원하는 보상을 받을 수 있다는 사실을 주지시킨다. 이를 위해 리더는 부하직원들의 욕구가 무엇인지 파악하고 있어야 한다. 리더가 원하는 결과와 부하직원들이 원하는 보상이 거래되는 것이다. 거래적 리더십의 요인들은 다음과 같이 정리된다.

① **성과와 연계된 보상**: 리더는 부하직원들이 무엇을 해야 그들이 원하는 보상을 받을 수 있는지를 알려준다.

② **예외에 의한 관리**: 리더는 부하직원들이 부여받은 임무를 수행하도록 하고 적절한 시기에 적절한 비용으로 목표가 달성될 때까지 간섭하지 않는다. 단, 예외적인 사건이 발생했을 때에만 간섭한다.

나. 변혁적 리더십

바스(Bass)는 거래관계에만 머물러서는 부하직원들을 지속적으로 동원할 수 없다고 보고 변혁적 리더십의 필요성을 주장했다. 변혁적 리더들은 부하직원들에게 장기적 비전을 제시하고 그 비전의 달성을 위해 함께 매진할 것을 호소한다. 비전이란 장기적으로 이상적인 목표이기 때문에 현실과 상당한 괴리가 있게 마련이다. 따라서 비전달성을 위해서는 현상에 대한 점진적 변화가 아니라 과거와 단절된 변혁이 필요하며, 리더는 그러한 변혁을 주도할 수 있어야 한다.

변혁을 성공적으로 달성하기 위해서는 가시적 보상에 기초한 거래관계에만 의존할 수 없으며 부하직원들의 가치관 또는 태도 자체가 변화되어야 한다. 이 경우 부하직원들이 받는 보상이란 가시적 보상보다는 비전추구 자체로부터 얻는 내재적 보상이 된다. 거래적 리더십은 기존의 조직문화적 모델 안에서 구조주도나 배려행위 등의 적절한 조합을 통하여 리더가 원하는 목표와 부하직원이 바라는 보상 간의 효율적 교환을 추구한다. 하지만 변혁적 리더십은 문화 자체를 변혁시키고 집단의 욕구체계를 바꾸려 한다. 비전을 설정할 뿐만 아니라 그의 성취에 대한 자신감을 고취시키며 은행 지점업무에 대한 몰입을 강조한다.

변혁적 리더는 개인적 이해보다는 지점 이익을 추구해야 하며 지점의 분위기 혁신을 주도해야 한다. 여기서 지점에 있어서의 조직몰입도란 개인이 특정 조직에 대하여 애착을 가짐으로써 그 조직에 남아있고 싶어하고 조직을 위해서 더 노력하려 하며 조직의 가치와 목표를 기꺼이 수용하게 되는 심리적 상태를 의미한다.

한편 변혁적 리더십은 과거 은행조직에서 많이 나타난 카리스마 리더십과는 구별된다. 변혁적 리더십은 부하직원이 개인적 이익을 버리고 은행 전체의 이익을 위해 집중하도록 유도하면서 부하직원의 고차원적인 욕구가 실현되도록 노력한다. 하지만 카리스마 리더십은 부하직원과 리더 간의 강력한 감정적, 정서적 유대감을 중시한다. 변혁적 리더십은 부하직원들에게 권한을 심어주고 위상을 제고시키는 반면 카리스마 리더십에서는 부하직원들에게 리더에 대한 충성과 헌신을 보이도록 유도함으로써 부하직원들을 의존적으로 만드는 경향이 나타난다.

카리스마는 변혁적 리더십의 한 가지 요소는 되지만 변혁적 리더십과는 차이가 존재한다. 변혁적 리더십의 요인들은 카리스마 이외에도 개별적 관심과 지적 자극이 포함된다.

① **카리스마:** 리더가 바람직한 가치관, 존경심, 자신감을 부하직원들에게 심어줄 수 있어야 하고 비전을 제시할 수 있어야 한다.

② **개별적 관심**: 리더는 부하직원들이 개인적 성장을 이룩할 수 있도록 부하직원들의 욕구를 파악하고 알맞은 임무를 부여해야 한다.

③ **지적자극**: 리더는 부하직원들이 상황을 분석하는 데 있어 기존의 합리적 기준을 뛰어넘어 보다 창의적인 관점을 개발하도록 격려해야 한다.

다. 카리스마적 리더십이론

카리스마(charisma)라는 말은 '신이 주신 재능(gift)'을 의미하는 그리스어에 어원을 두고 있다. 논리적 방법으로는 그 뜻을 명확히 설명할 수 없는 힘을 카리스마라고 한다. 카리스마란 신(神)이나 초월적 존재에 대한 진지한 믿음에 의해서만 가능하다고 보아 카리스마적 리더십을 종교적 리더십으로 해석하는 사람도 있다. 지금까지 연구결과에 의하면 카리스마적 리더십이 경영성과에 미치는 영향은 다른 어떤 리더십이론보다도 큰 것으로 나타나고 있다.

막스베버(Max Weber)는 카리스마적 리더십을 부하직원의 리더에 대한 지각이라고 보고 리더가 남들이 갖고 있지 못한 천부적인 특성을 갖고 있다고 부하직원들이 느끼게 될 때 리더는 카리스마적 리더십을 발휘할 수 있게 된다고 주장하였다. 리더가 갖는 어떤 특성을 실제보다 큰 것처럼 느끼게 됨으로써 추종자들은 리더를 믿고 따르게 된다는 것이다. 뿐만 아니라 리더를 초인적 영웅, 영적인 지도자 등으로 우상화하고 숭배하게 되는 현상까지 나타나게 된다.

카리스마적 리더십을 심도 있게 분석한 학자들은 콘저(Conger)와 카눈고(Kanungo)이다. 이들은 부하직원들이 리더의 행위나 행위의 결과를 관찰한 것에 기초하여 특정한 행위를 보이는 리더에게 카리스마적이라는 이름을 붙이게 된 것이라고 주장했다. 카리스마적 리더십으로 분류될 수 있는 리더의 행위들은 비카리스마적 리더의 행위와는 확연이 구분된다.

카리스마적 리더의 행위와 비카리스마적 리더의 행위 비교

행위요소	카리스마적 리더의 행위	비 카리스마적 리더의 행위
현상에 대한 태도	현 상태에 근본적으로 불만족하며 변화시키려고 노력함	근본적으로 현 상태에 만족하고 그것을 유지하려 함
미래의 목표	현 상태를 크게 뛰어넘는 이상적 비전	현 상태에서 크게 차이가 나지 않는 목표 중시
존경스러움	관점과 비전을 공유케 됨으로써 부하직원들이 존경하고 동일시 또는 모방하려 함	관점을 공유하므로 부하직원들이 존경하게 됨
전문성	기존의 질서를 뒤 엎을 수 있는 혁신적 방법을 사용하는데 있어 전문가로 인정받음	현 질서하에서 목표를 달성하는데 필요한 수단을 사용함에 있어 전문가임
환경에 대한 민감성	현 상태를 변혁하는데 크게 필요한 환경에 대한 민감성 갖춤	현 상태 유지가 목적이므로 환경적 민감성의 필요성이 낮음
명확성	미래의 비전과 리더십 동기에 있어 매우 명확함	목표도 리더십 동기도 명확하지 않음
힘의 원천	전문성, 존경, 특출한 영웅에 대한 부하직원들의 칭송에 기초한 개인적 힘에 의지함	직위권한과 개인적 힘, 즉 보상 전문성, 처지가 비슷한 친구에 대한 호의 등에 기초함
리더-부하직원과의 관계	사람들을 혁신하여 급진적 변화를 수용토록 함	자신의 관점을 공유하도록 부하직원들을 몰아붙이거나 지시함

한편 콘저(Conger)는 카리스마적 리더십의 4단계 모델을 제시했는데, 리더가 어떻게 카리스마를 갖게 되는지를 발전단계별로 설명했다.

제 1단계에서는 기회와 결점을 찾아내고 이해관계자의 욕구들을 고려하여 전략적 비전을 수립하게 된다.

2단계는 설정된 비전을 부하직원들에게 전파하는 단계이다. 현 상태가 왜 불만족스러운지 그리고 제시된 비전이 무슨 이유로 가장 바람직한 대안인지를 명확히 전달해야 한다. 또한 리더는 추종자들을 비전으로 인도하는데 대해서 갖고 있는 각오나 마음가짐을 추종자들에게 적당히 표출해야 한다.

3단계에서는 기술적 전문성, 개인적 위험감수, 자기희생, 그리고 부하직원들이 기대하는 이상의 행동을 보여줌으로써 신뢰를 쌓게 된다.

마지막으로 4단계에서는 비전성취의 방법을 제시해야 한다. 리더가 모범을 보이고 부하직원들에게 힘을 심어주든가 아니면 모종의 다른 혁신적 방법을 통하여 비전성취의 방법을 부하직원들에게 제시해야 한다.

최근 카리스마적 리더십은 위기관리와 관련하여 활용되기도 한다. 조직이 위기에 처해 있을 때 그것을 극복할 수 있는 하나의 수단으로서 카리스마적 리더십을 내세우게 된다는 것이다. 위기상황에서 꼭 필요한 강인함과 분명한 태도, 그리고 자신감 등을 카리스마적 리더는 제시해 줄 수 있다는 것이다.

카리스마적 리더십 이론과 관련하여 사미르(Shamir)는 카리스마의 자아개념 이론을 제시하였다. 이 이론은 카리스마적 리더가 어떻게 추종자들을 변화시켜 기대 이상의 성과를 내고 충성하게 되는지를 추종자들의 심리적 변화에 초점을 두어 설명하고 있다. 카리스마적 리더와 관련하여 추종자들의 자아개념은 네 가지 형태로 변화되어 나아간다. 즉 개인적 동일화, 사회적 동일화, 내면화 그리고 자기효능삼 등이다.

① 개인적 동일화 : 추종자가 리더의 행동을 모방하고 태도를 본받아 리더처럼 되려는 것을 의미한다. 이때 추종자는 리더와 긴밀한 관계를 맺고 신임을 얻음으로써 리더와 모든 영광을 나눠 갖는 동일체라는 자부심을 느끼게 된다.

② 사회적 동일화 : 리더와 집단전체가 같은 태도, 같은 가치관, 같은 행동을 보여주게 되는 현상을 의미한다. 이 상태에 이르면 개인은 조직을 위해서 기꺼이 자신을 희생할 준비가 되어 있으며 개인의 목표보다 조직의 목표를 앞세우게 된다. 카리스마적 리더는 이 과정에서 조직이라는 상징체를 내세워 구성원들의 일체감을 강화시켜 나간다. 조직의 영광을 지상의 목표로 내걸고 개인의 기여와 희생을 요구하게 된다.

③ 내면화 : 리더의 가치와 이념을 추종자들이 자신의 것으로 받아들이는 것을 의미한다. 리더의 비전이 자신의 비전이며 추종자들은 이제 리더의 가치관과

이념을 가지고 아무런 부담없이 판단하고 행동하게 된다. 리더와 추종자가 유사한 상황에서 유사한 판단을 내리게 되며 추종자 개인의 판단기준은 거의 소거된 상태이다.

④ 자기효능감 : 개인이 자신의 일에 대해서 갖는 할 수 있다는 믿음을 의미한다. 집단효능감이란 집단이 특정과업에 대해서 갖는 능력상의 믿음을 뜻한다. 카리스마적 리더는 추종자 개인의 자기 효능감 뿐 아니라 집단전체의 집단적 효능감도 높여준다.

카리스마적 리더는 추종자들에게 개인적, 사회적 동일화 개념을 심어주고 가치와 욕구를 내면화시키며 집단효능감을 제고함으로써 그들의 성과를 기대 이상으로 높여준다. 그러나 리더는 꼭 자신의 가치와 이념을 추종자들에게 심어줌으로써만 카리스마를 갖게 되는 것은 아니다. 대부분의 경우 추종자들의 욕구나 불만이나 잠재적 가치를 리더가 받아들여 해소시켜 줌으로써 카리스마를 형성하게 되기도 한다.

라. 은행 지점장에 적용되는 거래적 리더십과 변혁적 리더십

은행 지점을 경영하는 지점장에 적합한 리더십 유형에 대해 여러 가지로 판단할 수 있지만 기본적으로는 거래적 리더십에서 변혁적 리더십으로 변화하는 것이 요구된다. 과거에는 권위적인 전제형 리더십이 주류를 이루었으나, 금전·승진 등 보상을 제시해야 일이 돌아가는 거래형 리더십으로 바뀌었으며, 점차적으로 상사를 닮고 싶은 사람으로 존경하는 단계인 변혁적 리더십으로 전환되고 있다.

거래적 리더십은 기존의 리더십 이론에서 제시했던 일반적인 리더의 특징을 갖고 있다. 목표와 일의 방향을 명확히 하고 각 멤버가 맡아줄 업무를 적절히 분장함으로써 멤버들의 동기를 유발하고 일을 추진해나가는 유형이다. 그러나 변혁적 리더십은 직원 한명 한명의 개인적인 관심사나 원하는 것에 큰 관심을 기울이고 기존의 문제점에 대한 새로운 시각을 제시하면서 조직 구성원의 변화와 변혁을 일으키는 리더 유형이다. 변혁적 리더의 경우, 멤버들의 영감을 불러

일으키고 신명나게 일할 수 있도록 만들어서 목표를 향해 능력 이상의 열정을 발휘하게끔 해준다.

거래적 리더십과 변혁적 리더십의 비교

구분	거래적 리더십	변혁적 리더십
현상	현상을 유지하기 위해 노력함	현상을 변화시키고자 노력함
목표지향성	현상과 너무 괴리되지 않은 목표 지향	보통 현상보다 매우 높은 이상적인 목표 지향
시간	단기적 전망, 기본적으로 가시적인 보상으로 동기부여	장기적 전망, 부하직원들에게 장기적 목표를 위해 노력하도록 동기부여
동기부여 전략	부하직원에게 즉각적이고도 가시적인 보상으로 동기부여	부하직원들에게 자아실현과 같은 높은 수준의 개인적 목표를 동경하도록 동기부여
행위표준	부하직원은 규칙과 관례에 따르기를 좋아함	변환적이고도 새로운 시도에 도전하도록 부하를 격려함
문제해결	부하직원을 위해 문제를 해결하거나 해답을 찾을 수 있는 방법을 알려줌	질문을 하여 부하들이 스스로 해결방안을 찾도록 격려하거나 함께 일함

2-3 수퍼리더십 이론

수퍼리더십 이론은 부하직원이 자신을 선도할 수 있는 역량을 보유할 수 있도록 지원해주는 것을 리더의 역할로 규정하고 있다. 수퍼리더는 부하직원들이 스스로를 리드해 나아갈 수 있도록 선도하는 유형의 사람이다. 수퍼리더는 부하직원들이 스스로 리더가 되도록, 즉 셀프리더가 될 수 있도록 이끌어주어야 한다. 셀프리더가 갖춘 리더십을 셀프리더십이라 하는데, 스스로를 리드하는 데 필요한 행동이나 사고에 관련된 모든 전략을 셀프리더십이라고 한다. 수퍼리더가 되는 과정은 크게 7단계로 구분된다.

① 셀프리더가 된다.

부하직원을 이끌기 전에 자기 자신을 이끌 줄 알아야 한다. 셀프리더가 된다는 것은 스스로 나아갈 방향을 정하고 자기 자신에게 동기를 부여하는 과정을 의미한다.

② 셀프리더십 모델링

셀프리더가 되었으면 셀프리더의 역량을 부하직원들에게 보여줄 수 있어야 한다. 셀프리더십을 부하직원에게 보여줌으로써 모델로 삼도록 하는 것이다.

③ 자기목표설정 독려

수퍼리더가 부하직원들에게 스스로 도전적 목표를 설정하는 기법을 가르치는 단계다. 목표설정 행위는 학습될 수 있으며 성과에 커다란 영향을 미친다.

④ 긍정적 사고방식 전수

수퍼리더는 일상적인 대화과정에서 부하직원의 역량이 뛰어나다는 암시를 자주 던져준다. 부하직원들에 대한 신뢰의 표현은 그들에게 커다란 자신감과 기대감을 불어넣는 효과를 가져오며, 긍정적 사고방식을 전수하는 데 유효한 수단이다.

⑤ 보상과 건설적 질책을 통한 육성

수퍼리더는 외형적인 보상보다는 업무과정에서 보상받는 방법을 부하직원들에게 가르쳐야 한다. 이를 위해서는 부하직원들을 개인적 욕구나 개별적 적성에 적합한 업무에 배치할 필요가 있다. 흥미 있는 일을 하도록 하는 것이 가장 바람직하다. 질책을 할 경우에는 주의가 필요하다. 질책은 개인의 자존심과 자신감을 깎아 내릴 수 있으므로 학습효과를 극대화해주는 범위에서 건설적으로 이루어져야 한다. 부하직원을 배려한다는 명목으로 듣기 좋은 말만 하거나 선심성 발언을 남발하면 몸은 편하지만 발전이 없다. 상사와 부하직원 모두 몸과 마음이 편할지 모르지만 부하직원의 일에 대한 몰입도나 실력은 늘지 않는다.

⑥ 자율관리식 팀워크 배양

부하직원들이 셀프리더가 되도록 함으로써 팀 전체가 자율관리팀의 성격을 띠게 되어 더 이상 상사, 즉 수퍼리더에게 의존하지 않고 스스로 판단하고 결정하고 행동하게 된다.

⑦ 셀프리더십 문화 조성

은행 지점에서 셀프리더십이 발휘될 수 있는 문화를 조성하기 위해서는 지점 전체의 지원이 필요하다. 지점 전체가 셀프리더십의 가치를 받아들여 실천에 옮길 때 성과가 얻어진다. 수퍼리더는 부하직원들을 격려해주고 이끌어주어야 한다. 적어도 팀워크와 지점문화가 제대로 정착될 때까지는 관심과 지원을 아끼지 말아야 한다.

셀프리더십과 수퍼리더십의 비교

○ **셀프리더십(self-leadership)**

스스로를 이끄는 힘을 의미한다. 자신을 스스로 리드하기 위해 자기 자신에 영향을 미치거나 자기영향력을 행사하기 위해 사용하는 자율적 사고 및 행동

○ **수퍼리더십(super-leadership)**

부하직원들로 하여금 셀프리더십을 발휘할 수 있도록 하고 스스로의 잠재력을 발견하여 유능한 셀프리더가 될 수 있도록 하는 상사직원의 리더십

2-4 리더십과 팔로어십

가. 팔로어십의 개념

지점조직을 성공적으로 이끌기 위해서는 지점장뿐만 아니라 부하직원들도 중요하다. 부하직원들이 적절한 역할을 해주지 않으면 리더십의 성과는 나타날 수 없다. 팔로어를 리더의 단순한 부하직원 정도로 생각하는 것이 아니라 독립적이고 능동적 주체로 인식해야 한다.

리더십의 의미는 '지도자다움'으로 해석될 수 있지만 팔로어십(followership)은 진정한 추종자로 해석된다. 리더를 리더답게 만들려면 그 리더가 이끄는 지점의 구성원들도 나름대로 지켜야 할 덕목과 갖추어야 될 미덕이 있을 것이다. 이것이 바로 팔로어십이며, 자발적인 열정과 용기, 적극성을 아우르는 팔로어십은 지점의 인프라 스트럭처다. 팔로어의 유형은 크게 순종형, 예스맨형, 소외자형 및 효율적 부하형으로 구분된다.

① 순종형

리더가 하라는 것만 하고 모든 일에 수동적이다. 순종형 부하직원들은 리더의 명령은 따르되 만사가 귀찮은 유형의 직원들이다.

② 예스맨형

예스맨형의 부하직원은 머리를 쓰지 않고 리더가 좋아하는 것만 알아서 열심히 하는 유형이다. 리더가 역량이 탁월하면 큰 문제는 없지만 예스맨들이 넘치는 지점은 큰 발전을 이룰 수 없다.

③ 소외자형

리더의 목표에 비판적인 태도로 접근하는 직원 유형이다. 불평불만을 일삼으며 적극적으로 업무를 수행하지 않는 직원들이다. 지점의 사기(士氣)를 저하시키기 때문에 도움이 안 되는 직원들이다.

④ 효율적 부하형

지점장의 업무스타일을 비판적으로 검토하되, 일단 옳다고 판단되면 최선을 다해 목표달성을 위해 노력하는 직원 유형이다. 예스맨과 달리 지점장이 원하는 대로 추종하지 않을 때도 있지만 지점을 발전적으로 성장시키는 부류의 직원들이다. 지점장이 제시한 지점의 업무방침은 추종하지만 실행방법에 있어서는 독자적인 방법을 택한다. 대의에 따르되 창의적으로 업무를 실행하는 부류의 직원이다.

로버트 켈리 교수의 팔로어십과 사례

팔로어십(followership)이란 리더의 통치에 대해 아랫사람들이 따르는 방식을 말한다. 리더십(leadership)의 반대 개념으로, 리더의 자질 못지않게 이를 뒷받침해주는 팔로어의 역할이 중요하다는 것이 핵심이다. 로버트 켈리 미국 카네기멜론대학 교수는 '20% 리더가 아닌 80% 팔로어가 조직 운명을 결정하는 변화의 시대'라며 팔로어십에 대한 중요성을 지적한 바 있다.

"히딩크의 마법은 태극전사의 책임감 있는 팔로어십이 아니면 불가능했다." 2002년 월드컵 4강 신화를 이룬 태극전사는 책임(Responsibility) 있는 팔로어십을 잘 보여준다. 그동안 히딩크 감독의 리더십이 강조되며 영웅으로 간주됐지만 이는 선수들의 강한 책임감이 뒷받침됐기 때문이다. 히딩크가 지시한 체력훈련 프로그램은 선수들이 스스로 컨트롤하면서 완성할 수 있었다. 경기장 안에서 붕대 투혼을 보이며 헌신한 선수들의 태도는 어쩌면 감독의 능력 밖의 일이다. 승리를 위해 불굴의 투지로 창의적인 움직임을 보여준 태극전사가 있었기에 히딩크의 마법이 마침내 빛을 발할 수 있었던 것이다.

컴퓨터 업계 절대 강자 HP의 성공비결에도 이 같은 팔로어십이 숨어 있다. HP 디스플레이 모니터의 성공을 이끈 엔지니어 척 하우스는 '나는 반항하거나 소란을 피우려고 한 것이 아니고 단지 HP의 성공을 원했을 뿐'이라고 말했다. 당시 디스플레이 모니터의 시장 가능성이 낮다고 판단한 경영진은 개발에 시큰둥했다. 그러나 하우스는 휴가를 이용해 디스플레이 모니터의 시장성을 조사하고 확신을 얻었다. 결국 그는 성공적으로 제품을 생산했고

HP는 그로 인해 높은 수익을 올릴 수 있었다. 회사를 위한 적극적인 팔로어십이 HP의 성공을 이끈 것이다. HP에는 이처럼 직원들이 목표를 설정하면 이를 달성할 수 있도록 자율성을 보장받고 그 결과에 책임을 지는 문화가 보편화돼 있다.

HP가 컴퓨터기업으로 대대적인 변신을 꾀할 수 있었던 것 또한 오메가 프로젝트라는 개발 프로그램에 참여한 직원들의 팔로어십 덕분이다. 이 프로젝트는 당시 HP가 가지고 있지 않은 전문성이 요구돼 경영진이 난색을 표했지만 일부 연구원들이 적극적으로 개발에 매달려 오늘날 HP 컴퓨터사업의 근간을 만들었다.

세계적 기업인 GE의 경우 워크아웃-타운미팅을 통해 팔로어십(Management & Agreement)을 이끌어낸 것으로 유명하다. 타운미팅은 조직원들이 작업장이나 사무실에서 벗어나 업무와 직위를 막론하고 자유로운 분위기에서 토론하고 해결방안을 마련하는 것이다. GE에서는 새로운 조직문화의 정착을 위해 생산담당자부터 기술진까지 모든 부서의 관계자들이 한데 모여 의견을 내놓고 문제점과 해결책을 찾았다. 이 결과 당시 GE를 이끌던 잭 웰치 회장은 GE 조직을 창의적이면서 열정적인 능력주의 회사로 탈바꿈시켰다. 헌신적인 팔로어십을 이끌어낸 셈이다.

나. 리더십과 팔로어십의 관계

리더는 미래를 예측하고 방향과 목표, 그리고 전략을 제시한다. 하지만 지점 전체의 비전과 목표를 구체화하고 전략을 실행하는 사람은 역량을 갖춘 부하직원인 팔로어들이다. 성공하는 지점의 리더와 팔로어는 반드시 깊은 연결고리가 형성되어 있다. 지점장으로서의 탁월한 리더십과 지점 구성원으로서의 훌륭한 팔로어십은 지점 경영 더 나아가 은행 경영의 성공을 가져오고, 반대로 나쁜 리더십과 잘못된 팔로어십은 낮은 성과를 가져온다.

리더십과 팔로어십은 서로 다른 개념이며 별도의 역할을 가지고 있다. 하지만 리더십과 팔로어십은 독립적인 관계가 아니라 상호보완적이며 서로간에 반드시 필요한 존재다. 이는 동전의 양면과 같다. 성공하는 지점에서는 탁월한 리더십과 바람직한 팔로어십이 조화를 이루어야 한다. 탁월한 리더십이란 팔로어와 함께 지점의 목표를 설정하고 이를 달성하기 위해 동기를 부여하고 방향을 제시하여 팔로어로 하여금 열정을 가지고 자발적으로 노력하도록 영향력을 미치는 것이다.

따라서 탁월한 지점장은 지점의 경영환경 변화를 예측하고 선도적으로 새로운 기회에 도전하는 변혁적 리더십을 갖추어야 한다. 또한 자신의 비전을 설정하여 스스로 영향을 미치고 역량을 개발해가는 주도적인 셀프리더십과 부하직원들의 잠재능력을 최대한 발휘할 수 있도록 자극을 주고 격려함으로써 셀프리더로 육성시키는 수퍼리더십을 고루 갖춰야 한다.

은행 경영의 최일선인 지점에서 리더와 팔로어의 역할은 더 이상 과거처럼 확연하게 구분되지는 않는다. 은행의 책임자급 이상 직원들은 대부분 리더이자 팔로어이기 때문이다. 은행 지점에서도 리더와 팔로어는 모두 셀프리더십과 셀프팔로어십을 필요로 한다.

바람직한 팔로어십이란 주도적 셀프리더십을 가진 부하직원으로 정의된다. 지점에서 자신에게 주어진 목표를 날성하기 위해 혁신적으로 사고하고 적극적으로 제역할을 다하는 부하직원이 바로 바람직한 팔로어십을 가지고 있다고 할 수 있다. 즉 분명한 자기가치 및 지점 비전과 연계된 자기비전을 갖고 있다. 부단히 자기 역량을 개발하고 업무를 추진함에 있어 리더의 의도를 알아내어 스스로 생각하고 건설적인 비판을 하며 창의적인 아이디어를 내는 직원들이다. 결론적으로 바람직한 팔로어십은 리더의 지시만을 기다리지 않고 자신에게 부여된 업무를 찾아 솔선수범하고 주인의식을 가지고 적극적으로 참여하며 자발적으로 기대 이상의 성과를 달성하는 직원을 의미한다.

제5절

지점장의 역할모델

1 시간관리

1-1 지점장의 시간관리의 중요성

지점 경영에서는 실제 업무활동에 있어 한정된 시간을 적절히 배분하여 활용하는 것이 업적신장에 중요하며, 이를 위해 과학적인 시간관리기법이 필요하다. 과학적인 시간관리는 철저한 스케줄관리가 가장 우선시된다. 세일즈일지, 주요 업무추진 내용, 주요 고객 면접 등을 일간, 주간, 월간 단위로 작성하여 관리해야 한다.

또한 시간관리에 관한 서적을 활용하여 자신에게 알맞은 관리기법을 개발하는 것이 효과적이다. 업무를 몇 가지 영역으로 나누어 전체 시간을 할당한 후 영역 내에서도 세부적으로 시간을 배분하여 관리하는 것이 바람직하다. 일반적으로 지점 내부업무와 외부업무에 대한 시간배분은 지점의 상황에 따라 적절하게 가감한다. 조직의 목표수행뿐만 아니라 부하직원의 육성에도 충분한 시간을 할애해야 한다.

지점장 개인적으로도 시간관리는 중요하다. 출근 전에는 신문이나 인터넷뉴스 등을 통해 정보를 취득해야 하며, 퇴근 후에는 주요 고객대상 세일즈, 직원만남, 가망고객 접촉도 중요하다. 또한 자신이 부족하다고 생각하는 업무부분에 대해 전문서적이나 연수교재를 통해 보충하는 적극적인 태도도 요구된다. 주말에는 충분한 휴식을 취하고 다음 주 업무구상의 시간을 갖는 것도 필요하다.

지점장의 시간관리 사례(1)

저는 최소한 업무시작 1시간 이전에 출근합니다. 그리고 가능한 한 매일 지점 주위, 주차장, 지점 내부를 돌아봅니다. 주말 저녁이나 월요일에는 최소한 1시간 정도는 주간스케줄이나 업무수행에 관해 점검할 목적으로 조용히 생각하는 시간을 가집니다. 오전 10시 이전, 오후 4시 이후에는 반드시 점내에 지점장이 있다는 것을 부하직원이나 거래처에 주지시킴과 아울러 그밖의 시간은 철저히 외부세일즈에 할당합니다. 점심식사는 원칙적으로 개인고객 혹은 기업고객과 하는 것으로 하고 있으며 식사는 부담가지 않는 메뉴로 편안하게 합니다. 지점 내에 있는 한정된 시간에 각종 보고 및 결재 등을 신속히 처리합니다. 주말에는 가족과 함께 편안한 휴식을 취하면서 다음 주 업무를 구상합니다.

지점장의 시간관리 사례(2)

지점 경영의 성패는 한정된 시간을 어떻게 효율적으로 운용하느냐에 달려 있습니다. 누구에게나 하루는 공평하게 24시간이 주어집니다. 이 한정된 시간을 효과적으로 활용하기 위해서는 사전에 일주일 단위로 거래처 심방, 식사 약속 등 치밀한 시간계획을 수립합니다. 그런 후 포켓수첩과 사무실 컴퓨터의 일정표에 등록하여, 매일 업무 종료시 다음날의 일정을 체크하여 사전준비에 만전을 기하도록 하고, 아침 일과 시작 전에 당일의 일정과 준비상황을 재점검하여 일정 수행에 차질이 없도록 합니다.

지점장의 시간관리 사례(3)

일과표, 주간계획, 월중계획, 분기계획, 반기계획 등 지점장이라면 누구나 나름대로 이러한 스케줄을 가지고 있겠지만 정작 은행을 위하고 본인을 위한 중장기 계획에 따른 시간관리는 부족합니다. 계속 반복되는 2~3년 주기의 인사이동은 단기적 시간관리에 치중할 수밖에 없게 만들고 있습니다. 좀 더 장기적이고 스케일이 큰 미래에 대한 투자나 비전, 안목을 넓히기에는 취약한 것이 현실입니다. 그러나 금융기관 간, 은행 간, 내부직원 간 등 수많은 경쟁관계가 형성되어 있는 현재 상황에서는 효율적인 시간관리만이 가시적인 승리를 쟁취할 수 있습니다. 누구에게나 동일하게 24시간이 주어졌지만 이를 어떻게 관리하느냐에 따라 그 이상의 것을 얻을 수도, 잃을 수도 있습니다. 바쁜 틈을 쪼개 자기관리를 하는 데 도움이 될 수 있는 여러 가지 생활방식을 주변에서 적극적으로 찾아보아야 합니다.

1-2 시간관리 매트릭스의 이해

인간의 삶을 보다 풍요롭게 하기 위해 건강이나 돈 이상으로 중요한 가치를 지니고 있는 것이 바로 시간이다. 시간관리는 자기를 관리하는 것이고 자기가 하는 일을 관리하는 것이다. 시간관리는 열심히 일한 정도에 따라서 결과도 정비례로 거둔다는 발상이 아니다. 투자한 시간보다 결과가 훨씬 높도록 하는 기술이다. 시간관리는 지극히 상식적인 것이지만 누구나 효율적으로 하고 있지는 않다. 시간관리 매트릭스를 통해 시간관리를 효율적으로 실천하는 방안을 살펴보도록 하자.

시간관리 매트릭스

	+ 긴급성	−
+ 중요성	I	II
−	III	IV

제 I 면은 긴급하고도 중요한 일들, 제 II 면은 긴급하지는 않지만 중요한 일들이다. 제III면에는 긴급하긴 하지만 중요하지 않은 것들, 제IV면에는 긴급하지도 않고 중요하지도 않은 일들이다.

대부분의 사람들은 제III면에 속한 일들을 가장 많이 하고 다음이 제 I 면의 일을 한다. 그 다음으로 제IV면의 일들을 하는 경향이 있다. 가장 주목해야 할 사실은 제 II 면에 속한 일들을 거의 못 한다는 것이다. 제 II 면에 속한 일들은 중요하지만 긴급하지는 않으므로 자꾸만 미루기 때문이다.

예를 들어 중요한 회의를 하고, 방문고객을 만나는 것은 제 I 면의 일이다. 계획을 세우고 자격증 공부를 하거나 운동을 하는 등은 제 II 면의 일이다. 동료가 찾아와 잡담을 나누고 또 전화를 받았는데 불필요한 광고성 내용이었다면 둘 다 제Ⅲ면에 속한다. 제Ⅳ면의 일은 업무에 갈피를 못 잡고 어영부영 시간만 죽이는 것이다.

시간관리 매트릭스에서 성공한 사람, 장수하는 기업의 특징은 전체 시간의 80%를 제Ⅱ면의 일에 집중한다는 점에 있다. 사전에 계획을 세우는 일에 집중을 하기 때문에 긴급하게 발생하는 업무의 발생빈도가 상대적으로 드물고, 그렇기 때문에 과중한 업무에도 불구하고 바쁘지 않은 것처럼 보이게 된다.

1-3 지점장이 시간낭비를 야기하는 요인

시간낭비는 가치 없는 일이나 가치가 적은 일에 시간을 투자하는 것을 말한다. 올바른 목표에서 벗어난 활동 또는 시간을 집중해서 사용하는 것을 방해하며 업무의 능력을 저하시키는 요인이다. 지점장의 입장에서 유념해야 될 점은 시간낭비를 자신의 행동이나 습관범위 내에서만 찾으려고 하는데, 다른 직원들이 지점징의 시간을 낭비하게 하거나 반대로 지점장이 다른 직원들의 시간을 낭비하게 하는 것도 지점에서 흔히 발생하는 요인인 것이다.

다음 요인들은 시간관리에 대한 부하직원들의 불만을 모은 것으로 지점장의 입장에서 유념해야 될 사항이다.

① 부하직원에 대한 사적인 심부름

② 지점장의 판단지연

③ 지점장의 우유부단으로 인한 업무혼선

④ 지점장의 불규칙하고 우선순위 없는 업무지시

⑤ 불규칙적으로 발생하는 잦은 미팅

⑥ 준비되지 않은 회의

⑦ 회의 약속시간 불이행

⑧ 결과 없는 회의

⑨ 회의에 대한 피드백 부족

1-4 지점장 시간관리의 문제점

① 일이 너무 많다.

지점장 중에서도 일을 짊어지고 다니는 사람이 있다. 일의 처음부터 끝까지 전부 혼자서 북치고 장구치고 다 하려다 보니 일에 치여 여유가 없는 것이다. 은행 지점의 일상에서 하는 일들을 가만히 들여다보면 중요하지도 않고 긴급하지도 않은 일들이 의외로 많다. 중요하지 않지만 긴급한 일들도 많이 있다. 일들을 중요도와 긴급도에 따라 분류한 다음 쓸데없는 일들은 과감히 버리고 줄이자. 부하직원에게 부탁할 것은 부탁하고 위임할 것은 위임할 필요가 있다. 지점장 입장에서 쓸모없는 일에서 벗어나야 여유시간을 확보할 수 있다. 여유시간이 있어야 더 중요하고 지점 경영에 가치있는 일을 계획할 수 있다.

② 매사에 완벽해지려고 한다.

완벽주의자들은 모든 일을 최고수준으로 해내려고 한다. 그러나 모든 일을 완벽하게 하려고 하다 보면 시간도 많이 걸리고 필요 이상으로 많은 자원을 투입하게 된다. 모든 일을 다 완벽하게 할 필요는 없다. 일에는 완벽하게 해야 할 업무도 있고, 일정수준 이상으로만 해도 좋은 일이 있다. 자신에게 조금은 여유로워지는 것이 좋을 때도 있다.

③ 조각시간을 허비한다.

출근하는 시간, 퇴근하는 시간, 고객과 만나기 위해 이동하는 시간, 점심을 먹고 난 후에 남는 여유시간, 약속시간에 먼저 나가 기다리는 시간 등 길지는 않지만 은행생활에서 활용할 수 있는 시간을 조각시간이라고 한다. 이런 조각시간을 무심코 흘려보내는 경우가 많은데 평상시 이 조각시간에 할 일을 메모해두었다가 잘 활용한다면 의외로 많은 일들을 할 수 있다. 이를 위해 은행수첩이나 다이어리에다 시간이 나면 할 일의 목록을 작성해놓는 것이 좋다. 단, 조각시간에는 집중력을 필요로 하는 것은 가급적 피하는 것이 좋다.

④ 사무실 주변이 어지럽다.

지저분한 사무실, 책상 위의 서류더미, 탁자 위에 흩어져 있는 우편물들, 어디에 있는지 알 수 없는 서류들, 컴퓨터 어느 폴더에 있는지 찾을 수 없는 자료들…. 이와 같이 주변환경이 잘 정돈되어 있지 않으면 엄청난 시간과 에너지를 낭비할 수 있다. 걸핏하면 중요한 서류나 자료를 찾기 위해 많은 시간을 허비하게 된다. 여기저기 뒤지다가 결국은 자료를 찾지 못하고 다시 작성하기도 한다. 이는 시간관리를 방해하는 최대의 적이다.

2 이미지관리

2-1 지점장의 이미지관리의 중요성

지점장은 항상 당당하고 단정하게 보여야 한다. 지점장은 항상 바른 외모와 자세를 유지해야 하며 투철한 윤리의식을 갖추고 공(公)과 사(私)의 명확한 구분이 필요하다. 근무시간 중의 인간관계에 있어서도 이를 분명히 구분하여 공적인 입장을 사적으로 이용하지 않도록 각별히 신경을 써야 한다.

어떤 일을 판단할 때에는 보편적, 상식적 수준에서 생각하고 순리적으로 처리하는 것을 원칙으로 하고 절대 무리를 해서는 안 된다. 단기업적만을 위해 업무를 추진하여서는 안 된다는 것을 의미한다. 또한 관련규정을 잘 지켜 작은 실수도 없도록 해야 되며, 만약 문제가 발생하면 지역 본부와 은행 본부에 지체 없이 보고해야 한다. 부하직원의 작은 실수를 간단하게 생각하여 묵인하면 나중에 커다란 사고로 직결되는 수가 있다. 실수로 인해 자신에 대한 평가가 어떻게 될 것인가를 너무 의식하지 말고 언제나 정당하고 성실하게 업무에 임해야 한다.

지점의 모든 직원들이 항상 지점장을 주시하고 있으므로 좋은 일이든 나쁜 일이든 자신의 뒷모습 관리가 필요하다. 윗사람은 아랫사람을 알기 어렵지만 아랫사람은 윗사람을 알기 쉽다. 지점장의 일거수일투족을 직원들은 항상 주시하고 있기 때문이다. 입으로만 그럴듯한 말을 한다고 해서 이미지관리가 되는 것이 아니다.

당장의 성공이나 출세도 중요하지만 등 뒤에서 다음 세대를 이어갈 후배들이 보고 있다는 사실을 잊지 말고 그들에게 좋은 선배의 모습을 보이도록 힘써야 한다. 이를 위해서는 부하직원들이 믿고 따를 수 있도록 일관되고 올바른 자세를 견지하고 허튼소리를 삼가며, 실천가능한 말만 해야 한다. 세상의 흐름에 따라 흔들리지 않는 의연함을 견지하고 지점장과 직원들 사이에 따뜻한 정(情)이 흐르는 조직분위기를 창출할 수 있도록 노력해야 한다.

판단과 결단을 구분할 줄 아는 지점장

지점장은 판단과 결단의 차이를 의식하며 지시를 내리는 것이 중요하다. 지점장에게 요구되는 것은 치밀한 판단과 신속한 결단이지만 무능한 지점장일수록 이 두 가지를 혼동하여 판단은 허둥지둥, 결단은 뒤늦게 내리는 경향이 있다. 판단은 정보를 충분히 검토한 다음 올바른 대답을 이끌어내는 것이다. 반면 결단은 검토한 결과를 바탕으로 어느 쪽을 선택할지 결정하는 것을 가리킨다. 지점을 경영하는 지점장 입장에서 '판단은 정확하게, 결단은 신속하게'를 명심해야 한다. 부하직원들은 심사숙고(深思熟考) 끝에 정확한 판단을 한 후 망설임 없이 신속하게 지시를 내리는 지점장을 신뢰한다.

2-2 지점장의 이미지관리에 있어 인식해야 할 사항

지점장을 포함한 은행원은 신뢰, 성실이라는 은행원다운 이미지를 보여주기 위해 끊임없이 노력하여야 한다. 경쟁시대에 살아남기 위해서는 억척스러울 정도의 자기관리만이 최고의 자산이라 생각하고, 철저한 자기관리, 끝없는 자기성찰을 통해 프로금융인으로서 긍지를 갖도록 노력해야 한다. 은행 영업을 대표하는 지점장은 정직하고 청렴한 이미지를 더욱 부각시켜야 하고 반면에 융통성이 없고 딱딱하다는 이미지는 가급적 탈피하도록 노력해야 한다.

"잘생긴 얼굴은 하루지만, 좋은 인상은 10년 간다"는 말이 있듯이 첫인상을 좋게 하는 데는 우선 웃음기를 머금은 듯한 표정이 좋다. '얼굴은 마음의 거울'이라는 말이 있듯이 밝은 표정을 하면 마음과 행동도 밝아진다. 잘 웃지 않는 지점장은 웃음 연습이 필요하다. 이와 함께 눈매를 부드럽게 하면서 상대방의 눈길을 진지하게 받아들여야 한다. 아무리 상대방이 차가운 표정과 거친 말투를 쓰더라도 끝까지 조용하고도 진지하게 응대를 한다면 상대방도 결국 좋은 감정을 가질 수밖에 없을 것이다. 그러나 주의할 것은 밝은 표정을 짓되 단호한 인상을 유지할 줄 알아야 한다는 점이다. 지점장의 자기 이미지관리는 영업활동 및 지점홍보의 첫 출발점이다.

이미지관리에 있어서 기업에서 생산하는 제품처럼 은행 지점장에게도 브랜드가 필요한 시대이다. 개인브랜드란 개인에 대해 일종의 고정관념을 갖게 하는 것으로 믿음을 파는 것이다. 그러기 위해서는 명확한 컨셉이 필요하다. 고객에게 세시되는 단일하고 명료한 현상, 즉 내가 가장 잘 알고 가장 자신 있고 가장 좋아하는 것을 찾아 이를 밝혀내는, 스스로의 정체성을 밝히는 것이 가장 중요하다. 개인브랜드를 높이기 위해서는 우선 내부고객인 지점 직원들을 사로잡아야 한다. 내부고객이 만족하지 않으면 외부고객은 절대로 만족하지 않고 내부고객이 움직이지 않으면 외부고객은 꿈쩍도 하지 않는다. 이를 위해서는 스스로 자신에게 만족할 만한 노력을 해야 한다. 내가 잘하고 있는지는 자신이 가장 잘 알기 때문이다. 다음은 외부고객이다. 그중에서 시키지 않아도 긍정적인 전파자 역할을 하는 적극적 지지자(Advocator)를 잘 관리해야 한다.

지점장은 각자의 직업관과 윤리의식이 자기 스스로의 생존과 직결된다는 인식하에 철저한 자기관리가 요구된다. 자신의 생존여부는 이미지 가꾸기에 달려있다.

이미지관리를 위한 지점장 대상 조사결과(1)

지점장의 이미지관리를 위해서는 자신감이 넘치면서 항상 깔끔한 외모와 행동을 보여야 합니다. 공과 사를 엄격히 구분하고 직원들에게 흠집이 잡히는 일은 삼가야 하며, 자신의 장점을 최대한 부각시킬 수 있는 전문지식을 보유해야 합니다. 예를 들어 자산관리전문가, 기업분석전문가, 부동산전문가 등 전문분야의 지식을 갖추도록 노력해야 합니다.

이미지관리를 위한 지점장 대상 조사결과(2)

모든 거래는 상호 신뢰를 바탕으로 이뤄지는바, 거래관계에서 상대방에게 신뢰를 얻는 것이 무엇보다도 중요하다고 생각합니다. 그래서 고객에게 틀림없는 사람이라는 인식을 심어주기 위해 어떠한 약속이라도 철저히 이행하고 있습니다. 부득이 불가피한 사유로 이행이 불가능한 경우에는 사전에 이를 통보하여 충분한 이해를 구함은 물론 이에 대한 대책을 강구토록 하며, 직원들에게도 시간약속 등 제반 약속은 정확히 이행토록 강조하고 있습니다.

2-3 지점장의 외모 및 매너관리

가. 옷차림

우선 좋은 첫인상을 줄 수 있도록 깨끗하고 신뢰감이 느껴지도록 하는 것이 중요하다. 개성과 감각을 살리기보다는 올바른 자세와 품위를 우선하는 단정한 차림새를 유지하는 편이 은행원의 바람직한 옷차림이다. 은행원의 경우 대부분 직원들의 복장이 짙은 청색이나 회색 계통의 비즈니스 수트이다. 평상시 고객접촉이 빈번하지 않은 직책에 있더라도 품위나 교양, 신뢰감을 얻을 수 있는 차림이 바람직하다. 너무 화려한 무늬나 디자인의 옷차림은 가능한 피해야 한다. 안경을 착용하는 경우 너무 날카롭게 보일 수 있는 디자인은 피하는 것이 좋다. 구두나 벨트는 검정색 계통이어야 하며 양말 역시 반드시 검정색 계통이어야 한다. 구두의 경우 끈을 매는 스타일이 보다 정장개념에 가까우며 벨트는 구멍이 보이지 않아야 한다. 참고로 메탈색 볼펜이나 검정색 장정(裝幀)의 수첩도 고급스러우면서 지적인 면을 돋보이게 하는 이미지전략이 된다.

이미지관리를 위한 여성지점장 대상 조사결과

항상 단정한 모습과 밝은 모습을 보이는 것이 필요합니다. 여성지점장이더라도 바지 정장이 활동적으로 보인다는 조언을 듣고 바지 정장을 주로 입고 있습니다. 정장 위아래 색깔을 동일하게 하며, 여름에도 항상 정장을 착용합니다.

이미지관리를 위한 남성지점장 대상 조사결과

이틀 연속해서 같은 넥타이를 매지 않으며 넥타이는 월 1회, 와이셔츠는 분기 1회 추가로 구입합니다. 매일 아침 면도는 하지만 고객방문 전에 반드시 한 번 더 점검하고, 머리에는 무스를 바릅니다.

나. 상담시 필요한 이미지

은행 지점장들은 상담업무가 꼭 필요한 업무기능임을 누구나 알고 있다. 지점장 입장에서 항상 고객응대 매너에 익숙해질 수 있도록 끊임없이 노력하는 마인드야말로 상담업무를 완벽하게 이끌 수 있는 무기가 된다. 차분한 눈빛이나 악의 없는 성실한 표정은 우선 고객으로 하여금 신뢰감을 갖게 한다. 안정되지 못한 시선처리나 두리번거림은 고객을 불안하게 하며 더 이상의 대화를 나누고 싶지 않게 만드는 요인이 된다. 자세 역시 다소 공손한 편이 보기에도 좋으며 등이나 가슴을 뒤로 지나치게 젖힌다거나 앞으로 너무 숙이는 것 역시 보기에 좋지 않다.

다리를 꼬거나 떠는 행위는 절대 금물이며 시계를 자꾸 쳐다보며 상대로 하여금 초조감을 갖게 해서도 안 된다. 음성은 설명조의 톤이 좋으며 응대차원에서의 다소 높은 톤이나 가라앉은 톤, 웃음 역시 분위기에 따라 세심하게 조절해가는 센스가 필요하다. 어떠한 경우라도 고객은 직원의 표정을 놓치지 않는다는 사실을 명심해야 한다.

다. 휴대품

일상적으로 고객응대를 수행하는 과정에서 은행 지점장들은 항상 각종 사무용품이나 자료 등을 휴대하기 마련이다. 특히 영업활동이나 고객방문시 정형화된 몇 가지 휴대품에도 나름대로 품위와 정성이 배어나와야 한다. 사소한 휴대품 하나라도 프로답게, 전문가답게 다룰 줄 아는 센스를 갖춰야 고객의 마음을 사로잡을 수 있다. 고객이 원하는 자료, 고객이 원하는 목록을 대화중에 적절히 제시할 줄 아는 요령이야말로 마케팅에 꼭 필요한 지혜인 셈이다. 편안하면서도 단순한 서류가방 또는 다이어리가 별것 아닌 느낌을 주면서도 고객에게는 신뢰감을 줄 수 있다. 악수를 나누며 명함을 주고받는 시점이 되면 벌써 상대방에 대한 일차적 탐색은 끝난 셈이다.

라. 명함교환방법

명함을 건넬 때는 일반적으로 아랫사람이 먼저 건네는 것이 기본이며 방문했을 경우에는 방문한 사람이 먼저 건네는 것이 예의다. 상대가 다수인 경우 상대방 중 가장 지위가 높은 사람에게 먼저 명함을 건넨다. 상대를 향해 오른손으로 명함을 내밀고 목례보다 좀 더 깊게 인사하면서 반드시 회사 이름과 자신의 이름을 밝힌다. 명함을 받을 때는 두 손으로 받는다. 이때 손가락이 상대방의 이름을 가리지 않도록 주의하고 이름을 또박또박 확인한다. 한자로 적혀 있어 자칫 읽기 어려운 때에는 반드시 물어본다. 명함을 동시에 교환할 경우에는 자신의 명함을 오른손으로 내밀면서 상대방의 명함은 왼손으로 받아들고 오른손으로 받쳐서 받는다.

마. 악수

악수는 여성이 남성에게, 윗사람이 아랫사람에게, 선배가 후배에게, 상급자가 하급자에게 하는 것이 원칙이다. 악수를 할 때에는 부드럽게 미소를 지은 채,

손을 팔꿈치 높이만큼 올려서 잠시 상대방의 손을 꼭 잡았다가 놓되 반드시 일어서서 상대방의 눈을 보면서 해야 한다. 여성이라 하여 손끝만 잡고 악수하는 것은 'dead fish'라고 해서 마치 죽은 물고기를 쥔 듯한 기분이 되므로 결례다. 비즈니스 매너에서는 힘 있는 악수가 필요하다. 아는 사람을 만났을 때에는 악수에 대비해서 오른손에 들었던 물건을 왼손에 미리 고쳐들고, 왼손잡이도 악수는 오른손으로 하는 것이 예의다.

상대방이 윗사람이라면 먼저 목례로 경의를 표하고 난 다음에 상대방의 의사에 따라 악수를 한다. 이때에도 허리를 굽힌다거나 손을 지나치게 흔든다거나 혹은 두 손으로 손을 감싸안을 필요는 없다. 특히 외국인과 악수할 때는 상대방이 고개를 숙이는 동양식 인사법을 모른다는 것을 명심하고 허리를 꼿꼿하게 세워 그야말로 상호 대등하게 악수를 나누는 것이 좋다.

이미지가 좋은 지혜로운 지점장이 갖추어야 할 사항

1. 많이 듣고 적게 말하라.
2. 같은 말을 두 번 이상 되풀이해 말하지 말라.
3. 틈날 때마다 영화감상이나 공연관람 등의 문화체험을 통해 감수성을 키워라.
4. 신문을 두 종류 이상 읽어라.
5. 음악과 문학을 가까이하라.
6. 젊은이(신입)들은 한심하다는 생각을 버려라.
7. 쉽게 반말을 쓰지 말라.
8. 규칙적인 운동을 통해 체중을 관리하라.
9. 과식과 과음을 피하라.
10. 유머 감각을 키워라.

3 인맥관리

3-1 인맥관리의 중요성

누구에게나 인맥은 매우 중요하다. 인맥 속에서 정보와 힘이 나오기 때문이다. 대인관계를 인식하고 이를 관리해야 할 필요성은 대표적인 프로 직업인이라고 할 수 있는 기업의 최고경영자들의 자각에서도 나타났다. 우리나라 대기업의 경영자들은 최고경영자가 되는 과정에서 가장 중요한 요소로 대인관계를 꼽고 있다. 한국사회에서 인맥에 대한 의식도 '연줄, 빽'이라는 부정적 시각에서 '인맥도 능력'이라는 긍정적 시각으로 변화하고 있다.

어려운 입장에 처한 사람을 성심성의껏 돕고 당장의 이익보다는 인간관계 자체를 중시하는 것이 인맥관리의 비결이다. 또한 상대에게 필요한 정보나 사람을 연결해주는 데도 많은 신경을 써야 한다. 모든 문제의 해결 포인트는 '사람'이다. 비즈니스의 세계에서 대인관계는 최고의 경쟁력 가운데 하나다. 더욱이 대인관계는 직급이 올라갈수록 위력을 발휘하기 때문에 지점장의 위치에서도 인맥관리는 더욱 중요해진다.

마이크로소프트의 빌 게이츠 회장은 "당신의 삶에서 가장 위대한 선택은 무엇이었습니까?"라는 기자들의 질문에 '폴 앨런과 스티브 발머를 만난 것'이라고 대답했다. 우리 주위에 있는 사람들은 말 그대로 신이 내린 선물이다. 그렇기 때문에 주위사람들과 관계를 지속시키지 못하는 것은 선물을 팽개치는 것과 같다. 만약 빌 게이츠 회장이 폴 앨런과 스티브 발머를 만나지 않았다면 위대한 기업 마이크로소프트를 유지할 수 있었을까?

미국의 예로 전혀 일면식이 없는 사람도 각자가 주변에 아는 사람들 6명 정도를 언급해나가다 보면 결국 서로 연관이 된다는 얘기가 있다. 이것을 스몰월드효과(small world effect)라고 하는데 사회가 아무리 방대하더라도 알고 보면 서로 연결된 소수의 사람 때문에 매우 밀접한 관계에 놓인다는 것이다. 그렇다면 한국은 몇 단계를 거치면 서로가 알게 되는 사회일까? 정답은 3.6명이다. 전혀 모르던 사람이라도 세 사람 또는 네 사람만 거치면 다 알게 된다는 것이다.

지식보다는 인맥이 더 중요한 곳이 한국사회다. 혈연, 학연, 지연 등 이른바 연줄로 맺어진 사회인 것이다. 교통과 통신의 발달로 지역공동체의식은 일부 퇴색하고 있지만 지역적 연고주의는 오늘날에도 토지에 대한 애착, 고향에 대한 집념 등의 형태로 이어지고 있다. 또한 높은 교육열을 바탕으로 학벌이 사회진출의 중요한 수단으로 부각되면서 학연 역시 가장 핵심적인 연줄망으로 떠올랐다.

소중한 사람과의 인연은 어느 날 갑자기 하늘에서 떨어지듯 생기는 것이 아니다. 인생의 고비고비에서 끊임없이 구하고 두드리고 접촉하는 과정이 반복되면서 한 줄기 섬광처럼 스쳐 지나가는 인연을 기회로 연결시킨 것이다. 그러므로 인맥관리에 있어서 가장 치명적인 오류는 '나태함'이다. 이 말은 곧 인맥을 관리하는 최고의 비법이 바로 '부지런함'이라는 사실과 일맥상통한다.

3-2 지점장의 입장에서 인맥관리의 방안

인맥은 상속이 거의 불가능한 유산이다. 인맥은 숙성되는 것이기 때문이다. 인맥이란 쌓기는 어렵고 무너뜨리기는 쉬운 법이다. 십수년 걸려서 쌓은 인맥도 유사시에 아주 사소한 언동과 오해로 잃어버리는 일이 허다하다. 인맥관리를 잘 못하는 사람의 특징은 'give & take'보다는 'take & give'를 바라는 데 있다. 고객과의 만남이 단순히 그 고객과의 만남에 그쳐서는 안 된다. 반드시 그 이상의 추가고객을 창출하는 것이 중요하다.

물고기가 물을 떠나 살 수 없듯이 현대를 살아가는 인간 역시 사람을 떠나 혼자 살 수 없기 때문에 인맥은 그 무엇보다도 중요하다. 이를 지점장의 입장에서 이야기하자면 유능한 지점장이 되는 비결은 얼마만큼 다양한 인맥을 형성하느냐에 달려있다고 해도 과언이 아니다. 그렇게 중요한 인맥을 형성하는 데에는 왕도가 없으며, 지속적인 자기희생과 관심이 있어야 한다. 따라서 폭넓은 인맥을 형성하기 위해서는 다양한 사람을 만날 수 있는 각종 모임에 가입하고, 그 모임에 빠짐없이 참석하여 유대를 강화함은 물론, 평소 지인들의 애경사에는 장소를 불문하고 찾아가 축하와 위로를 드리고 명절, 연말연시, 주기적인 심방 또는 문안전화를 통하여 항상 가까이 존재한다는 사실을 깊이 인식시켜두는 것이 좋다. 이들 또는 이들의 이웃에게 금융기관 관련 니즈가 생길 경우 상대방도 가장 먼저 자신을 찾아오는 것이 인지상정이다.

3-3 이메일관리

인터넷이 널리 보급되면서 생활의 일부가 되어버린 이메일, 메신저 등은 지점장의 입장에서도 중요한 커뮤니케이션 수단이 되었다. 이메일을 잘못 사용하면 커뮤니케이션을 촉진하기보다는 방해할 수 있다는 우려의 목소리도 있으나 이메일이나 메신저 없는 삶은 상상할 수 없을 정도의 시대로 변화되었다. 하지만 이메일이 지나치게 많은 이메일 과잉의 상황에 직면하는 경우도 많은데 이때에는 서류를 처리할 때처럼 이메일에 대해서도 TRAF(Toss, Refer, Act, File)전략, 즉 '버린다, 전달한다, 처리한다, 파일한다'는 과정을 통해 효율적으로 관리해야 한다.

먼저 이메일을 작성할 때는 요점을 명확하게 해야 한다. 고객이나 직원들에게 이메일을 보낼 때는 따로 열어볼 필요가 없을 정도로 제목에 전체 메시지를 담는다. 예를 들어 '목요일 오전 9시 책임자미팅', '금요일 오후 본부심사부 방문' 등으로 내용을 제목에서 분명히 전달하는 것이 중요하다. 이메일은 간결하게 작성하는 것도 중요한데 받는 사람이 처음 한두 줄만 보고도 메시지의 핵심을 알 수 있게 해야 한다.

그리고 받은 이메일에 대해서는 신속하게 확인한 후 편리한 시간에 회신해주어야 한다. 즉시 이메일 수신을 확인해줌으로써 발신자의 기대를 관리하고 보다 편리한 시간에 여유를 갖고 회신할 시간을 얻는다. 수신을 확인해줄 때는 예를 들어 다음과 같은 문장을 사용한다.

"메일 잘 받았습니다. 금주 목요일 이후에 회신해 드리겠습니다."

"메일을 받아서 읽어보았습니다. 한 번 더 읽어보고 다음 주에 보다 자세하게 회신해 드리겠습니다."

한편 이메일을 관리할 때 여러 개의 계정을 사용할 필요도 있다. 신속한 회신이 필요한 최우량고객과 은행 내 관련부서 직원과의 커뮤니케이션을 위한 주소, 지점장으로서 외부의 다양한 정보를 수집하기 위한 주소, 개인적 용도의 주소 등 3개 정도의 이메일 주소를 가지고 있는 관리자들도 많다. 신속한 회신이 필요한 메일일 경우 가능한 한 아침, 점심, 오후 5시 정도 등 하루 3번 정도 메일을 확인한다.

하지만 지점장의 입장에서는 커뮤니케이션 수단으로서 전자매체보다는 전화나 직접 만나서 이야기하는 것이 편할 때가 많다. 이메일은 대인관계에서 상호작용을 없애고 또한 복잡하거나 논란이 될 소지가 있는 정보를 전달하기에는 부적절하고 비효율적인 측면도 존재한다. 그보다는 일대일 만남이나 집단적 만남을 통해 고객들에게서 더 많은 것을 끄집어 낼 수 있으며 필요한 정보도 더 많이 얻을 수 있다. 단순한 정보전달일 경우 이메일이 적절한 커뮤니케이션 수단이 될 수 있지만 복잡한 상황일 경우에는 다른 커뮤니케이션 수단을 사용해야 한다.

지점장의 입장에서 부하직원들을 칭찬해줄 때 사내 메신저나 이메일을 활용하면 적절한 동기부여가 가능하다. 말로 전달할 때보다 진한 감동을 주는 경우도 있으며 지점장의 평소 생각을 이메일을 통해 지점 직원들에게 전달할 때 설득력이 높아질 수 있다. 우수고객들에게도 정기적으로 경제정보, 금융상품정보 등을 포함한 이메일을 발송하면 좋은 반응을 얻을 수 있다.

4 건강관리와 스트레스관리

4-1 지점장의 건강관리

지점장은 한정된 시간에 여러 사람을 만나고 많은 업무를 처리하여야 하므로 건강관리가 필수적이다. 건강관리는 개인적인 문제일 수도 있으나 지점장이 이를 소홀히 하여 업무능력을 떨어뜨리는 것은 바로 지점의 마케팅역량을 떨어뜨리는 것이 된다. 지점장이 기운이 없고 건강이 좋지 않으면 집중해서 일을 할 수가 없다. 만사가 귀찮고 매사에 의욕이 없어지며 업무의 능률도 떨어지기 마련이다. 우울증과 스트레스로 자신은 물론 다른 직원들에게까지 영향을 주어 지점의 사기를 엉망으로 만들기도 한다.

따라서 건강관리도 하나의 업무로 생각하고 반드시 적절한 운동을 해야 한다. 지점 내에 스포츠동호회 등을 구성하여 직원들과 같이 하면 건강관리에도 도움이 되고 조직융화 차원에서도 효과를 발휘할 것이다.

일반적으로 지점장들은 골프를 통한 건강관리에 주력하는 경우가 많다. 골프는 고객관리에 도움이 될 뿐만 아니라 골프연습을 정기적으로 하는 것은 지점장의 건강관리와 스트레스관리에 큰 도움이 된다. 건강을 해치는 흡연과 음주는 적정선에서 자제하는 자세도 중요하다.

지점장의 건강관리 사례

저는 매일 아침 5시에 일어나서 약 30분 정도 독서, 신문 구독을 합니다. 그런 후 30분에 걸쳐 맨손체조, 스트레칭, 아령 등으로 몸을 푼 다음 한 시간 동안 집 인근 산을 오르는 것으로 일과를 시작합니다. 모든 일이 다 그렇겠지만, 건강도 예외는 아니라고 생각합니다. 그건 바로 남보다 부지런해야 된다는 거죠. 시간이 없다는 것은 핑계에 불과합니다. 복잡하고 과중한 업무, 반복되는 야근과 일과 후의 섭외 등으로 인하여 저녁시간을 활용한다는 것은 거의 불가능하지요. 그러나 그렇다고 건강을 포기할 순 없지 않겠습니까? 스스로 시간을 만들어야죠. 그러기 위해서는 아침에 한 시간만 자신의 건강에 투자하십시오. 물론 처음엔 힘들지요. 그러나 조깅이나 수영, 등산, 골프연습 등 자기 기호에 맞는 운동을 한 달간만 지속적으로 한다면 매일 가볍고 상쾌한 기분으로 일과를 시작할 수 있을 것입니다. 시작만 하면 반은 성공입니다.

4-2 지점장의 스트레스관리

은행 지점장에게 있어 스트레스관리 문제 또한 중요하다. 본래 지점장이란 자리는 스트레스가 쌓이게 마련이다. 요즈음의 지점장에게는 격심한 경쟁 속에서 "수익을 올려라", "인원을 줄여라", "경비를 절감해라"는 등 상부의 요구사항이 점점 늘어나고 있다. 따라서 지점생활에서 "스트레스를 어떻게 하면 잘 발산하느냐" 하는 지혜가 필요하다. 업무가 완료되면 지점장이라는 생각을 잠시 잊고 직원들과 가끔씩 어울리는 것도 좋다고 생각한다.

지방지역에 단신(單身) 부임하는 경우에는 지점장의 개성이나 생활방식 같은 것이 지점 직원들에게 전부 노출된다. 지점이나 지역에 융화하지 못하면 부하직원뿐만 아니라 고객들로부터도 외면당하게 된다. 물론 지점 운영도 제대로 될 리가 없다.

기업에 있어서 부하직원들의 스트레스 원인 중 가장 많이 지적되는 것이 '윗사람 눈치병'이다. 은행 지점에서도 마찬가지로 지점장의 존재가 커다란 스트레스 요인이 된다. 지점장이 항상 찌푸린 얼굴을 하고 있으면 지점 직원들도 신경이 곤두서게 마련이다.

항상 본부 눈치나 보고 일하는 지점장, 본부에 어떻게 보여질까 어떻게 평가될까에 지나치게 신경쓰는 지점장을 보고 있자니 부하직원들의 스트레스가 쌓이는 것은 당연할 것이다. 따라서 지점장은 조금은 여유 있는 생활태도를 갖는 것이 필요하다. 스트레스관리는 사고방식이나 생활방식과의 상관관계가 높다.

은행 지점장의 입장에서 참고할 만한 '스트레스를 다스리는 방법'에 대해 소개한다.

① 일을 즐겁게 하려고 노력한다.

목표달성 경쟁도 게임화하여 재미있게 추진하는 방법을 생각해보는 것도 바람직하다. 목표달성을 위해서 행원들의 지혜로운 생각을 적극적으로 받아들여야 한다. 실적이 향상되면 지점장의 얼굴이 밝아지며 지점 분위기는 자동적으로 좋아진다.

② 머리는 쓰되 기분에 너무 좌우되지 않는다.

업무에 대한 집중력은 필요하지만 사소한 일에 신경질적이 되어서는 곤란하다.

부하직원이나 고객을 차별대우하지 말아야 하며 감정적이 되어서도 안 된다. 직원에 대한 평가도 업무성과 위주로 공평하게 실시해야 한다.

③ 몸을 자주 움직인다.

매일 아침 30분 정도 조깅이나 산책을 하고 샤워를 하면 의욕이 솟는다. 골프도 좋은데 가끔씩은 은행 직원뿐만 아니라 은행업무와는 관련이 없는 지인들과의 라운딩도 스트레스를 푸는 데 효과가 있다.

④ 취미를 가져 마음의 여유를 찾는다.

독서, 음악, 낚시, 바둑, 골프, 화초 기르기 등 무엇이든 어느 한 가지에 열중해서 준(準)전문가의 경지에 이르는 것도 좋다.

⑤ 유머와 위트를 잊지 않는다.

웃음은 사람을 매료시킴과 동시에 삶에 활력을 가져다주는 만병통치약이다. 지점장은 성실한 것만 가지고는 안 되고 오히려 재미있고 인간적인 요소가 넘쳐나야 지점에 활력이 넘쳐난다.

스트레스관리에 관련된 노하우

사실 대부분의 지점장들은 과중한 업무의 수행, 업무실적 등에 대한 심적인 압박으로 많은 스트레스에 시달리고 있다. 이를 탈피하기 위하여 일상에서 과욕하지 않고, 나름대로 세운 계획을 그날그날 충실히 이행하고 과거의 잘못은 타산지석(他山之石)으로 삼되, 그것에 너무 집착하지 말 것이며, 어차피 해야 될 일이라면 즐거운 마음으로 약속된 날 이전에 하는 것이 건강에 이롭다. 지점의 경영목표 달성은 하루아침에 이뤄지는 것이 아니며, 빗물이 모여 실개천을 만들고, 그 개천 물이 모여 강을 형성하듯이 매일의 실적이 월간업적을 만들고, 이들이 모여 연간실적으로 나타난다. 때문에 뚜렷한 목표를 정하고 이를 이행하기 위해 지점 실정에 맞는 세부계획을 수립, 매일 최선을 다해 꾸준히 실행한다면 그 결과 또한 좋을 것이다. 인간의 욕심은 무한하다. 그러나 실현불가능한 욕심은 우리에게 스트레스만 가중시킬 따름이다. 현실에 만족하려고 노력하고 있으나 일상이 항상 만족스러울 수는 없다. 일이 여의치 않을 경우 마음을 다스리는 시 한 편을 책상 고무판 밑에 넣어두고 수시로 꺼내 읽으며 위안을 삼는 것도 배워볼 만한 스트레스관리 노하우다.

4-3 전문가가 조언하는 스트레스관리를 위한 노하우

살아가면서 숙명적으로 겪어야 하는 스트레스의 고충은 스트레스 자체에 의해서 결정되는 것이 아니라 이를 어떻게 받아들이고 조절하느냐에 의해 결정되는 것이다. 전문가들은 한결같이 스트레스가 우리 몸에 미치는 영향은 생각보다 심각하다고 지적한다. 특히 하루 중 가장 많은 시간을 보내는 직장에서 생기는 직무스트레스는 직장인들의 건강을 위협하는 가장 큰 적이 되고 있다고 말한다. 지점장의 경우 치열한 경쟁에서 오는 중압감, 정상의 고독감과 함께 은행셔터를 내리고 마감 시재를 맞출 때까지 한순간이라도 긴장하지 않으면 어디선가 금방이라도 금융사고가 터질 것 같은 불안감, 고객과 창구직원과의 마찰 등 곳곳에 복병이 도사리고 있다. 따라서 그때그때 적절히 스트레스를 푸는 방법을 갖고 있지 않으면 지점장의 스트레스는 전 직원은 물론이고 고객에게까지 전해지게 된다.

전문가들은 스트레스의 원인에는 내적·외적 요인이 있는데, 대부분의 경우 내적요인에 기인한다고 말한다. 외적요인으로는 물리적·사회적환경과 조직상황, 일상의 복잡한 일 등을 들 수 있다. 하지만 이 같은 외적요인은 받아들이는 사람에 따라 큰 편차가 있으며 이것이 곧 내적요인으로 작용하게 된다. 즉 스트레스는 관념에서 나오며 비현실적인 기대에서 비롯된다. 따라서 단순히 마음을 편히 하거나 쉬는 것만으로는 해결되지 않는다. 원인을 정확히 찾아내고 생활습관과 관념을 바꿔야 한다. 지점장의 주된 스트레스는 '실적'과 '의사결정'이다. 때문에 혼자서 해결하기 어려운 문제는 직원들과 스스럼없이 상의하여 짐을 덜어내든지 아니면 스트레스 받는 일의 경중에 따라 일일이 순번을 매겨 메모하면서 동시에 해결방안까지 모색하여 적어놓은 다음 바람직한 방향으로 문제가 해결될 수 있도록 노력을 기울이는 것도 방법이 될 수 있다.

이와 관련하여 일반적인 방법으로는 담배, 커피 등의 카페인 끊기, 규칙적인 운동과 충분한 수면, 천천히 먹는 식습관, 현실적인 목표설정, 다양한 취미생활, 긍정적인 사고방식, 타인과의 충돌 피하기 등이 있다.

특히 직장인들이 호소하는 과중한 업무와 인간관계에서 오는 스트레스를 극복하기 위해서는 일에 대한 자신감을 갖는 노력, 시간관리, 상대방에 대한 친절, 상대방에 대한 진심어린 관심 등이 필요하다. 역설적이지만 몸과 마음이 일과 함께 어우러지는 장인(匠人)정신을 통해 업무에 집중하고 자신의 감정조절을 통해 인간관계를 개선해나갈 때 직장생활에서 스트레스를 적게 받는다고 한다. 결국 스트레스 없는 100% 완벽한 삶을 추구하기보다는 그 스트레스를 효과적으로 처리해가는 능력을 기르는 것이 더 중요하다고 할 수 있다.

연습문제

01 지점 운영에서 일중심의 지점장과 사람중심 지점장의 비교를 통해 바람직한 지점장의 업무스타일에 대해 서술하시오.

02 우수지점장의 업무추진 자세와 공통적인 특성에 대해 서술하시오.

03 지점 경영에서 지점장 역할의 중요성에 대해 서술하시오.

04 지점장의 비전수립의 중요성에 대해 서술하고, 지점장의 비전수립 절차에 대해 서술하시오.

05 지점 경영에 필요한 리더십 유형의 변화과정에 대해 서술하시오.

06 팔로어십의 개념과 팔로어십이 리더십에 미치는 영향에 대해 서술하시오.

07 지점장의 시간관리에 있어 가장 중점을 두어야 할 사항에 대해 서술하시오.

08 지점장의 이미지관리에 있어 인식해야 하는 사항에 대해 서술하시오.

09 지점장의 위치에서는 인맥관리의 중요성이 높아지는데, 은행 지점장의 입장에서 인맥관리방안에 대해 서술하시오.

10 지점장의 스트레스관리와 건강관리시 유의해야 할 점에 대해 서술하시오.

연습문제 해설

1. 우수지점장은 업무중심의 카리스마적이면서 사람중심을 가미한 스타일이 대부분이다. 지점장의 지점 운영유형은 업무중심의 카리스마적 스타일과 사람중심의 민주적 스타일로 대별되며 이 중 카리스마적이면서 사람중심을 가미한 스타일이 성공하는 리더십이다. 업무중심 지점장은 권위를 앞세운 '나를 따르라'식의 강력한 업무를 추진하며, 사람중심 지점장은 직원에 대한 신뢰를 바탕으로 자율적이고 협력적 업무를 추진하는 스타일이다. 업무중심 지점장은 업무를 철저히 챙기고 독려하며 업적평가 실적제고를 위한 계수관리가 탁월하고 세심한 직원관리를 통해 밀도 있는 업무수행을 하는 것이 일반적이다. 사람중심 지점장은 팀장이나 책임자에게 대폭적인 권한위임을 실시하고 모든 직원이 한마음으로 움직일 수 있도록 공동체 분위기 조성에 노력하며, 책임자별 업무분담을 통해 스스로 일하는 업무추진 자세를 강조한다.

2. 지점장은 완벽한 업무지식과 적극적인 업무추진 자세를 갖는 것이 중요하며 업무에 대한 열정이 요구된다. 지점 경영에 상당한 노하우를 가진 지점장들의 지점 운영방법은 비즈니스 마인드와 자신감 보유, 직원에 대한 깊은 관심, 배려와 신뢰, 전략적 영업추진과 성실한 고객관리, 철저한 자기관리 등 4가지로 나타난다. 우수지점장의 공통된 특성으로는 일에 대한 남다른 열정, 할 수 있다는 강한 자신감, 뚜렷한 목표의식, 확실한 신상필벌, 부하직원들에 대한 진심어린 애정, 폭넓은 인간관계 네트워크, 철저한 자기관리, 몸소 실천하는 솔선수범 등이다.

3. 은행의 지점 경영자인 지점장은 흔히 군대의 야전장교에 비유된다. 전쟁에서 승리하려면 야전사령부에 속해 있는 한사람 한사람의 장교가 강해야 하듯이 영업일선을 누비는 지점장들의 역할수행능력에 따라 지점경영의 성패가 좌우되며, 나아가 은행 전체의 경영성과로 직결된다. 그만큼 은행 지점 경영자들의 과제는 막중한 것이다. 더욱이 지점의 독립채산경영이 강조되고 지점장들의 권한이 확대되면서 지점장의 능력이 은행 전체의 업적을 크게 좌우한다. 심지어는 금융기관 간 경쟁력격차의 근원이 바로 지점장격차라는 말까지 있다. 금융업계에서도 금융겸업화 진전에 따라 이제 동종 금융기관 간 경쟁뿐만 아니라 증권, 보험 등 이종 금융기관간 경쟁이 격화되면서 지점장에게 부여되는 역할이 더욱 중요해지고 있다. 이와 같이 경쟁이 치열해지고 고객의 금융니즈도 다양화되면서 은행 지점은 입지한 지역 내에서 뚜렷한 이미지를 부각시키지 않고는 생존이 어려워지고 있다. 지점장의 역할은 단순히 예금을 유치하고 대출을 확대시키는 것만으로는 미흡하다. 지점이 입지한 지역 및 시장의 특성을 파악하고 은행 본부의 경영방침이 최대한 잘 반영될 수 있도록 지점의 장기비전까지도 설정해야 한다. 지점에 부여된 역할에 입각해서 지점의 물적·인적자원을 적절히 배합하여 계획목표를 달성해야 한다.

4. 지점의 생존과 은행 전체의 영업성과에 지대한 영향을 미치는 지점장 자신의 비전수립이 필수적이다. 자신의 비전을 제시할 수 없는 지점장이 은행의 비전을 이야기하고 부하직원들에게 비전을 가지라고 한다면 설득력이 없을 것이기 때문이다. 지점 경영목표에 대한 지점장의 비전을 직원들이 공감할 수 있도록 하고 부하직원들에게도 은행 및 지점의 비전에 부합되는 자신의 비전을 수립하게 한다면 직원 스스로의 자기개발로 연결되어 인재육성이 가능하다. 지점장의 명확하고 설득력 있는 비전이 제시되고 그것이 지점 직원들의 가슴속에 새겨질 때에만 열심히 스스로의 업무에 몰입할 수 있다. 지점장의 입장에서 비전이 있어야만 문제를

해결하고 뚜렷한 목적의식하에 업무를 처리할 수 있어 양 중심의 업무추진이 아닌 주체성 있는 질 중심의 영업추진이 가능하다. 개인이든 조직이든 사람이 살아가는 곳에는 언제나 꿈과 비전이 있어야 하는데, 이는 꿈과 비전의 유무에 따라 하는 업무가 달라지고 그 업무를 추진할 수 있는 열의가 달라지기 때문이다. 우수지점장의 경우 비전수립의 목적을 명확히 하고 지점 비전을 바탕으로 구체적인 실행 시나리오를 통해 실천하고 있다. 지점장 개인의 비전은 '해야 할 일', '하고 싶은 일', '할 수 있는 일'에 대한 자신의 생각을 정리하는 과정에서 수립된다. 이때 일에 대한 기본개념을 이해하는 것이 중요하다. 아무 것이나 닥치는 대로 한다고 해서 다 일이라 할 수 없다. 작더라도 어제와 다른 새로운 것이 바로 일인 것이다.

5. 은행 지점을 경영하는 지점장에 적합한 리더십 유형에 대해 여러 가지로 판단할 수 있지만 기본적으로는 거래적 리더십에서 변혁적 리더십으로 변화하는 것이 요구된다. 과거에는 권위적인 전제형 리더십이 주류를 이루었으나, 금전·승진 등 보상을 제시해야 일이 돌아가는 거래형 리더십으로 바뀌었으며, 점차적으로 상사를 닮고 싶은 사람으로 존경하는 단계인 변혁적 리더십으로 전환되고 있다. 거래적 리더십은 기존의 리더십 이론에서 제시했던 일반적인 리더의 특징을 갖고 있다. 목표와 일의 방향을 명확히 하고 각 멤버가 맡아줄 업무를 적절히 분장함으로써 멤버들의 동기를 유발하고 일을 추진해나가는 유형이다. 그러나 변혁적 리더십은 직원 한명 한명의 개인적인 관심사나 원하는 것에 큰 관심을 기울이고 기존의 문제점에 대한 새로운 시각을 제시하면서 조직 구성원의 변화와 변혁을 일으키는 리더 유형이다. 변혁적 리더의 경우, 멤버들의 영감을 불러일으키고 신명나게 일할 수 있도록 만들어서 목표를 향해 능력 이상의 열정을 발휘하게끔 해준다.

6. 리더십의 의미는 '지도자다움'으로 해석될 수 있지만 팔로어십은 진정한 추종자로 해석된다. 리더를 리더답게 만들려면 그 리더가 이끄는 지점의 구성원들도 나름대로 지켜야 할 덕목과 갖추어야 될 미덕이 있을 것이다. 이것이 바로 팔로어십이며, 자발적인 열정과 용기, 적극성을 아우르는 팔로어십은 지점의 인프라 스트럭처다. 리더십과 팔로어십은 서로 다른 개념이며 별도의 역할을 가지고 있다. 하지만 리더십과 팔로어십은 독립적인 관계가 아니라 상호보완적이며 서로간에 반드시 필요한 존재다. 이는 동전의 양면과 같다. 성공하는 지점에서는 탁월한 리더십과 바람직한 팔로어십이 조화를 이루어야 한다. 탁월한 리더십이란 팔로어와 함께 지점의 목표를 설정하고 이를 달성하기 위해 동기를 부여하고 방향을 제시하여 팔로어로 하여금 열정을 가지고 자발적으로 노력하도록 영향력을 미치는 것이다. 은행 경영의 최일선인 지점에서 리더와 팔로어의 역할은 더 이상 과거처럼 확연하게 구분되지는 않는다. 은행의 책임자급 이상 직원들은 대부분 리더이자 팔로어이기 때문이다. 은행 지점에서도 리더와 팔로어는 모두 셀프리더십과 셀프팔로어십을 필요로 한다. 바람직한 팔로어십이란 주도적 셀프리더십을 가진 부하직원으로 정의된다. 지점에서 자신에게 주어진 목표를 달성하기 위해 혁신적으로 사고하고 적극적으로 제역할을 다하는 부하직원이 바로 바람직한 팔로어십을 가지고 있다고 할 수 있다. 즉 분명한 자기가치 및 지점 비전과 연계된 자기비전을 갖고 있다. 부단히 자기 역량을 개발하고 업무를 추진함에 있어 리더의 의도를 알아내어 스스로 생각하고 건설적인 비판을 하며 창의적인 아이디어를 내는 직원들이다. 결론적으로 바람직한 팔로어십은 리더의 지시만을 기다리지 않고 자신에게 부여된 업무를 찾아 솔선수범하고 주인의식을 가지고 적극적으로 참여하며 자발적으로 기대 이상의 성과를 달성하는 직원을 의미한다.

7. 지점경영에서는 실제 업무활동에 있어 한정된 시간을 적절히 배분하여 활용하는 것이 업적신장에 중요하며, 이를 위해 과학적인 시간관리기법이 필요하다. 과학적인 시간관리는 철저한 스케줄관리가 가장 우선시된다. 세일즈일지, 주요 업무추진 내용, 주요 고객 면접 등을

일간, 주간, 월간 단위로 작성하여 관리해야 한다. 또한 시간관리에 관한 서적을 활용하여 자신에게 알맞은 관리기법을 개발하는 것이 효과적이다. 업무를 몇 가지 영역으로 나누어 전체 시간을 할당한 후 영역 내에서도 세부적으로 시간을 배분하여 관리하는 것이 바람직하다. 일반적으로 지점 내부업무와 외부업무에 대한 시간배분은 지점의 상황에 따라 적절하게 가감한다. 조직의 목표수행뿐만 아니라 부하직원의 육성에도 충분한 시간을 할애해야 한다. 지점장 개인적으로도 시간관리는 중요하다. 출근 전에는 신문이나 인터넷뉴스 등을 통해 정보를 취득해야 하며, 퇴근 후에는 주요 고객대상 세일즈, 직원만남, 가망고객 접촉도 중요하다. 또한 자신이 부족하다고 생각하는 업무부분에 대해 행내 연수교재를 통해 보충하는 적극적인 태도도 요구된다. 주말에는 충분한 휴식을 취하고 다음주 업무구상의 시간을 갖는 것도 필요하다.

8. 지점장을 포함한 은행원은 신뢰, 성실이라는 은행원다운 이미지를 보여주기 위해 끊임없이 노력하여야 한다. 경쟁시대에 살아남기 위해서는 억척스러울 정도의 자기관리만이 최고의 자산이라 생각하고, 철저한 자기관리, 끝없는 자기성찰을 통해 프로금융인으로서 긍지를 갖도록 노력해야 한다. 은행 영업을 대표하는 지점장은 정직하고 청렴한 이미지를 더욱 부각시켜야 하고 반면에 융통성이 없고 딱딱하다는 이미지는 가급적 탈피하도록 노력해야 한다. 지점장 개인브랜드를 높이기 위해서는 우선 내부고객인 지점 직원들을 사로잡아야 한다. 내부고객이 만족하지 않으면 외부고객은 절대로 만족하지 않고 내부고객이 움직이지 않으면 외부고객은 꿈쩍도 하지 않는다. 지점장은 각자의 직업관과 윤리의식이 자기 스스로의 생존과 직결된다는 인식하에 철저한 자기관리가 요구된다. 자신의 생존여부는 이미지 가꾸기에 달려있다.

9. 인맥은 상속이 거의 불가능한 유산이다. 인맥은 숙성되는 것이기 때문이다. 인맥이란 쌓기는 어렵고 무너뜨리기는 쉬운 법이다. 지점장의 입장에서 유능한 지점장이 되는 비결은 얼마만큼 다양한 인맥을 형성하느냐에 달려있다고 해도 과언이 아니다. 그렇게 중요한 인맥을 형성하는 데에는 왕도가 없으며, 지속적인 자기희생과 관심이 있어야 한다. 따라서 폭넓은 인맥을 형성하기 위해서는 다양한 사람을 만날 수 있는 각종 모임에 가입하고, 그 모임에 빠짐없이 참석하여 유대를 강화함은 물론, 평소 지인들의 애경사에는 장소를 불문하고 찾아가 축하와 위로를 드리고 명절, 연말연시, 주기적인 심방 또는 문안전화를 통하여 항상 가까이 존재한다는 사실을 깊이 인식시켜두는 것이 좋다.

10. 전문가들은 한결같이 스트레스가 건강관리에 미치는 영향은 생각보다 심각하다고 지적한다. 지점장의 주된 스트레스는 '실적'과 '의사결정'이다. 때문에 혼자서 해결하기 어려운 문제는 직원들과 스스럼없이 상의하여 짐을 덜어내든지 아니면 스트레스 받는 일의 경중에 따라 일일이 순번을 매겨 메모하면서 동시에 해결방안까지 모색하여 적어놓은 다음 바람직한 방향으로 문제가 해결될 수 있도록 노력을 기울이는 것도 방법이 될 수 있다. 일반적인 방법으로는 담배, 커피 등의 카페인 끊기, 규칙적인 운동과 충분한 수면, 천천히 먹는 식습관, 현실적인 목표설정, 다양한 취미생활, 긍정적인 사고방식, 타인과의 충돌 피하기 등이 있다. 지점장들이 호소하는 과중한 업무와 인간관계에서 오는 스트레스를 극복하기 위해서는 일에 대한 자신감을 갖는 노력, 시간관리, 상대방에 대한 친절, 상대방에 대한 진심어린 관심 등이 필요하다.

제2장

지점 실적관리 및 사고예방관리

제1절 지점의 운영계획수립 및 실행
제2절 지점의 업적평가 및 개선활동
제3절 본부와의 커뮤니케이션과 지점 내 커뮤니케이션
제4절 지점의 사고예방관리

학/습/목/표

1. 지점 운영계획수립의 중요성과 수립프로세스에 대해 학습한다.

2. 지점 계수계획수립시 유의해야 할 사항에 대해 생각해본다.

3. 지점 업적평가에 대응하기 위하여 지점장의 입장에서 바람직한 전략에 대해 학습한다.

4. 지점의 업적평가 개선을 위한 이익관리방안에 대해 학습한다.

5. 본부와 지점 간, 지점 내 커뮤니케이션 개선방안에 대해 학습한다.

6. 지점의 사고예방관리시 지점장의 입장에서 가장 주력해야 되는 사항에 대해 생각해본다.

제1절

지점의 운영계획수립 및 실행

1 지점 운영계획

1-1 지점 운영계획수립의 프로세스

은행 본부에서 수립한 전행적 관점에서의 경영비전 및 중장기전략을 바탕으로 시장여건과 고객기반을 고려한 지점 비전이 수립되면 이를 구체화시키는 지점 운영전략을 수립해야 한다. 은행 지점 운영전략은 구체적 계획을 수립하는 것으로 본부에서 수립한 전행적 전략을 구체화시키는 실천전략이다. 기본적으로 지점 경영환경 변화에 대한 대응방법과 관련된 내용이 포함되어야 한다. 경영환경의 변화에 따라 지점의 경영전략이 변화되고 이에 적절히 대응하기 위한 실천전략이 수립되는 과정이다.

지점 운영계획수립의 프로세스

① **제1단계: 계획수립의 명확화**
- 환경변화요인 파악, 경쟁은행 동향, 고객동향, 지리적 입지조건, 지점의 지명도 및 전력

② **제2단계: 지점 운영계획수립**
- 지점의 직원 수, 손익계획, 여수신계수, 고객서비스 계획, 본부의 지원 가능성 등을 고려

③ **제3단계: 계획의 구체화**
- 전개할 시나리오 만들기, 목표시장 결정, 계수관리방안

지점 운영계획수립에 대한 지점장 대상 조사결과

먼저 업적평가 현황 및 목표를 분석하고, 점주 특성과 경영여건의 강·약점에 대해 파악한 다음 전년도 혹은 전분기별 영업실적을 평가한 후에 지점 운영전략을 수립하고 있습니다. 특히 영업전략 수립시 각 업적평가항목 담당자별로 브레인스토밍 방식으로 의견을 수렴하고 있습니다. 딱딱한 보고서 양식이 아닌 자유로운 회의를 통해 아이디어를 모으고, 최종 정리는 팀장에게 위임하는 방식을 이용하고 있습니다.

1-2 지점 계획수립의 주요 내용

지점장의 경우 지점의 성격을 파악한 후에는 지점의 당면과제뿐만 아니라 장기적인 구상을 고려해야 한다. 지점의 장기적 계획수립을 위해서는 우선 지점 업무확장에 대비한 장기적 구상과 더불어 단기적 운영에 대한 구체적인 대책이 포함되어야 하며 개인고객과 기업고객 양 측면에서 점주지역에 대한 세일즈방법에 대한 구체적 대책이 들어 있어야 한다. 계획을 수립한 다음에는 본부나 지역본부 등의 자문을 통해 정교화한 다음 실행에 옮겨야 한다.

지점 운영계획은 환경변화요인, 경쟁은행 지점 동향, 고객동향, 지리적 입지조건, 자점의 지명도 및 전력 등을 파악하여 자점 여건에 적합하게 수립해야 한다.

이러한 지점 운영계획을 수립하는 데 있어서 가장 중요한 것은 전 직원의 참여하에 공감대를 형성하는 것이며 전행적인 관점에서 중장기 경영전략을 바탕으로 구체화해야 한다는 점이다. 물론 각 은행이 업적평가제도를 통해 전행이 추진해야 할 방향을 제시하고는 있지만 이는 거시적인 관점에서 조성된 것이어서 자점의 미시적인 부분과 모든 것에 있어서 정합(整合)된다고 할 수는 없다.

여기에서 주의할 사항으로는 지점장이 바뀔 때마다 지점 경영스타일이 변화되지 않도록 지속적으로 계획성을 가지고 추진하는 것이 필요하다는 것이다. 지점장의 역할로서 중요한 것은 장기적으로 그 지점의 기초가 되고 힘이 되는 토대를 임기 중에 얼마나 구축할 수 있는가 하는 점이다.

○○지점 20××년도 운영계획(예시)

(1) 지점 경영방침

① 개인 예금거래 확대에 중점을 두고, 점주권 고객과의 가구별 거래를 추진한다.

② 결제계좌 확보를 위한 저원가성 상품을 적극적으로 판매한다.

③ 법인거래에 있어서는 예금, 대출, 외환, 신용카드 등 복합거래를 추진한다.

④ 지점의 지속적인 수익창출 관점에서 우량 신규대출 거래처를 발굴한다.

⑤ 자점연수(OJT)를 강화하여 직원들의 업무스킬을 제고시키고, 업무지식 향상을 추구한다.

(2) 수신부문 추진전략

① 점주권 가구별 거래추진

- 점주 세대별 거래내역을 정비하고 보완한다.
- 중점 점주권인 A지구와 B지구에 대하여는 월 1회 방문 또는 전단배포를 실시한다.
- 주력상품은 결제성 계좌의 확보와 적립식 상품으로 한다.

② 저원가성 상품의 적극 판매

- 저원가성 예금의 적극적인 확대에 주력한다.
- 정기예금, 실적배당형 신탁상품 유치에도 노력한다.

③ 법인종합거래의 추진

- 기말 거래실적표에 의하여 추진항목을 정하고 최소한 거래종류 1항목 확대를 추진한다.
- 대출거래만 있고 예금, 신탁, 외환, 신용카드 등 기타 거래가 없는 거래처는 반드시 1항목 이상 확대를 추진한다.

④ 부동산 거래관련 예금의 유치

- 중점 점주지구에서는 벗어나 있지만 C지구는 개발예정지역으로서 부동산 관련 거래가 많으므로 적절한 정보입수 경로를 구축하고 관련 예금의 유치를 적극 추진한다.

(3) 여신부문 추진전략

① 장래성 있는 신규거래처의 개척

- 장래성 있는 잠재고객에 대해서는 적극적인 자세로 신규거래를 추진한다.

- 타 은행에 거래중인 우량업체는 복수거래를 추진한다.

② 가계자금의 점진적 확대
- 지점의 수익원 확보를 위해 가계자금 대출의 확대를 추진한다.

(4) 인사부문 추진전략

① 지점 내 연수 강화
- 지점 내 OJT를 강화함으로써 직무지식과 업무능력의 향상을 도모한다.
- 자기 담당업무 이외의 희망업무를 마스터하게 하여 인사의 상호 융통성을 확보한다.

② 행내외 연수에 적극 참여
- 수신, 여신, 외환부문의 외부연수 과정에 분기별로 1명씩 파견한다.

(5) 사무관리부문 추진전략

① 사무효율성 향상
- 월말 등 부득이한 경우를 제외하고 정시에 퇴근하는 근무환경을 조성한다.

② 운영리스크 관리 효율화

한편 지점은 본부 방침의 범위 내에서 업무활동을 하는 것이기 때문에 지점의 장기계획은 필요하지 않다고 생각하기 쉽다. 하지만 이러한 생각은 업무활동에 필요한 의사결정의 권한이 본부에만 집중되어 있다는 잘못된 사고방식에서 나온 것이다. 시장지향적인 지점 경영이라는 관점에서 볼 때 점주권 금융기관의 경쟁에서 우위를 확보하기 위해서는 장기계획의 수립이 필요하다.

지점 장기계획에는 지역환경의 예측이 들어가야 한다. 지점의 영업기반이라고 할 수 있는 점주권과 거래처에 대한 예측이 필요하다. 도시개발, 공장유치 등에 따라 입지조건이 바뀌는 경우가 많으며 다양한 환경변화요인을 감안하여 지역환경을 예측해야 한다. 또한 자점의 현상분석과 문제점 파악이 포함되어야 한다. 예금·대출금의 증가상황과 주요고객별 구성비, 수익상황, 점주 중점추진지구의 점유비, 경영효율성 지표 분석 등을 통해 자점의 장점과 단점을 파악해두어야 한다. 지점 장기계획에서 중요한 것 중의 하나가 본부방침과 지점역할에 대한 검토다. 은행 전체의 장기계획을 자점의 지역환경예측과 자점의 현황분석을 통하여 비교하여보고 자점으로서 이를 어떻게 전개해나갈 것인가를 정해야 한다. 지점 장기계획의 근간이 되는 것은 성장성목표, 구성비목표, 효율성목표 등이다.

○○지점 업무확장의 장기적인 구상(예시)

(1) 지점의 성격

① 도심 지점적 성격을 가지고 있는 상업거주 지점

② 점주 내 유수의 재개발지역에 소재하고, 성장성이 매우 큼

A. 외자계열 회사를 포함한 우량기업의 진출이 현저

B. 상점가의 재정비가 활성화

C. 고급 아파트지구의 형성

D. 관공서, 공공단체 등의 진출

③ 「제2의 ㅁㅁ지점」적인 중견도심지점을 전망

(2) 장기적인 구상

① 달성목표

A. 20××년 ××기 예금잔액 (　　　　)억 원
대출금잔액 (　　　　)억 원
예대 규모 (　　　　)억 원

B. 예금증가 20××년도 (　)억 원
20××년도 (　)억 원
20××년도 (　)억 원

② 운영방침

A. 지역 내 우량 중견기업, 관공서, 공공단체 등 신규거래처 개척에 가장 중점적으로 몰두함

B. 고급아파트, 거래기업의 임직원 예금 등 안정적인 개인예금의 확보, 지역 내 토지보상금의 파악

C. 강력한 지역밀착화, 상점가 재개발의 전체 계획에 적극적인 참가 및 대출권유

D. 관공서, 공공단체에 접근

(3) 문제점: 방문고객 증가, 협소한 지점에 대한 대책
[참고사항]
① 경쟁 타 은행 비교: 비교대상 시기에 대한 증감내역, 인원, 예금, 대출금, 예대결과
② 지점 예대금 계수: 과거 예금평잔, 대출금 평잔, 예대결과, 최근 분기의 예금, 대출금, 예대결과의 목표·실적 대비
③ 지점방문 고객 수(1일당): 분기마다 추이와 특기사항

1-3 지점 운영계획과 SWOT 분석

은행 지점의 운영계획을 수립할 때 지점의 역량을 분석하는 것이 우선되어야 한다. 자사분석을 하는 도구로서 SWOT분석이 일반적으로 사용된다. SWOT분석은 강점(Strength), 약점(Weakness), 기회(Opportunity), 위협(Threat)의 매트릭스분석을 통해 바람직한 전략을 수립하는 과정이다. 강점과 약점이 기업 내부의 환경요소라면 기회와 위협은 외부환경요소라고 할 수 있다. 빠르게 변화하고 있는 시장경향과 발전과정을 파악하고 시장 내 경쟁우위를 획득하기 위해 지점장들은 기회와 위협요인을 더욱 세심히 살펴보아야 한다. 기회와 위협, 조직의 강·약점을 평가하는 방법에는 여러 가지가 있지만 일반적으로 지점장의 주관적 판단에 크게 의존한다. 따라서 전략수립과 관련 있는 모든 지점 구성원들도 평가작업에 다 함께 참여하여야 주관적 판단에 따른 오류를 감소시킬 수 있다. 이는 주요 환경요인에 대해 공통된 인식을 보유하는 것이 전략도출 및 실행에 중요하기 때문이다.

지점 운영계획을 수립하는 데 있어 자점의 환경요인과 강·약점을 파악해보는 것은 반드시 필요하다. 지점에서도 SWOT분석은 쉽게 활용할 수 있기 때문에 가능한 한 자점에 대한 정확한 현상분석을 지점 계획에 반영하도록 한다. SWOT분석을 한 다음에는 자점의 강·약점 요인에 대한 정교한 대응방안을 마련해야 한다.

SWOT분석은 외부환경의 기회요인과 위협요인을 파악하고 기업내부의 강점과 약점을 분석한 후 전략적 대안을 도출하는 분석방법이다. SWOT분석을 통해 영업점의 강점을 최대한 활용하면서 새로운 영업기회를 포착하고 지점의 약점을 최소화하면서 위협요인에 대처하는 전략을 다각적으로 모색할 수 있다. SWOT 분석은 외부환경에 대한 깊은 통찰력을 바탕으로 영업점의 강점을 극대화시키면서 영업점의 약점을 최소화할 수 있는 전략적 사고의 중요성을 일깨워준다. 외부환경의 변화는 영업점의 관점에 따라 위협요인이 될 수도 있고 기회요인이 될 수도 있다.

SWOT분석은 지점 내외에서 발생하는 긍정적인 그리고 위협적인 내용을 분석하여 사업의 방향성을 잡고 대처하기 위해 쓰이는 분석방법이다. SWOT 이외에 다른 분석들은 내부와 외부 환경 중 하나만을 집중하는 경향이 있지만 SWOT의 경우 내부와 외부의 모습을 동시에 파악할 수 있기에 장기적 안목에서도 유리하다. SWOT분석은 분석 자체가 간단·명료하고 일목요연하게 정리되기 때문에 문제점을 쉽게 파악할 수 있다.

지점 경영의 현황 및 대응방안 도출을 통한 강·약점 분석(예시)

	강점(Strength)	약점(Weakness)
요인	- 지역 대표 지점으로 고객인지도 높음 - 공공기관 인근 소재로 섭외활동 용이 - 장기 거래고객 다수보유로 거래 친밀도 높음 - 지점 건물 내 다수 공공기관 입점	- 점주 내 경쟁은행 과다밀집 및 입점 지연으로 고객확보 미흡 - 점주 내 아파트단지에 타 금융기관 입점으로 마케팅활동 애로 - 개인고객 확보 취약 - 주요 거래기업 원거리 소재로 종업원에 대한 크로스셀링 미흡 및 거래 충성도 미약
지점 현황	- 20××년 ××월말 공공기관 총수신 및 비율: ㅇㅇ억 원(××%) - 장기여신 거래업체 수: ××업체 - 신용보증기금을 통한 거래업체 유치 및 보증부대출 취급액: ××건, ×××억 원	- 점주 내 ××개 은행 ××개 지점 입점 - 개인고객 상반기 신규유효 고객 ×××명 - 크로스셀링지수: 개인 ××, 그룹순위 ×/×× 기업 ××, 그룹순위 ×/×× - 원거래 소재 업체 여신액 ×××억 원(××% 차지)
대응 방안	- 1일 1기관 방문을 통한 공공기관과의 유대강화 및 거래활성화 - 기업 및 개인고객별 역할분담으로 효율적인 마케팅활동 강화 및 우호적 이미지 제고 - 현재 거래기업 경리담당 직원들과의 모임인 'ㅇㅇㅇ' 활성화를 통해 은행팬(fan)화 - 신용보증기금과의 유대강화로 MGM 마케팅 활성화	- 고객만족 최고은행화하여 거래고객 확대 - 점주권 아파트에 상품홍보강화 및 아파트 자치회를 통한 행사참여, 경로당 방문 등 은행 이미지제고 주력(가두 캠페인 등 수시 이벤트 실시) - 은행의 강점 적극적으로 홍보 - 거래기업체 방문섭외 및 거래기업 사내 게시판에 상품홍보물 부착으로 종업원에게 크로스셀링 확대 - 거래업체에 대하여 1일 2개 업체 방문 생활화로 애로사항 청취 및 적극적인 해결에 노력 - 전자금융 이용활성화로 원거리에 따른 거래불편 해소 및 수수료 수입 확보

지점 경영의 현황 및 대응방안 도출을 통한 기회 및 위협요인 분석(예시)

	기회(Opportunity) 요인	위협(Threat) 요인
요인	- 점주 내 공공기관 및 관공서 밀집 지역 - 지역을 대표하는 지점으로 섭외용이 - 점주권 내 상업용 건물 신축활성화 및 병원, 약국, 상가밀집 - 하반기 VIP고객 전담직원 배치에 따른 VIP 고객 섭외활성화 기대	- 점주 인근 부동산임대업종 다수로 경기침체에 따른 공실률 증가에 따라 부실위험 가중 - 거액 여신업체 비중이 높음 - 최근 거액여신거래업체 부도로 인한 연체대출금 증가
현황	- 공공기관 및 법원, 구청 등 관공서 밀집 - 공공기관별 제휴카드 취급 - 병원, 약국, 변호사, 세무사 사무실 밀집 - VIP 관리고객 ××명	- 점주 부동산임대업종(×개 업체)에 대한 여신지원액 ××억 원 - 거액여신업체(×개 업체)의 지점 총여신 보유비중 ××% - 지점 20××년 ××월말 현재 연체대출금 보유 부도업체 및 향후 부실예상액: ×개 업체 ×××억 원
대응방안	- 지역본부와 연계한 공공기관 섭외 활성화 - 공공기관과의 지속적인 유대관계로 제휴카드 업무계속 유지 - 점주 내 병원 및 약국 등 전문직 사업자를 목표고객으로 선정하여 특화 상품을 활용한 마케팅활동 전개로 신규고객 유치 - VIP고객에 대한 거래심화로 수신 증대 노력	- 경기민감 업종 및 거액여신업체 관리 상화로 사전 부실징후 조기 발견 및 신용등급 하락업체 디마케팅 유도 - 연내 연체대출금 최소화를 위해 조기 대위변제, 법적절차 착수, M&A, 사업장 매각유도 실시

1-4 지점의 과제와 운영방침

지점의 과제는 점질과 지점 역사 및 규모, 본부의 방침 등에 따라 다양하게 나타난다. 지점의 운영방침을 수립하는 데 있어 지점환경의 파악은 지점장을 중심으로 지점 스스로 행해야 한다. 지점 운영계획을 수립할 때는 타행보다 동일은행의 선도적인 지점을 경쟁상대로 하여 목표를 수립하는 것도 고려할 만하다. 계수파악이 용이하지 않은 경쟁상대인 타행보다도 모든 점에서 비교가 용이한 같은 은행 타 지점 쪽이 유리한 점이 많다. 타행의 경우는 명확하게 파악할 수 없는 상대편의 특수요인이 변명의 여지를 남길 수 있다. 경쟁지점과 비교·분석하는 데 있어 예금, 업무량, 인원(직급별 인원) 등의 비교도 중요하다.

자행의 경쟁지점에 대한 분석과 더불어 점주권에서 잘나가고 있는 타행 지점을 정해 항상 움직임에 주목할 필요가 있다. 우량 신규거래처는 이미 타행과 거래를 하고 있는 경우가 대부분이므로 자행의 거래처도 타행과 복수거래를 하고 있다는 점을 인식하고 항상 경쟁상대인 은행과는 일전불사(一戰不辭)의 태도를 가지는 것이 필요하다.

업무확장기로 접어든 지점의 과제(예시)

① 지역 환경의 법인화가 진행중이므로 이후 도심지점적 운영이 필요하고, 향후 핵심고객이 될 거래처의 개척 및 육성 필요
② 개인예금은 토지보상금, 자영업자 예금을 적극적으로 유치하며 급여이체를 중심으로 한 거래기업 종업원 거래의 활성화 도모
③ 공공기관과의 거래추진 도모
④ 경쟁하고 있는 타행 동향 주시

지점 운영의 기본방침(예시)

① 지점 운영의 구상은 법인거래기반을 확충하고 도심 중견지점화 지향
② 신규법인의 적극적인 유치 도모
③ 안정적인 개인예금기반 확보
- 급여이체, 실세예금 증강 추진에 의한 직장인 예금유치
- 지역 내 토지보상대금의 유치 강화
- 신규입주 아파트 입주자의 집단거래 추진

④ 상점가·식당가의 조직화 추진에 따라 강력한 지역밀착화 도모
⑤ 점내 사무효율화 추진을 통한 창구 수용능력 강화

○은행 ○○○지점의 SWOT분석 및 기본 운영전략(예시)

① 지점 경영방침

- 당점은 지하철역 인근에 위치하고 고소득층 및 상업혼합지역
- 개인고객보다는 기업체를 대상으로 영업활동
- 기업체 신규 유치 활동시 종업원거래를 추가 세일즈하여 집중거래
- 수익성 확대를 위해 신규 고객 유치 및 기존 고객 중 우량고객 확보
- 지점 상품연수를 통해 개인고객 대상 업무역량 강화

○○○지점 대상 SWOT분석

〈장점〉	〈약점〉
- 고소득급여생활자가 많다. - 상업지역이 발달되어 있다. - 기업체가 많이 포진되어 있다. - 거액 여수신거래가 이루어진다. - 지점 직원들의 역량이 우수한다.	- 타은행들이 많이 포진되어 있어 - 경쟁이 치열하다. - 금리에 민감하여 은행이동이 많다 - 중복거래로 인해 경쟁심화 - 여수신 거액예금 이탈시 실적하락 - 개인마다 개성이 강해 단합의 어려움이 있다.
〈기회요인〉	**〈위협요인〉**
- 상업용 건물 다수분포로 자영업자 밀집 - 기업체 직원 급여통장 및 카드 등 부수거래 확대 - 점주권 아파트 주민 신규고객 유치 - 신용보증기금과의 유대관계로 기업대출 유치	- 부동산 경기침체에 따른 공실률, - 거래업체 원거리에 따른 거래 불편 - 점주인근은행과의 경쟁으로 마진율 감소 - 기업대출 부실화로 대손충담금 부담

② 고객별 세분화 전략
- 예비 우수고객을 PB(프라이빗뱅킹) 고객으로 유치(고객관리를 통해 수익증권, 방카 상품연계하여 수익성확보)
- 신규고객을 예비우수고객으로 유치(다양한 상품 권유로 수익성 확보)
- 비활성화 고객을 활성화고객으로 유치(타깃상품을 선정하여 유치)

③ 여신 및 수신 유치 전략
- 점주 기업체 대상으로 방문 영업활동 실시
- 기존 거래처 소개 마케팅

④ 운영리스크 관리
- 은행 규정 법규 준수
- 사고예방을 위해 직원교육 정기적으로 실시

1-5 지점 운영계획 및 추진정책

지점업무 확장의 장기구상과 더불어 지점의 과제 및 운영방침을 수립한 다음에는 구체적인 운영계획을 수립하여 진행시켜야 한다. 개별 지점 운영계획은 은행 전체의 업무방침을 고려하여 수립해야 하며 일반적으로 세일즈부문과 내부사무로 크게 구분하고 중점항목, 구체적 정책, 관리방법, 추진체제를 명확히 한다. 책임자를 포함한 각 직원은 담당분야에 대해 정리하여 협의하고, 전체 계획에 대해 지점장의 방침을 충분히 반영시켜서 지점의 계획으로 한다. 중요한 것은 계획(plan) 후의 실행(do)과 점검(check)임을 명심하고 수립해야 한다. 승인된 업무계획에 대해서는 지점 전체 직원에게 주지시키고 책임자를 중심으로 운영을 분담시켜야 한다.

20××년 ××기 업무계획(예시)

(은행 전체)

▷ 금융환경: 경제상황이 지속적으로 위축될 것으로 예상
▷ 기본방침: 건전한 재무상태를 유지하면서 견실한 업무확대 도모
▷ 중점정책: 개인예금의 증대, 건전하고 효율적인 여신운용

(지점 방침)

▷ 개인예금: 지속적인 급여이체를 중심으로 한 직장인 거래, 지점 주변 사업자, 고액소득자 거래의 추진
▷ 법인순예금: 신규 중소우량법인, 외자계열 기업을 중심으로 중점 추진
▷ 대출금: ××기 특수요인을 감안하여 여신 감축운용
▷ 외국환: 인원보강, 기존정책 강화(점내체제, 외자계열 기업, 외환업체 심방, 대기업 관련 환어음 유치 등)
▷ 내부사무: 지점 레이아웃 변경을 통한 공간확장, 행내평균을 웃도는 직원 1인당 창구수용능력 확대

〈20××년 ×분기 구체적인 추진정책 중 세일즈부문 계획〉

(거래고객 관련)

▷ 기업거래의 확충: 점주 우량거래처의 개척, 섭외활동 강화, 기업 순예금관리의 철저
▷ 개인거래의 확충: 직장거래의 추진, 우량거액 개인거래, 국민연금·건강보험 납입계좌의 유치, 저축성예금 만기일관리 철저

(대출 관련)

▷ 자금대책: 자금의 효율적 배분
▷ 우량거래처 대책: 점주 우량거래처의 육성, 장래의 수익원이 될 신규거래처 획득
▷ 대출금 관리: 기존 거래처의 영업상황 파악, 소액대출의 결제상황관리, 부동산 담보조건의 이행여부 관리, 요주의 대출금거래처의 정리

(외환 관련)

▷ 기반확충과 다양화: 신규거래처 개척, 기존거래처와의 지속적인 거래심화
▷ 업무자세 정비: 외환업체 세일즈, 내부직원 전문화, 외환업체 대출금관리 강화

(내부사무)
▷사무의 정확성 향상, 효율화 추진, 사무개선 추진 및 지점 내 연수충실, 창구서비스체제의 강화 등에 유의하여 지점 운영계획 추진

1-6 지점 운영계획 수립시 유의사항

우수지점장은 전 직원의 참여하에 점질에 맞는 지점 운영계획을 수립하여 추진한다. 지점 운영계획은 전 직원의 참여와 공감대 형성이 성공요건이기 때문에 1박 2일로 시행되는 전 직원 워크샵을 통해 전략을 수립하는 것이 바람직하다. 워크샵에는 지점 전 직원이 참여하며 미리 역할분담을 하여 자료를 준비한다. 전행적 관점의 중장기 경영전략을 바탕으로 점주여건, 고객기반을 고려하여 점질에 적합한 운영계획을 구체적으로 수립하고 지점의 안정적 성장을 위한 고객기반 확보에 주력한다.

지점장이 바뀌어도 지점 전략은 계획성을 가지고 지속적으로 추진해야 한다. 지점장이 바뀌면 지점 경영스타일이 변화되기 쉬우나 단기적 시각보다는 장기적 시각을 가지고 은행 전체적 관점에서 지점을 운영하는 것이 필요하다.

지점 목표수립시 유용한 SMART원칙

지점에서 목표를 설정할 때는 직면하고 있는 상황에 따라 달라지겠지만 SMART원칙을 준수하는 것이 중요하다.

① **S(specific): 구체적인 목표설정이 이루어져야 한다.**
목표설정은 구체적이어야 한다. 무엇을 의미하는지 명확하지 않은 목표는 결코 달성할 수 없다.

② **M(measurable): 측정가능해야 한다.**
지점장의 목표제시는 측정가능해야 한다. 정량적인 것뿐만 아니라 정성적인 목표에 대해서도 측정하는 것이 필요하다. 정성적인 목표는 ‘MBO(management

by objective)방식'에 의해 단계별로 측정한다.

③ **A(agreed): 상호합의**
목표는 지점장과 지점 직원 간에 합의가 있어야 한다. 이를 위해서는 연간 목표설정을 할 때부터 지점의 전 직원이 참여하는 것이 요구된다. 지점 후배직원들의 적극적인 참여를 유도하기 위해서는 이들을 목표설정 과정에 참여시켜야 한다.

④ **R(realistic): 실현가능성**
목표는 실현가능성이 있어야 한다. 현실성이 없거나 실현불가능한 목표는 운영계획 수립시 제외시킨다.

⑤ **T(time phased): 기한을 정해야 한다.**
지점에서 목표설정을 할 때는 주간단위, 월간단위, 분기단위 등 명확히 기간을 설정해야 한다.

2 지점 계수계획

2-1 지점 계수계획은 경영목표 달성의 핵심

은행 본부의 경영방침이 수립되고 지점이 채택할 수 있는 운영전략에 대한 수립도 이루어지면 구체적인 지점 계수계획을 작성한다. 통상적으로 지점에서는 예금, 대출, 외환, 신탁, 손익, 행동계획 등으로 구분하여 작성한다. 이때 유의할 사항으로는 첫째, 의욕적인 목표치가 설정되어야 하며, 둘째, 노력하면 도달할 수 있는 달성가능한 목표가 설정되어야 한다는 점이다. 이와 더불어 외형 계수에 치우치지 말고 지점에 실제적 이익을 가져올 수 있는 내실 있는 내용이 되어야 한다는 점도 중요하다.

계수계획은 본부에서도 은행 전체의 연간계획을 수립하고 목표의 할당이라는 형식으로 지점에 이를 배정한다. 이때 일부 은행은 거시경제전망이나 지표 그리고 경영방침에 따라 은행 전체 목표를 책정하고 이를 지점에 할당하는 방법을 취한다. 반면 일부 은행에서는 지점으로부터 사전에 계획수치를 제출받아 이를 조정하여 다시 지점에 목표로서 할당하는 방법을 채택하고 있다. 어느 경우이건 은행 전체의 계수계획은 거시경제적 지표와 경영방침에 따라 책정되며 지점으로부터 사전에 계획치를 제출받는 경우라 할지라도 지점의 계획수치를 단순집계하여 은행 전체의 목표로 삼지는 않는다. 왜냐하면 은행 본부에서는 은행의 존립과 발전이라는 관점에서 반드시 이루어야 할 목표가 있는 것이며, 지점 계획의 단순한 합산이 은행 전체 계획이 될 수는 없기 때문이다.

본부로부터의 목표의 할당은 ① 예금, 대출, 외환, 신탁, 손익 등 모든 부분의 수치가 상호연관성을 가지고 본부 기획부서로부터 지점에 일괄적으로 제시되는 방법, ② 본부 기획부서로부터는 지점 이익목표만이 시달되고 예금, 외환 등 부문별 목표치는 본부의 해당 부서로부터 지점 이익목표와는 관계없이 노력목표로서 제시되는 방법 등 2가지가 있다.

어느 경우이든 지점으로서는 본부로부터 할당된 목표수치에 지점의 입지, 특수상황 등을 고려하여 지점 자체의 목표를 시산하고, 본부 할당치와의 조정을 거쳐 지점의 계수계획을 확정한다.

2-2 예금부문

예금계획은 대출금계획, 이익계획의 전제가 되는 것으로 모든 계수계획의 기반이라고 할 수 있다. 특히 자금의 만성부족시대에 있었던 우리나라의 경우와 같이 시장에서의 자금의 수요(대출)가 공급(예금)을 항상 웃도는 경향이 있는 경우에는 은행은 모든 노력을 예금획득에 집중하지 않을 수 없게 된다. 더욱이 비은행 금융기관의 금융상품이 은행의 예금상품보다 금리조건 측면에서 유리하여 그 점유비율이 계속 증가하고 있으며, 은행에서 펀드와 방카슈랑스 판매가 크게 증가면서 제2금융권의 상품과 경쟁이 치열해지고 있는 점도 고려해야 한다. 많은 지점망을 기반으로 거래의 편리성, 급여이체, 공과금 등의 자동이체제도, 신용카드의 은행계좌와 연결, 대출거래, 외환거래 등 고객의 편의성을 제고시키는 다양한 은행거래의 장점을 최대한 살려야만 예금의 증강을 기할 수 있다.

예금계획을 구성하는 요소에는 목돈운용상품과 목돈마련상품 등이 대표적이다. 또한 퇴직금, 부동산매매대금 등 정보의 획득노력에 의하여 예금유치를 할 수 있는 부분, 조합 기금, 동호회 회비, 학교등록금 등 계절적으로 발생하는 자금을 평소의 유대관계에 의하여 예금으로 유치할 수 있는 부분 등 다양하다.

따라서 단순히 과거의 추세치만 가지고 계획을 짤 것이 아니라 다양한 요소를 감안하면서 지점 영업권 내의 정보를 종합하여 계획을 수립해야 한다.

예금계획은 이를 계정과목별로 계획목표를 작성하는 방법과 법인, 개인, 공공기관 등 예금주체별로 계획목표를 산출하는 방법이 있다. 특히 고객의 선호가 다양해지면서 증가하고 있는 시장실세금리 연동상품, 대외거래가 급증하면서 수요가 증대하고 있는 외화예금 등에 대하여는 적극적인 관심을 가지고 계획을 세우는 것이 필요하다.

2-3 대출부문

대출금계획은 본부의 자금사정에 의하여 좌우되는 성격이 강하기 때문에 반드시 지점장의 의도대로 집행된다는 보장은 없다. 그러나 기본적으로는 기존 거래고객에 대한 자금수요에는 반드시 대응하고, 신규거래처 획득을 위한 대출규모를 예상하여 적극적인 자세로 계획을 세우는 것이 바람직하다. 최근 국내 금융시장에서는 자금의 만성초과수요 상태를 벗어나면서 '대출세일'이라는 말이 나올 만큼 대출고객 확보에 주력하고 있다. 지점 경영에 있어 안정적인 자금운용시장의 확보가 향후 경쟁력확보의 중요한 과제로 부각되고 있다.

과거에는 대출의 제공은 기업에 대하여 하나의 혜택을 주는 것처럼 인식되어 왔으나 시중에 자금이 남아도는 현상이 나타나면서 대출도 세일즈하여야 하는 시기가 도래했다. 고객의 요청이 있을 경우 엄격한 선별심사로 대출금의 제공여부를 결정한다고 하는 종래의 수동적 사고방식에서 벗어나야 할 때다. 지점의 업적신장을 위하여 필요한 경우에는 고객보다 한발 앞서 적극적으로 대출을 세일즈한다고 하는 폭넓은 사고가 필요하며 대출추진 계획에도 가능하면 이러한 사고가 반영되어야 할 것이다.

대출금계획을 세우는 데 기초가 되는 것은 기존거래처의 필요자금량의 파악, 설비의 필요성 등 기존 거래고객의 자금수요를 알아두는 것이며, 신규거래처의 개척에 있어서도 역시 거래처의 자금수요를 미리 알아두는 것이 필요하다. 다음으로 업종별 동향, 계절변동, 설비계획, 지역개발계획 등 필요한 정보를 파악하는 것이 중요한데, 이러한 정보는 갑자기 얻어지는 것이 아니라 평소의 방문활동, 고객과의 접촉에 의한 다방면에 걸친 유대관계에서 얻어지는 것이다.

또한 가계대출고객의 확보에도 주력해야 한다. 가계대출은 높은 수익성과 함께 안정적인 자금운용시장으로의 육성을 위하여 적극적인 자세로 임할 필요가 있다.

대출금계획을 세우는 데 있어 특히 유의할 사항은 중앙은행의 재할인 또는 대출대상이 되는 적격어음의 할인과 정책자금 취급에 대한 의욕적인 계획반영과 신용보증기관 활용이다. 왜냐하면 이러한 여신은 자금의 절약과 더불어 높은 수익성을 실현시킬 수 있기 때문이다.

대출금계획은 예금계획의 경우와 마찬가지로 계정과목별, 거래주체별(법인, 개인 등)로 책정할 필요가 있으며 원화대출과 별도로 외화대출에 대하여도 계획치를 산출하여야 할 것이다.

2-4 외환부문

외환부문의 핵심업무는 수출과 수입업무이며 부수적으로는 보증업무, 송금과 추심 및 환전업무 등이 있다. 외화예금, 외화대출금 또는 수출금융(원화)은 예금계획 또는 대출금계획에 포함시킬 수도 있다. 주요 내용으로는 수출환어음(draft)의 매입(nego), 수입신용장의 발행, 수입어음의 결제 등이 있고, 기타 해외공사 등에 수반되는 입찰, 계약, 현지금융 등을 위한 보증신용장 발행, 차관도입을 위한 지급보증, 송금, 추심 및 환전업무 등이 있다.

외환부문계획을 작성하는 데 있어서는 우선 기존 외환거래처의 수출·수입계획, 해외공사 및 해외자금 도입계획 등의 자료를 입수하여 계획의 골격을 짜고, 이에 신규거래처 유치계획을 합하여 작성한다. 지금까지 대외거래가 없던 내수거래처의 수출입업무 개시계획 또는 해외진출계획이 있는지도 파악하여 미리 대책을 강구할 필요가 있다.

2-5 신탁부문

은행이 수탁할 수 있는 신탁에는 금전신탁과 재산신탁 등이 있으며 신탁업법에 의하여 신탁손익은 은행계정과 독립하여 회계처리하게 되어 있다. 신탁상품 중에서 관심을 모으고 있는 것이 퇴직연금이며, 연금관련 신탁상품과 고객별 맞춤형 신탁상품도 계획입안에 반영해야 한다.

은행이 겸영업무로 신탁업무를 취급하게 되면서 불가피하게 신탁업무(수탁 및 운용)는 은행의 예금 및 대출업무와 보완적 관계로 운영된다. 특히 법인거래처에 있어서는 한 거래저가 예금도 하고 대출도 받으며 동시에 신탁도 하고 신탁대출도 받는 경우가 허다하다. 따라서 이러한 거래처와는 예금·대출금계획과 연관하여 신탁부문계획을 세워야 하며, 금리 등을 따라 움직이는 맞춤형신탁은 시장의 사정과 지점의 영업방침에 따라 계획을 수립한다.

2-6 손익계획

계수계획 중에서 마지막으로 작성되는 것이 손익계획이다. 본부가 지점에 시달하는 목표수치의 할당도 따지고 보면 이익목표의 할당이라고 하겠으며 예금이나 외환목표 등의 할당은 이익목표에 도달하기 위한 하나의 과정이라고 할 수 있다.

예금계수, 대출계수, 외환계수, 신탁계수가 확정되고 나면 예금이자, 대출금이자, 외환부문 손익, 신탁부문 손익 등이 산출되며 경비, 수수료 수입, 본지점

이자 등이 가감되어 영업손익이 계산된다. 이에 부동산 사용료(본부계정으로 되어 있는 지점 건물 등에 대하여 사용료를 지급하는 경우), 본부 경비(지점에 대한 본부 경비의 기부가 있을 경우)를 마이너스하여 지점 경영의 최종평가와 지점 독립채산제의 바탕이 되는 이익이 산출된다.

3 계수목표 달성을 위한 행동계획

행동계획은 지점의 경영방침 및 계수계획을 달성하기 위하여 어떻게 행동해야 하는가를 지점 경영계획에 정책으로 명시함으로써 전 직원이 일체가 되어 목표를 향하여 조직적으로 움직일 수 있도록 하는 계획이다. 따라서 가급적 구체적이고 알기 쉽게 입안되어야 한다. 행동계획은 '그룹별(업무별 혹은 고객별)'로 내용이 입안되도록 하여, 행동도 '그룹' 단위로 하고 행동의 과정 또는 결과를 계획과 비교하도록 한다. 행동계획을 작성할 때 유의할 사항 또는 계획에 포함시켜야 할 착안점을 요약하면 다음과 같다.

3-1 수신(예금)관계

가. 전체 지점 영업추진체제의 확립

지점의 기본적인 과제는 영업이고, 영업의 기본은 수신이라는 인식이 지점 구성원에게 철저히 인식되도록 입안하여 계획에 반영한다.

나. 점유비율 향상책

종전부터 내려오는 점주권 혹은 기존고객 거래성향에 너무 구애받지 말고 수시로 현상을 재점검함으로써 한정된 인원으로 가장 효율적인 세일즈활동을 할 수 있도록 책정한다.

다. 개인(가계)예금 대책

① **고객명부의 작성:** 지역 내의 주요 고객명부는 정확한 주소와 성명, 가능하면 가족관계까지 파악할 수 있도록 하되 기존 거래처뿐 아니라 미거래처(잠재적인 거래처)의 명부까지도 작성, 비치하고 수시로 수정해나가도록 한다.

② **정기예금의 증강:** 지역 내에서 움직이는 지역개발자금, 개인고객의 퇴직금, 부동산매매대금 등은 점주권 밖으로 빠져나가지 않도록 수시로 정보를 파악하여 추적토록 한다. 점주권 내의 정밀지도도 확보하여 어디에 가면 어떤 정보를 얻을 수 있는가를 알 수 있도록 한다.

③ **만기일 관리:** 신규예금 유치에 소모되는 노력과 시간을 생각하면 기일이 도래한 예금의 갱신이나 추가 증액운동은 가장 강력하게 추진되어야 할 중점사업이므로 이에 대한 대책을 정책으로써 반영한다.

④ **지점의 주력마케팅 상품 선정:** 모든 것을 다 추진하려고 하면 초점이 흐려지므로 지점의 입장에서 중점적으로 추진코자 하는 상품의 증강방법 등이 실효성 있게 나타나도록 한다.

⑤ **창구세일스와 로비세일즈 강화:** 창구직원 한 사람이 하루에 접하는 고객 수는 변화무쌍하므로 한가한 날이나 바쁜 날에 불구하고 신속히 업무를 처리할 수 있는 창구수용능력과 대고객 친절도는 고객의 은행선호도에 결정적인 역할을 한다. 따라서 풍부한 상품지식과 시의적절한 창구세일즈능력 향상을 목표로 계획을 세우도록 한다. 아울러 최근에는 자동화기기의 확대와 인터넷뱅킹, 모바일뱅킹의 확산으로 창구에서의 직접적인 대면 고객접촉은 감소추세에 있으므로 이런 경우에는 직원이 직접 교대로 객장에 나가 로비세일즈를 전개하도록 계획을 세우는 것도 효과적이다.

라. 법인(기업)예금 대책

① **협동작업 필요:** 법인(기업)거래는 대출거래가 수반되는 것이 일반적이다. 또타 은행과의 복수거래가 많으므로 대출담당 창구 등과의 협동작업으로 계획

이 수립되어야 한다.

② **기존거래처의 예금증강책**: 자점의 대출거래처가 그 대출금에 상응한 예금거래를 하고 있는가, 대출은 자점에서 받고 예금은 주로 타 은행 또는 비은행 금융기관에 하고 있지 않는가 등을 검토한다.

③ **신규거래처의 개척**: 지역 내의 미거래처 명부를 작성하고 타행과의 거래상황, 자점과의 거래기회 등을 검토하고 구체적 대책을 강구한다.

④ **일시적 여유자금의 추적**: 기업에는 일시적인 여유자금이 수시로 발생하며 이러한 자금은 비은행 금융기관에 흘러들어가는 경우가 많다. 따라서 수시로 이를 '체크'하고 또 평소 거래처와의 유대관계를 긴밀하게 하여 이러한 단기자금이 자점에 흘러 들어오도록 한다. 또한 기업이 가지고 있는 어음, 수표 등을 모두 자점에 보관케 하여 이의 추심을 대행함으로써 기업의 자금이 일단 모두 자점예금으로 유입되도록 하는 것도 중요하다.

⑤ **집합투자상품에 대한 새로운 인식**: 금융겸업화 추세에 따라 규제완화가 진행되고 있으므로 앞으로 자본시장형 집합투자상품의 인기는 계속 높아질 것으로 예상된다. 2009년 2월 4일부터 자본시장법이 시행되면서 자본시장형 상품이 더욱 다양하게 출시되고 있다. 따라서 수익증권, 변액보험, 파생금융상품 증강에 보다 적극적 자세로 임할 필요가 있다. 혹시 저금리상품이 고금리상품으로 유입됨으로써 자점수지에 악영향을 미치지 않을까 하여 소극적 자세를 취한다면 고객의 니즈를 충족시킬 수 없고 또 앞으로의 시장변화에도 적응할 수 없을 것이다.

3-2 여신관계

가. 우량기업에 대한 점유비 제고

우량기업에 대하여는 자점의 점유비를 최대한 확대토록 유도해야 한다. 이를 위해서는 그 기업의 자금수요를 미리 파악하고 이에 대응하는 자금공급대책이 마련되지 않으면 안 된다. 자금수요뿐 아니라 정보제공 서비스, 은행만이 가지고 있는 다양한 서비스를 우량기업에서 활용할 수 있도록 노력한다. 지점장은 거래처의 니즈가 어디에 있는가를 항상 파악하여 이에 대응하도록 한다. 특히 정책자금은 반드시 자점에 집중되도록 노력한다.

나. 신규대출처의 개척

과거의 자금부족 상황하에서는 신규대출처 개척에 소극적이 되기 쉬웠다. 하지만 앞으로는 타행과 거래하고 있는 우량기업 또는 현재는 아직 그 규모가 작으나 장래성이 있다고 판단되는 대상처에 대하여는 반드시 유치한다는 적극적인 정책이 필요하다.

다. 설비자금수요의 흡수

기업의 설비자금수요는 경제환경에 따라 영향을 받게 되며, 증산을 위한 설비투자, 효율화를 위한 설비투자 등 투자의 니즈도 여러 가지가 있다. 기업의 경영자는 설비투자를 함에 있어서 분명한 결단을 못 내리고 망설이는 경우가 많으므로 거래처의 체질분석, 업계의 장래전망 등에 대한 충분한 연구검토를 통하여 제안역량을 갖춘 경영상담자가 됨으로써 자금수요를 흡수하도록 한다. 설비자금의 취급은 예금과도 연관되기 쉽고 또 그 거래처와의 거래를 밀도 있게 만드는 장점이 있다.

라. 개인금융에 대한 관심 제고

개인금융시장은 은행의 자금운용시장으로서 지속적으로 중요한 위치를 차지할 것으로 예상된다. 특히 동종 금융기관 간의 경쟁뿐만 아니라 개인고객을 대상으로 한 신용카드회사, 보험회사, 금융투자회사, 할부금융회사 등의 참여가 거세질 것으로 예상되기 때문에 이에 대한 대응책을 마련해두어야 한다.

3-3 외환관계

외환부문의 영업추진은 영업권 내에 대상거래처가 있느냐 없느냐에 따라 달라지며 지방지점과 도심지점으로 나누어 추진책을 세울 필요가 있다.

가. 지방지점의 추진책

아직은 외환거래가 없고 내수거래만 있으나 장차 수출·입업무를 계획하고 있는 거래처 또는 기존 외환거래처로서 해외진출을 계획하고 있는 거래처 등 업계의 동향에 주의한다. 그리하여 움직임이 있으면 즉시 본부 관계부서와 협의하여 대응책을 세우도록 한다.

나. 도심지점의 추진책

도심지점의 외환부문은 송금, 환전 등으로 인한 외환수수료 수입이 지속적으로 증가할 것으로 예상되지만, 이윤폭은 축소될 것으로 전망된다. 외환부문은 일반거래를 무시하고 추진되기 어려우므로 일반업무와의 긴밀한 협조체제하에서 정책적 융자, 시기에 맞는 신속한 융자실행 등 효과적인 방법으로 양적인 확대를 도모해야 한다.

다. 정보수집 및 섭외체제의 확립

외환부문에서의 영업활동은 정보수집력이 중요한 역할을 하게 된다. 그러므로 어느 거래처(who)가 언제(when), 어떤 내용(what)의 외환거래를 할 수 있는가를 수시로 파악할 수 있도록 정보수집 경로를 확립해두어야 한다. 또한 외환업무는 다소 생소한 분야에 속하기 때문에 잘 이해되지 못하는 경향이 있다. 그러므로 지점장의 적극적인 섭외활동을 포함하여 섭외체제의 확립이 요망되며, 동업종 유사기업으로부터의 정보, 업종별 전문지(신문) 등으로부터의 정보, 조합이나 상공회 등으로부터의 정보 등 수시로 정보가 입수될 수 있도록 대책을 세워둔다.

라. 외환연수

외환부문의 강화를 위하여는 무엇보다도 지점 팀장 및 외환 담당자들의 폭넓은 업무지식의 습득과 활용이 필요하다. 다양해지고 있는 거래기업의 외환업무를 처리하고 또 새로운 거래처를 유치하기 위하여는 외환업무 경험이 풍부한 인력의 보유가 필수적이다. 따라서 평소 행내외의 연수과정 참가와 지점 내 그룹별 연수모임의 개최 등 적극적이고도 반복적인 외환부문 연수 실시가 필요하다.

3-4 손익관계

금융자율화가 진행되면서 경쟁의 심화로 자금의 조달코스트와 운용수익 사이에 마진이 더욱 축소될 것이므로 각종의 수수료 수익, 외환수익 등의 중요성이 증가하세 된나. 이러한 손익부문에서의 구조변화를 모든 지점 구성원에게 인식시켜야 한다.

① 원가의식을 침투시킨다.

예금의 평균이율, 대출금의 평균이율, 인건비, 경비 등 주요 항목의 '원가'와 주요 고객별 수익성, 상품별 원가 등에 대하여 전 직원에게 수시로 주지시켜 개개인이 원가의식을 갖도록 해야 한다.

② 직원 개개인의 인건비를 주지시킨다.

은행에 있어서는 인건비의 비중이 매우 크며 따라서 상품별 원가의 중요항목이 되는데 일상의 은행생활에서는 이를 소홀히 하기가 쉽다. 자기인건비가 한 시간당 또는 하루당 얼마가 되며 팀 전체로는 얼마가 되는가 등에 대한 의식을 직원 각자에게 심어줄 필요가 있다.

③ 은행비품을 소중히 하는 습관을 길러준다.

일상적으로 사용하고 있는 전표, 각종 의뢰서, 용지, 통장 등을 남(은행)의 것이라고 생각하지 않고 자기 자신의 것으로 인식하는 분위기를 만들어가야 한다.

3-5 사무관리 및 인사조직

수신, 여신, 외환, 손익부문의 계수계획 및 행동계획과는 그 성격을 달리하나 사무의 효율화, 사고방지 등 사무관리에 대하여는 자점에 알맞은 목표를 제시하여 추진한다. 또한 지점의 내부배치(layout), 지점 내의 조직, 필요인원과 업무량, 직급별 직원비율, 계약직 직원채용의 여부, 계 이동, 직원교육 등 인사조직면에 대하여도 지점장의 시각에서 판단하여 정책에 반영토록 한다.

제2절

지점의 업적평가 및 개선활동

1 지점 업적평가

1-1 업적평가 관리의 목적

지점의 효율적인 이익관리를 위해, 우선 업적평가제도에 대해 확실히 이해하고 있어야 한다. 일반적으로 은행에서 지점 업적평가를 하는 목적은 다음과 같다.

첫째, 개별 지점의 영업활동이 은행의 경영목표에 일치되게 추진될 수 있도록 경영방침을 명확히 제시하고, 둘째, 지점 직원의 책임의식을 높이며, 셋째, 지점의 평가결과를 지점장을 비롯한 지점 직원들의 인사고과 및 보상의 근거자료로 이용하여 직무에 대한 동기부여 및 사기앙양을 도모하자는 것이다. 이 외에 평가결과를 토대로 목표와의 차이를 분석함으로써 지점의 강점, 약점을 발견할 수 있다는 것이다.

그러나 은행들의 지점 업적평가는 본래의 목적을 다 수행하지 못하고 아직도 문제점을 안고 있는 것으로 지적되고 있다. 그중에서도 대표적인 것은 외형중심의 경영, 즉 경영목표를 총량의 극대화에 두었던 종래의 관행에 의해 여전히 예수금과 대출금규모 등의 자금량부문, 기반확대부문, 외국환부문, 감사 및 사고예방 등의 일반관리부문 비중이 높고 수익성부문의 평가비중이 상대적으로 낮다는 점이다.

최근에는 대부분의 은행들이 수익중심으로 업적평가 방법을 전환하고 있지만 수익성부문의 평가도 관리회계시스템의 미비, 책임경영체제의 미정착 등으로 합리성, 형평성 및 효율성 측면에서 아직 미흡한 점이 적지 않다.

1-2 지점 업적평가 관리에 대응하기 위한 전략

업적평가는 지점장에 대한 경영성적표로서 우수한 점수를 받기 위해 최선을 다해야 하지만 발표 후 차기 개선책을 마련하는 것이 더욱 중요하다. 지점 업적평가 전략에서 지점장은 중요한 역할을 담당하는데 무엇보다도 전행적인 경영의지 및 목표와 방향 등에 대하여 직원들의 마인드를 형성할 수 있도록 전달교육을 반복적으로 실시하는 것이 필요하다. 업무배정은 업적평가 항목에 대해 담당책임자별로 분담시켜 지점의 업적평가 제고계획을 수립하고 실천을 주도하는 역할을 부여해야 한다. 이때 직원들의 적극적 실천의지를 중시하고 담당책임자별로 공정한 경쟁분위기를 조성하는 것이 필요하다. 업무추진 실적은 계량화하여 주기적 포상제도를 운영하는 것도 필요하다.

지점 업적평가 결과 발표 후에는 개선을 위한 전략회의와 차기 영업개선계획을 수립하는 것이 중요하다. 업적평가 성적발표 후 개선활동은 위에서부터의 지시에 의한 톱다운방식으로 진행할 것이 아니라 직원으로부터의 적극적인 제안을 중시하고 전원이 일치단결하여 운영체제를 재구축하는 것이 성과 면에서 효과적이다.

지점장 입장에서 자신이 책임지고 있는 지점에서는 절대로 '불량채권을 발생시키지 않겠다' 혹은 '업무처리 미숙 또는 실수로 인해 고객에게 불편을 끼치지 않겠다'고 하여 업적을 너무 엄격히 관리하면 분위기가 무거워지고 실적도 쉽게 향상되지 않게 됨에 유의해야 한다. 지점장의 실적관리가 업적을 향상시키는 데 직·간접적으로 영향을 미치는 것은 사실이지만 여기에 과도하게 신경을 쓴 나머지 지점 전체 분위기가 경직되어서는 안 된다. 대신, 전행적인 경영의지 및 목표, 방향 등이 직원의 마인드에 항상 자리 잡도록 수시로 전달해야 한다.

지점 목표설정을 위한 ○○○지점 사례

○○○지점 워크샵 실시

전행적으로 추진중인 "○○○○○○ 20×× 운동전개" 및 ○○지역본부의 "20××년을 힘차게" 여·수신 증대운동에 적극 부응하고, 능동적이고 효율적인 업무추진을 통한 당점의 20××년 경영목표 달성을 위하여 아래와 같이 워크샵을 실시하고자 합니다.

아 래

1. 목적
   - 본부의 경영목표 및 금융환경 변화에 따른 위기의식 전파
   - 당점의 지점환경 점검 및 현 상황에 대한 공감대 형성
   - 당점 경영목표 달성을 위한 실태파악 및 개선방안 도출
2. 일시: 20××년 ○월 ○○일 ~ ○월 ○○일
3. 장소: xxxxxxxx
4. 행사내용

   가. 분임토의 주제: 성공적인 경영목표 초과달성을 위하여!
   - 토의항목: CS, 카드, 신탁·펀드, 방카슈랑스, 교차판매 등 5개 업무
   - 토의개요: 현황분석 및 실적제고를 위한 실천방안
   - 항목별 토의 주관자: ○○○, ○○○, ○○○, ○○○, ○○○

   나. 화합의 시간: 내부고객 만족을 위한 화합의 시간
   - 노래자랑 및 장기자랑
   - 생일자 축하
5. 20××년 ○○○지점 Catch phrase

   "뛰자! 뛰자! 힘차게 뛰자! 일등 ○○○지점을 위하여! 화이팅!"

1-3 업적평가 목표에 따른 지점 계획수립시 유의사항

매년 초 지점에는 업적평가의 체계와 항목별 배점기준이 시달되는데 이는 본점의 주무부서가 당해연도의 금융환경과 지향해야 할 방향에 관하여 검토해서 작성한 것으로 다시 말하면 전행의 경영방침이 구체적인 형태로 체계화된 것이라고 할 수 있다.

업적평가기준이 정해지면 가장 먼저 검토해야 할 사항은 "본점에서 시달된 지시목표에 대해서 자점의 자체목표를 어디에 둘 것인가"라는 점이다. 업적평가항목의 난이도에 따라 어떤 항목은 본점의 지시를 그대로 자점의 목표로 할 수 있고, 난이도가 높은 항목일지라도 지점 중장기 운영전략에 의해 기반조성에 중요한 항목은 본점의 지시보다도 지점의 자체목표를 높게 설정할 수도 있을 것이다.

영업목표 달성을 위한 구체적인 실행에 있어서는 먼저 항목별 담당자를 정하여 그에 대한 명확한 책임을 부여한 후에 점내 각 팀별(동시에 개인별)로 분담량을 할당해서 주간 또는 월간계획을 세워 주기적인 피드백을 하는 방법이 좋다.

월간계획을 책정함에 있어서 유의할 점으로는 첫째, 1년을 12개월이라고 생각하지 말아야 한다는 점이다. 반기평가인 경우 매년 1월 전후와 7월경에는 업적평가 결과가 발표되고 직원 인사이동 철이기도 하다. 7월말경부터는 직원들 여름휴가가 시작된다. 이 무렵부터 8월 중순까지는 거래처의 여름휴가와도 겹친다. 직원들의 근무가 단속적이 되고 업무에 임하는 자세가 흐트러지기 쉬운 시기이다.

둘째, 상·하반기가 시작되는 기초월(1월과 7월)부터 출발한다는 목표의식을 갖고 달리기 시작할 수 있도록 미리 계획을 세워야 한다. 본점에서 목표가 시달되기 전에 자점에서 조속히 자체목표를 설정하여 출발시점부터 일사불란하게 움직인다. 실질적으로 일부 지점에서는 매년 11월부터 다음연도 업무계획을 수립하여 1/4분기 중 상반기 목표달성, 2/4분기 중 하반기 영업준비, 3/4분기 중 하반기 목표달성을 원칙으로 하고 있다.

셋째, 자점의 계절변동 패턴을 인식해야 한다. 양적 목표항목들은 거의 어느 지점이나 예년의 패턴을 보이는 경향이 있으므로 과거 2~3년 정도의 월별계수를 그래프로 그려보아 월간계획을 세울 때 고려해야 할 것이다.

업적평가 목표에 따른 계획 수립시 영업점 유의사항과 대응 전략

① 업적평가 목표에 따른 지점 계획 수립시 유의해야 할 사항

○○지점은 본점에서 목표가 내려오면 책임자 중심으로 미팅이 실시된다. 본점 목표대비 120%를 지점의 목표로 설정을 한 뒤 주요 과목별 BM(Branch Manager : 지점장)을 따로 선정한다. 당점은 BM이 여러 명이다. 과목별BM과 더불어 부책임자를 지정해 모두가 책임의식을 갖고 목표달성을 위해 몰입하게 된다. 실적체크는 일별, 주별, 월별, 분기별로 목표를 설정하여 관리한다. 이 집계역시 과목별 BM이 책임지고 한다. 지점장은 지도자로써 총감독 및 직원들의 애로사항에 더 귀를 기울이고 있다.

② 업적평가에 대응하기 위한 전략

○○지점의 경우 각 과목별 BM이 실적을 집계하여 2주에 한 번씩 각 과목별 우수직원에게 포상을 실시하여 격려하고 칭찬한다. 개인별의 실적 포상뿐만 아니라 2개의 그룹으로 나누어 우수그룹에게는 포상을 하여 별도의 회식기회를 제공하는 등 팀워크 관리에도 만전을 기한다. 업적평가목표 달성을 위해 목표시달시 지점에서 계획을 수립하여 실행해야 하는데 계획수립시 유의사항은 아래와 같다.

첫째, 가장 먼저 검토해야할 사항은 "본점에서 시달된 지시목표에 대해 지점의 자체목표를 어디에 둘 것인가"를 먼저 정해야 한다. 즉 항목의 난이도에 따라 본점의 지시보다 자체목표를 높게 정할지 같게 정할지를 정한다. ○○지점의 경우 먼저 목표가 부여되면 지점의 환경과 점주권의 여건, 내점고객의 연령과 직업 등을 고려하여 목표를 조정하여 더 할 수 있는 항목에 120%~130%목표를 수립하고 그렇치 못한 항목은 100%로 자체계획을 수립하여 시행하고 있다.

둘째, 항목별 담당자를 정하여 그에 대한 명확한 주간 또는 월간 계획을 세워 주기적인 피드백을 하는 것이 좋다. 각 항목별로 목표시달시 수신, 여신, 신용카드 등 각각의 담당자를 정하여 짧게는 주별, 길게는 월별로 달성계획을 수립하여 기한 내 달성할 수 있도록 한다. 이때 각 담당자는 개인별로 의견을 취합하여 자체달성방안을 내도록 하여 가장 적합한 방법을 정하고 주단위로 지점 자체적으로 포상을 하여 독려하고 있다.

셋째, 상하반기가 시작되는 기초월(1월과 7월)부터 출발한다는 목표의식을 가지고 시작할 수 있도록 목표 시달전 조속히 목표를 설정하여 일사분란하게 움직인다. 이를 위해 지점장은 본점에서 내려오는 실적을 매일매일 직원들에게 뿌려주고 각자의 위치가 은행 내에서 그리고 같은 직무 내에서 어느 정도인지를 항상 알려주어 분기초라하여 느슨해질 수 있는 마음을 다잡을 수 있게 해준다. 또한 개인에게 주어진 점수를 조기달성 할 수 있도록 신용카드와 방카 포상을 매주 하여 분기초부터 긴장감을 가지고 일할 수 있도록 하고 있다.

넷째, 지점의 계절변동 패턴을 인식해야한다. 당점의 경우 관광지라 주변 시장이 4~5월 7~8월, 9~10월 단위로 관광객이 많은 시즌에 예·적금과 기타 상품들에 대한 교차판매(cross-selling) 기회가 많은 편이다. 그러므로 비수기에는 고객들과의 관계유지 및 상품 홍보에 주력하고(아침 일찍 안내장 돌리기 등), 성수기에는 그동안 안내한 상품과 인맥관리 등을 자산으로 하여 영업하는 것으로 방향을 정하여 시행하고 있다.

업적평가 계획수립을 위한 지점장 대상 조사결과(1)

연초에 지점직원 대상 워크숍을 실시하여 당해연도 영업추진 계획을 수립하고 이때 연간 목표에 따른 실행계획을 수립하되 계량 및 비계량부문과 영업 및 관리부문(내부통제/직원육성 등)으로 구분해 실행계획을 수립합니다. 지점여건에 따라 쉽게 달성할 수 있는 부분과 열심히 노력해야만 달성할 수 있는 부분이 다를 것이므로 지점의 특성에 맞는 추진전략을 수립하는 것이 중요합니다. 분기별 목표 및 월별목표를 세분화하고 경영평가에 미치는 영향이 가장 큰 대출부문은 상반기에 전체목표의 60~90%를 달성할 수 있도록 전략적 선택을 합니다. 월별목표는 주간목표로 세분화하여 추진하도록 하여 목표대비 성과가 적정하게 진행되는지 여부를 주간단위로 피드백을 반드시 실시합니다. 목표달성을 위한 전제조건으로 직원 각자의 구체적인 역할을 명확히 인식하도록 하는 것이 중요합니다.

업적평가 계획수립을 위한 지점장 대상 조사결과(2)

평가가 12월부터 시작되는데 목표가 확정되는 시기는 다음해 연초로 통상 2-3개월의 시차가 발생됩니다. 그래서 이 기간 동안은 전 직원들이 참여해야 하는 비계량부문부터 자체 목표를 수립하여 일일(一日)실적점검, 주간실적점검, 월간우수직원 포상 등의 진행을 통해 실적증대를 도모하고, 실제 계수목표가 확정되면 부문별, 직급별로 담당부문을 정하고, 매주 실적점검과 월 1회 개최되는 자체워크숍을 통해 피드백을 실시하고 미흡한 점에 대해서는 개선방안을 도출해 계획을 추진하고 있습니다. 워크숍에서는 실적을 점검 및 분석은 물론 우수사례발표와 독려를 같이 진행합니다.

업적평가 계획수립을 위한 지점장 대상 조사결과(3)

지점에 연간 목표가 부여되면 각 단계별로 중점 추진사항을 분류하여 실행에 옮깁니다. 연초 집중적으로 진행할 사항은 이익목표 달성을 위한 필수 사항인 여신, 방카에 대한 세부 달성계획을 정하고 비계량 부문 중에서는 신용카드 부문을 세부적으로 정합니다. 구체적 방안과 관련해서 여신부문은 이벤트 또는 스팟 형태의 업무로는 우량 여신고객을 유치할 수 없기 때문에 평소 점주권 기업 및 개인에 대한 꾸준한 섭외로 정보를 축적하여 충분한 신뢰관계를 구축한 다음 타행 대환 또는 신규 자금 수요에 한 발 앞서 대처합니다. 방카의 경우 직원 미팅을 통하여 가망고객 리스트를 관리하여 고객니즈에 적합한 상품을 지속적으로 권유하고 연초에는 적립식 상품을 집중 판매합니다. 신용카드의 경우 기본방안은 직원별 1/n로 목표 배분을 하고 연간 목표의 50%이상은 1/4분기에 마무리하도록 합니다. 목표를 배분할 때 무조건 1/n으로 하게 되면 더 잘 할 수 있는 직원들에게 추가기회를 상실할 수 있기 때문에 추가 달성 시 지점 자체적인 포상방안을 마련합니다.

업적평가 계획 수립을 위한 지점장 대상 조사결과(4)

본부에서 목표가 내려오면 책임자 중심으로 미팅을 실시합니다. 목표 대비 120%를 지점의 목표로 설정을 한 다음 주요 과목별 팀장을 별도로 선정합니다. 제가 근무한 지점은 과목별 팀장제도와 더불어 부책임자를 지정해 모두가 책임의식을 갖고 목표달성을 위해 몰입합니다. 실적점검은 일별, 주별, 월별, 분기별로 목표를 설정하여 과목별 팀장이 책임지고 관리합니다. 지점장은 지점의 최고경영자로서 총감독 및 직원들의 애로사항에 더 귀를 기울이고 있습니다.

각 과목별 팀장이 실적을 집계하여 2주일에 한 번씩 과목별 우수직원에게 포상을 실시하여 격려하고 칭찬합니다. 개인별의 실적 포상뿐만 아니라 2개의 그룹으로 나누어 우수그룹에게는 포상을 하여 별도의 회식기회를 제공하는 등 팀워크관리에도 만전을 기하고 있습니다.

업적평가 계획 수립을 위한 지점장 대상 조사결과(5)

먼저 목표가 부여되면 지점의 환경과 점주권의 여건 내점고객의 연령과 직업 등을 고려하여 목표를 조정하여 더 할 수 있는 항목에 120% 내지 130% 목표를 수립하고, 여의치 못한 항목은 100%로 자체 계획을 수립하여 시행하고 있습니다. 제가 근무한 지점의 경우 각 항목별로 목표시달 시 수신, 신용카드, 담보대출, 신용대출 등 각각의 담당자를 정하여 짧게는 주별 길게는 월별로 달성계획을 수립하여 기한 내 달성할 수 있도록 하고 있습니다. 이때 각 담당자는 개인별로 의견을 취합하여 자체 달성방안을 내도록 하여 가장 적합한 방법을 정하고 주단위로 지점 자체적으로 포상을 하여 독려하고 있습니다.

지점장 입장에서 본부에서 집계하는 실적을 매일매일 직원들에게 뿌려주고 각자의 위치가 은행 내에서 그리고 같은 직무 내에서 어느 정도인지를 항상 알려주어 분기초에도 느슨해질 수 있는 마음을 다잡을 수 있게 해 줍니다. 또한 개인에게 주어진 점수를 조기달성 할 수 있도록 신용카드와 방카 포상을 매주 실시하여 분기초부터 긴장감을 가지고 일할 수 있도록 유도하고 있습니다.

제가 근무하였던 지점의 경우 관광지라 지점 실적도 계절변동성이 크게 나타납니다. 주변 시장이 4~5월, 7~10월에 장사가 잘되기 때문에 즉, 관광객이 많은 시즌에 예·적금과 기타 상품들에 대한 교차판매 기회가 많은 편입니다. 비수기에는 아침 일찍 안내장 돌리기 등 고객들과의 관계유지 및 상품 홍보에 주력하고 있으며, 성수기에는 그동안 안내한 상품과 인맥관리 등을 자산으로 하여 영업하는 것으로 방향을 정하여 시행하고 있습니다.

1-4 업적평가 관리 우수사례(우수지점장 대상 조사결과)

① 경험에 근거하여 실적에 대한 정확한 분석과 예측을 한다.

② 책임자들을 통해 실현가능한 실적목표를 스스로 부여하도록 한다. 물론 몇 번의 수정과정을 거친다.

③ 실적달성 목표가 나오면 주간단위, 월간단위, 필요하면 일단위로 실적을 점검한다. 실적이 부진할수록 체크주기가 짧아진다.

④ 회의시간을 통해 지점장이 직접 잘못된 부분을 강력히 지적한다. 이때에는 말을 돌리지 말고 직설적인 언어를 사용하여 핵심을 찌른다.

⑤ 책임자들이 거의 한계점에 도달할 때쯤이면 그 순간 긴장을 적절하게 풀어준다. 자칫 과도한 드라이브 정책은 과도한 스트레스로 부작용을 낳을 수 있으므로, 나름대로 그런 한계점을 파악해둔 상태에서 적절하게 긴장을 이완시켜 준다.

⑥ 매일매일 자기실적 체크리스트를 만들어 이를 근거로 직원들을 주 단위로 평가하고 인사고과에 반영한다. 월 1회씩 자기실적 체크리스트를 근거로 최우수직원을 선정하고 팀별 순위를 매겨 포상을 하거나 벌금을 징수한다. 벌금은 나중에 전 직원 회식비용으로 사용한다.

업적평가 우수점포의 대응 전략(예시)

① 캠페인 과목이 정해지면 각 과목별로 정·부 담당자(정:책임자, 부:행원급)를 정하여 세부추진 계획을 마련한다.
② 지점 내 직원들을 업무별로 2~3개의 팀으로 구성하여 선의의 경쟁을 실시한다. 창구직원과 대출직원을 적절하게 조합하여 평가의 형평성에 어긋나지 않도록 하며, 월별로 우수한 실적을 거둔 팀에 대하여 포상금을 지급한다.
③ 지점 자체적으로 업적평가 항목에 대해 학습한다. 각 과목별 가장 업무에 뛰어난 직원이 사전학습에 대하여 공지를 하고 자료를 준비하며 주1

회 학습의 날을 선정. 판매상품에 대한 심도 있는 토론과 마케팅 방법을 공유한다.

④ 우리지점은 고객별 전담직원을 지정하여 고객에게 맞는 솔루션을 제공하기 위하여 세분집단별로 고객을 구분하여 담당자를 지정하여 고객의 포트폴리오 구성 및 투자자문, 세무상담 등 고객에게 맞는 맞춤서비스를 제공하고 있다.

⑤ 매일 아침 웃는 얼굴과 열린 마음으로 고객을 맞이하기 위하여 서비스리더를 선정 인사연습과 스트레칭으로 하루를 상쾌하게 시작한다.

⑥ 즐거운 직장분위기를 위해 월1회 전 직원 회식을 실시한다. 체력은 곧 국력이라는 말처럼 건강해야 업적에 대한 활동을 이어갈 수 있기 때문에 즐거운 직장분위기를 조성한다.

⑦ 매주 한 명씩 지점장님께서 직원과의 면담을 실시하여 영업활동 시 애로사항 잘한 부분에 대한 칭찬, 앞으로 방향성에 대하여 이야기하고 공유함으로 목표의식을 잃어버리지 않도록 지도한다

업적평가에 대응하기 위한 전략에 대한 조사결과(1)

○○○ 지점의 경우 연간목표 보다는 분기당 목표가 주어지고 아울러 여·수신 캠페인이 실시되고 있습니다. 본부 부서로부터 각 지역 본부장 앞 목표가 주어지고 각 본부에 소속된 지점 목표 가이드라인을 지점별로 보낸 후 지점 책임자 회의를 거쳐 본부에 목표를 제출하는 형식입니다.

첫째, 분기평가 실시이므로 각 분기 초 목표의 50% 달성 계획을 세워 타 지점에 비해 우위를 점령하는 전략을 추진했습니다. 처음부터 느슨한 태도로 임하게 되면 우위를 점령하기가 매우 어려우므로 목표의 50%를 최선을 다해 달성하기 위한 전략을 수립합니다.

둘째, 목표에 따른 전략 비중을 결정합니다. 점주권이 주단, 한복 등 계절요인이 작용하기 때문에 보통 1/4분기가 좋지 않음을 감안하여 4/4분기에 미리 내년 전략을 수립하여 실적부진한 1/4분기 목표를 달성할 수 있도록 계획을 수립합니다.

셋째, 과목별 담당자를 정한 후 실행 가능한 전략을 수립합니다. 담당자가 없으면 모두 책임의식, 주인의식을 갖지 못하여 전략적 목표달성에 애로사항이 있습니다. 과목별 담당자

를 정하므로 인해 진행상황 맡은 과목에 대한 세부계획을 세우고 피드백을 통해 더욱 목표 달성에 매진할 수 있도록 역할을 충분히 해야 합니다.

넷째, 진행과정 가운데 목표달성률과 영업활동에 따른 애로사항을 점검합니다. 우리 지점의 경우 매주 몰입의 날을 정하여 한 주 동안 영업활동에 대한 피드백을 받고 우수 영업활동에 대해서는 공유하므로 부족부분과 잘 한 부분에 대한 칭찬의 시간을 가지므로 인해 업적평가에 일조하고 있습니다.

업적평가에 대응하기 위한 전략에 대한 조사결과(2)

① 캠페인 과목이 정해지면 각 과목별 정·부 담당자를 (정:책임자, 부:행원급) 정하여 세부추진계획을 마련합니다. 지점 직원을 2개 내지 3개의 팀으로 구성하여 선의의 경쟁을 실시합니다.

② 창구직원과 대출직원을 적절하게 조합하여 평가의 형평성에 어긋나지 않도록 하며 월별 잘한 팀에 대하여 포상금을 지급합니다.

③ 지점자체 연구회를 활성화합니다. 각 과목별 가장 업무에 뛰어난 직원이 사전학습에 대하여 공지를 하고 자료를 준비하며 주1회 학습의 날을 선정하여, 판매상품에 대한 심도 있는 토론과 마케팅 방법을 공유합니다.

④ ○○○지점은 고객별 전담직원을 지정하여 고객에게 맞는 솔루션을 제공하기 위하여 세분시장별로 고객을 구분하여 담당자를 지정하여 고객의 포트폴리오 구성 및 투자자문, 세무상담 등 고객에게 맞는 맞춤서비스를 제공하고 있습니다.

⑤ 매일 아침 웃는 얼굴과 열린 마음으로 고객을 맞이하기 위하여 서비스리더를 선정 인사연습과 스트레칭으로 하루를 상쾌하게 시작합니다.

⑥ 즐거운 직장분위기를 위해 월1회 전 직원 대상 회식을 실시함으로 체력은 곧 국력이라는 말처럼 건강해야 업적에 대한 활동을 이어갈 수 있기 때문에 즐거운 직장분위기를 조성합니다.

⑦ 매주 한명씩 지점장은 직원과의 면담을 실시하여 영업활동시 애로사항이나 잘한 부분에 대한 칭찬, 앞으로 방향성에 대하여 이야기 하고 공유함으로 목표의식을 잃어버리지 않도록 지도합니다.

업적평가에 대응하기 위한 전략에 대한 조사결과(3)

영업목표 달성을 위한 구체적인 실행과정에서는 항목별 담당자를 정하여 그에 대한 명확한 책임을 부여한 후에 점내 각 팀별(동시에 개인별)로 분담량을 할당해서 주간 또는 월간 계획을 세워 추진하고, 주기적인 피드백을 실시하는 것이 중요합니다. 월간 계획을 실행함에 있어서의 유의할 점은 상대적으로 달성하기 어려운 계수목표에 대해서는 가능한 빠른 시간 안에 달성하도록 계획을 수립해 실행에 옮기는 것이 중요합니다. 상·하반기가 시작되는 기초월(12월과 6월)부터 출발한다는 목표의식을 갖고 달리기 시작할 수 있도록 미리 계획을 세워야 합니다. 본부에서 목표가 시달되기 전에 자점에서 조속히 자체목표를 설정하여 출발 시점부터 일사불란(一絲不亂)하게 움직이는 것이 필요합니다. 실질적으로 매년 11월부터 다음년도 업무계획을 수립하여 1/4분기 중 상반기 목표달성, 2/4분기 중 하반기 영업준비, 3/4분기 중 하반기 목표달성을 원칙으로 하는 것이 필요합니다. 지점의 계절변동 패턴도 인식해야 합니다. 양적목표 항목들은 거의 어느 지점이나 예년의 패턴을 보이는 경향이 있으므로 과거 2~3년 정도의 월별계수를 그래프로 그려보아 월간계획을 세울 때 고려해야 합니다.

업적평가에 대응하기 위한 전략에 대한 조사결과(4)

경영평가기준이 나오면 항목별 담당자를 지정해 전 직원이 1주일 내지 2주일 간 충분한 시간을 두고 공부합니다. 경영평가는 은행 전략이 함축된 것입니다. 경영평가 부문별 담당자로 하여금 고득점 전략 및 실천가능한 계획을 수립토록 합니다. 부문별 담당자는 경영평가기준을 강의할 수 있을 정도로 숙지한 다음 발표를 통해 영업점 내 직원 간 지식을 공유합니다. 그 다음 부문별 담당자가 중심이 되어 경영평가에 따른 영업방침을 선포합니다. 경영평가 세부항목은 지점장과 담당 책임자뿐만 아니라 영업점 모든 직원이 명확히 파악하고 있어야 합니다.

2 직원의 업적평가 실적관리

영업력의 지속적인 향상을 위해서는 업적결과에 따른 공정한 직원관리가 중요한데 신상필벌의 원칙이 필요하다. 성공사례 발표 및 포상을 통해 직원 간, 팀 간 선의의 경쟁의식을 제고하고 목표미달 부분에 대해서는 '할 수 있다'는 마인드 조성에 힘쓰는 것이 필요하다. 신상필벌의 원칙은 실적 우수직원에 대한 격려와 함께 부진직원에 대한 대응방안을 마련하고 공정한 경쟁분위기를 조성하도록 하는 것이 목적이다.

은행 내에 불성실한 직원은 없다 해도 직원 간의 능력차이는 존재하므로 지점 운영에 있어서도 신상필벌의 원칙을 적용하는 것이 가장 합리적이다. 우수직원에 대해서는 성공사례발표 및 포상으로 더욱 자신감을 갖도록 유도하고, 이를 통해 동료직원에게 귀감이 되도록 하여 선의의 경쟁의식을 불러일으키고 생동감 넘치는 지점 분위기를 조성한다.

실적부진 직원에 대해서는 개별면담을 통한 세심한 배려로 자신감과 일체감 형성에 도움이 되도록 유도해야 하며, 목표미달 부분에 대해 결과에 대한 책임 추궁 차원보다는 할 수 있다는 마인드를 심어주는 것이 중요하다. 업적평가 결과가 발표된 다음에는 비록 부진할 경우라도 잘못된 부분을 지적하기보다는 개선책을 마련하는 데 집중해야 한다.

업적평가 실적관리 및 평가는 목표달성을 위해 실시하는 것이기 때문에 과거의 실적에 의미를 두기보다는 그에 상응하는 평가와 보상이 이루어지도록 해야 한다. 평가시에는 직원들의 활동에 대해 정확하게 판단하는 과정이 필요하며, 직원들이 그동안의 노력에 대해 보람을 느끼고 의욕을 갖고 실적향상을 위해 더욱 열심히 노력할 수 있도록 하는 것이 중요하다. 사심 없는 평가와 보상, 동기부여를 위한 평가는 직원들의 사기를 진작시키는 가장 중요한 요소다.

지점장의 입장에서 직원의 실적에 대한 결과관리도 중요하지만 이를 달성하는 과정을 포함한 업무달성의지의 배양이 더욱 중요하다. 따라서 업무담당 책임자별로 해당 업무별 추진상황, 애로 및 건의사항을 작성하게 하여 스스로 장단기 영업추진계획을 수립하고 중점추진항목을 선정하게 하는 것이 필요하다. 또한 직원의 능력을 고려한 적정한 업무배분이 필요한데, 우선 직원의 능력을 예측하여 달성가능한 최대한의 목표치를 부여하고 이를 지원하여 자신감을 증대시키도록 해야 한다. 단기적이고 가능한 것부터 시작하여 성공체험을 자주 할 수 있게 유도하고, 달성된 것은 반드시 피드백하고 합당한 칭찬을 해주어야 한다. 사람은 칭찬을 받으면 누구나 기쁨을 느끼기 마련이고 더욱 열심히 일하게 된다.

전결권의 과감한 하부위양을 통해 직원의 책임의식을 고취시키고 업무추진 경쟁력을 강화시킬 필요도 있는데 이때에는 기본적인 여신 및 금리결정 등에 대한 가이드라인을 사전에 제시해주어야 한다. 모든 직원이 자신에 대한 평가에 만족하기 어렵다는 것을 고려하여 지점장 자신이 솔선수범을 보이도록 해야 한다. 세일즈활동 등을 솔선하여 계수증가에 기여함은 물론 전산자료분석, 계수 변동요인분석, 중점방문 세일즈대상 및 중점추진 업무선정, 부진부문 만회대책 등을 직접 수립하여 직원들에게 제시해야 한다.

지점 직원들 개개인의 업적관리 방법에 대한 지점장 대상 조사결과(1)

연간, 월간단위로 계량목표를 부여받게 되면, 담당자를 지정하여 세부 추진전략을 수립하게 합니다. 배정된 목표는 분기초, 월초에 조기달성하도록 구체적인 계획을 세우며, 부여된 목표를 주간단위, 일단위로 세분함으로써 목표달성에 자신감 있게 접근할 수 있도록 합니다. 또한 직원 개개인에게 부여할 수 있는 부문은 그 목표를 부여하고 일일 실적체크를 통해 선의의 경쟁을 유도시킵니다.

지점 직원들 개개인의 업적관리 방법에 대한 지점장 대상 조사결과(2)

항목별 업적평가 담당자를 지정하여 정기적으로 영업성과에 대해 분석하고 결재받는 방식을 이용하고 있습니다. 또한 업적평가 담당자는 본인의 희망담당을 고려하여 적성에 맞는 업적평가담당을 지정하고 있습니다.

지점 직원 등 개개인의 업적관리 방법에 대한 지점장 대상 조사결과(3)

지점장의 역할에 있어 무엇보다 중요한 점은 자신의 신념을 명확히 심어주면서 당해년도의 평가체계와 배점기준을 전직원들에게 잘 이해시켜 어김없이 실천하도록 하는 것입니다. 매년 초 경영평가가 시달되면 경영평가 기준배점, 실적향상 방법에 대해 지점장이 직접 3~4번 반복교육을 함으로서 전직원이 경영평가내용을 숙지하는 것이 중요합니다. 지점 목표설정 시 전직원이 참여하게 하는 것이 공감대 형성에 중요한데, 팀별 모임을 통해 목표달성 방안과 추진전략을 자발적으로 토의하여 추진하며 주간별 추진실적을 지점 회의 시 토론 및 발표토록 하는 과정이 중요합니다.

지점의 목표배정은 개인별 목표부여보다는 팀위주로 이루어지는 것이 바람직합니다. 팀별 목표배정을 통해 총량을 달성하고 그 중 우수직원에 대한 포상으로 개인별 실적관리를 하는 것이 필요합니다. 개인별로 목표를 할당하게 되면 개인의 할당량 이상은 달성하지 못하게 되며 담당하는 고객층이 부실하거나 지원업무를 주로 하는 직원의 경우 불만을 가질 수 있기 때문입니다.

3 업적평가 관리를 위한 지점장 및 팀원의 체크포인트

지점장의 입장에서 업적평가 관리는 가장 중요한 업무 중 하나다. 본부의 업적평가 요령을 완벽하게 숙지하고 있는 지점장들이 근무하는 지점의 경영성과가 좋은 것이 일반적인 현상이다. 지점장에 따라 업적평가에 대한 노하우를 갖고 있는 이들도 많지만, 지점장과 팀원의 관리항목을 확실히 점검하는 것이 무엇보다 우선되어야 한다.

3-1 지점장 체크포인트

① **고객 입출금현황**: 주요 고객의 고액 입출금내역 파악

② **지점 내 수신, 여신 신용카드 100대고객 현황**: 주요 고객의 실적 변동내역 파악

③ **신규 및 해지고객 현황**: 지점 내에서 당일중 발생한 주요 고객 거래내역 파악

④ **주요 고객 기념일 도래현황**

⑤ **신용카드, 외국환, 신탁(퇴직연금), 펀드판매 및 방카슈랑스 판매목표 달성도**: 실적, 신규고객, 실적배당상품의 수익률

⑥ **복무기강 확립, 금융부조리 근절**: 고객과 사적 금전대차 금지, 투명한 경비 집행, 고객으로부터 향응수혜 금지

⑦ **전표감사**: 책임자 결재 누락, 고객서명 및 인감 누락 등으로 통지된 전표의 미비사항 보완여부

⑧ **기계경비, 보안, 소방점검**

⑨ **지점 연체현황, 여신사후관리여부, 대손충당금 파악**

⑩ **리스크 자가진단**: 운영리스크 관리, 평가내용에 대한 확인 및 결재

3-2 팀원의 체크포인트

① **운영리스크 손실사건 발생보고**: 손실사건 보고대상 여부 확인 후 보고-출납부족금 100만 원 이상 여부, 사고피해금 발생여부, 위폐(원화/외화)발생, 지점 시설물 파손시(발생시)

② **운영리스크관리**: 운영위험지표별 발생증가·감소 등 변동현황 추세점검 및 원인규명 후 보고, 운영위험지표 관리활동 평가결과 확인 및 보고, 위험항목에 대한 위험수준 및 통제수준 평가

② **예금부문**: 총예금 순증실적 및 달성률 확인, 월중 수신만기 도래고객 및 적립식 상품 납입지연고객 확인

③ **수출입 및 무역외실적, 외환이익**: 고객별 실적 및 이익증감 사항, 송금/환전 실적, 자행 거래업체의 수출입실적이 통관실적에서 차지하는 비중변동 사항

④ **수신/여신기일 도래고객 명세:** 전담고객의 만기일(여·수신 만기일), 기념일 확인 및 관리

⑤ **신용카드:** 신규회원, 핵심고객 전담관리 및 이용대금 실적현황, 권유자별 실적조회, 본인이 권유한 신규유치 회원의 전월, 최근 6개월 이용실적, 연체 등의 관리 및 마케팅

⑥ **방카슈랑스:** 목표달성도 및 조정보험료 실적 변동사항 점검, 신계약, 실효, 부활로 인한 조정보험료 실적 변동사항을 점검

⑦ **펀드마케팅 정보:** 각종 펀드 이슈, 시장상황 안내, 상품별 수익률현황 파악, 세계 주요지수 현황, 펀드상품 일람표, 퇴직연금 세일즈대상 고객리스트 점검

⑧ **마케팅상담 정보 등록:** 고객과의 상담내용 및 특이정보 시스템등록, 고객접촉을 통해 획득한 특이정보 등록, 추천상품 권유를 통한 고객반응정보 등록

⑨ **연체현황:** 연체발생 여부 확인, 정상화가능 여부 판단

⑩ **대손충당금:** 지점보유 요주의 이하 차주, 일별 요주의 이하 여신 보유차주 현황 및 변동내역, 국세체납 등 주의거래처 점검

⑪ **여신사후관리:** 만기도래 대출계좌 수익성 점검, 대출점유비 하락업체 원인파악, 신용등급별(Re-pricing) 부실차주에 대한 여신 사후관리집중여부

⑫ **교차판매:** 유효고객별 교차판매 상품현황 확인

3-3 수신업적관리 점검사항

철저한 점주권 관리를 통하여 소액예금도 정성을 다하여 유치하는 지점장의 솔선수범 자세가 필요하다. 철저한 점주권 시장조사, 정보수집을 바탕으로 고객에 대한 깊은 관심과 끈질긴 노력으로 고객개발 및 수신유치에 진력해야 한다.

수신유치 및 업적관리는 정상적인 업무추진 방식으로 실행해야 한다. 왜냐하면 세상에 완벽하게 유지되는 비밀은 존재하지 않으며 지점장이 비정상적인 업무추진을 하면 부하직원들도 그 나름대로 비정상적인 업무추진을 하게 되어 사고로 연결될 수도 있기 때문이다.

고액예금자는 주거래은행을 포함한 타 금융기관을 복수로 이용하는 고객이 대부분이다. 창구친절, 고객만족경영으로 타 금융기관 예치자금을 추가로 유치하는 노력이 필요하다. 타 금융기관 예치 예금, 신탁, 예약저축 만기도래 현황파악 등도 월별로 관리해야 한다. 또한 타 금융기관 고금리 대출자를 파악하여 동 대출금 상환자금을 적극적으로 대출해주는 전략이 필요하다. 예를 들어 아파트 지역의 경우 고급아파트 위주로 근저당권설정 내역을 파악해 두어야 한다. 중소기업 및 자영업자 대상으로는 구청, 시청, 세무서를 활용하여 유망기업을 파악해 둔 후 유치하는 전략이 필요하다.

고객입출금 거래자 명세표를 마감후 매일 점검하여 자금 인출고객에 대한 자금용도를 파악해 두어야 한다. 타금융기관으로 유출된 계좌는 익일교환에 회부된 자기앞수표로 최종 판단하여 별도로 인적사항을 기록하여 유지해 둔다. 신규고객에 대해서는 이제까지의 거래 금융기관 파악 및 사유를 분석해 두어야 한다. 그리고 추가자금 유입 가능성 분석 및 세부 대응방안을 강구해 두는 것이 중요하다.

또한 결제성 수신과 관련된 신용카드, 전자금융, 연결계좌, 공과금자동납부, 자동화기기 이용률 등 기반확대 부문은 창구직원과 책임자 중심으로 추진해야 한다. 부진부문에 대해서는 필요할 때 금전적인 인센티브 제도 운영을 검토하여 시행해 보는 것도 필요하다.

3-4 여신업무관리 점검사항

가. 여신업무의 기본원칙

여신업무의 기본원칙이란 여신업무 추진시 가장 중요시해야 될 기본원칙으로 여신실행시 담당자의 판단 기준이 될 수 있는 근본원칙을 의미한다. 은행이 건전한 경영을 유지하면서 발전하기 위해서는 자산을 안전하게 운용하면서 적정한 수익을 확보하는 것이 필요하다. 예금으로 예치된 자산을 기업대상 대출로 운용하는데 있어 담당자는 대출고객의 기업내용을 충분히 파악함으로써 채권보전에 만전을 기하고 투하자금의 원활한 회수와 수익의 실현을 도모할 필요가 있다. 은행은 심사능력을 제고시킴과 동시에 담보와 보증에 과도하게 의존하지 않고 거래기업의 기술력과 성장성을 평가하고 자금을 원활하게 공급해야 되는 역할을 수행해야 한다.

여신업무의 기본원칙 크게 다섯가지로 정리할 수 있다.

① 안전성의 원칙 : 자산건전성과 예금자보호의 관점에서 대출금을 안전하고 확실히 회수할 수 있는가
② 수익성의 원칙 : 마진의 확보와 더불어 크로스셀링(cross-selling) 등 종합적인 거래이익 추구
③ 성장성의 원칙 : 자행의 발전을 위해 성장하고 있는 기업 등과 거래심화 도모
④ 유동성의 원칙 : 대출자금을 고정화시키지 않고 반복적·유동적으로 회전시킴
⑤ 공공성의 원칙 : 대출주체로서 은행이 가지고 있는 공공적인 성격, 일반기업과 동일한 사회적 책임 및 신용질서의 유지에 유의

지점장은 고객의 신뢰를 얻기 위해 업무지식 뿐만 아니라 다양한 자질이 요구된다. 고객이 만족할만한 제안을 하고 여신업무를 원활히 진행하기 위해서는 끊임없는 자기계발이 필요하다. 지점장은 업무 중 알게된 고객에 관련된 다양한 정보를 절대로 누설해서는 안 되는 비밀준수 의무를 이행해야 한다. 또한 금융경제, 법률, 재무, 경영, 사회정세 등의 지식이 필요하며 여신업무 규정에 대한 정확한 지식이 필요하다. 거래기업과 성실한 상담태도는 무엇보다 중요하며, 서류점검과 현지조사를 실시할 때 객관적이면서 냉정한 판단이 요구된다.

한편 지점장은 여신설계의 기본을 명확히 인식해야 한다. 여신을 취급할 때 자금의 사용용도를 우선적으로 확인해야 하며, 그 다음 거래기업의 변제능력과 채권보전을 검토하고, 이번 거래가 은행에 어떠한 이익을 가져다주는지에 대한 파악이 필요하다. 쉽게 말해 '왜 여신이 필요한가', '대출된 자금은 회수가 가능한가', '이번 여신거래를 수행하면 은행에 이익은 무엇인가' 등에 대한 고려를 한 다음 여신을 실행하는 것이 중요하다.

나. 여신업무의 효율적 관리

향후 지점경영은 건전한 자산운용과 기존 대출자산의 건전성을 제고시키는 노력이 매우 중요하다. 여신결정은 대출계 결제라인 전원의 합의 결정이 가장 바람직하다. 연체여신의 사후관리도 지점장이 계획대비 감축실적을 매일 점검하고 채무자별 특이사항을 보고하게 하여 대책을 협의하여 추진하도록 하는 노력이 필요하다.

여신거절시에도 "어떠한 경우에도 고객에게 노(NO)라고 이야기 하지 말고 조건을 제시해서 부합되면 지원한다"는 방식으로 설득하여 이해를 구해야 한다. 여신결정은 신속하게 결정하되, 차장, 과장 등의 동석하에 결정하는 자세를 견지해야 한다.

확실하지 않는 고액여신은 신중히 처리해야 한다. 특히 지점에서 복잡한 여신, 고액여신 등 부실여신이 될 소지가 있는 여신은 신중히 처리해야 한다. 대출실행센터와 관할심사역 등과 사전협의하여 의사결정을 해야 한다. 여신신청시 사전 조사 실시 후 가능성이 있을 때에는 여신지원을 결정하도록 하는 여신결재라인과의 사전협의제도의 운영도 필요하다.

한편 점주권에 여신공급을 원칙으로 하고 신용보증부 여신, 유담보여신 등 채권보전과 채무자의 상환능력 등을 면밀히 검토하여 여신이 부실화되지 않도록 취급할 때 사전관리에 주력해야 한다.

3-5 직원의 판매역량 관리 점검사항

은행영업의 핵심은 기본적으로 창구직원의 판매역량에서 창출된다. 각종 판매스킬의 벤치마킹, 직원교육 및 육성, 우수사례 공유로 적극적인 판매역량관리가 필요하다.

가. 판매역량을 제고시키는 직원육성방법

우선 전체 지점 직원의 강사화가 필요하다. 사무직원을 포함한 전 직원을 분야별로 강사로 선정하여 운영하는 것이 요구된다. 연수스케줄에 의해 사전 자료 제공후 연수 당일날 사다리타기 등으로 강사를 선정한다. 실적이 부진한 직원을 해당과목 연수강사로 선정하여 관심도 및 실적 제고를 도모할 필요가 있다. 이때 중요한 것은 담당직원 이외의 직원이 강사가 되어 연수를 실시하는 것이 필요하다.

연수방법은 가능한 강의식을 지양하고 질의응답방식의 연수가 필요하다. 사례중심, 질의응답 등 개인교습방식의 눈높이 교육으로 질문이 많아지고 판매활동으로 직접 연결될 수 있도록 유도하는 것이 필요하다. 연수를 할 때 질문과 답변조로 분류하여 연수전날 자료를 배포하고 조별 모임을 갖게 하면 예습과 복습이 반복되어 성과로 이어진다. 청문회식 연수도 필요하다. 즉 중점 추진상품을 선정하고 1주전 강사를 선정하며 강사에게 직원들이 질문형식으로 연수를 진행하는 방식이다.

한편 토의식 연수도 필요하다. 소그룹 2개조를 구성하고 직원중에서 리더를 선정하여 그룹별 연수를 실시한다. 전 직원은 사전학습후 연수에 참여하여 리더가 강의후 질의응답 및 토의식으로 진행한다. 연수내용은 상품, 고객관리, 대화법, 창구응대시 갈등 및 권유 등 사례중심으로 진행하는 것이 요구된다.

문제은행식 연수도 필요하다. 전직원이 문제를 출제하여 골든벨 형식으로 연수를 실시하는 방식도 도입해 볼만 하며, 스팟(spot) 형식으로 쪽지시험이나 포인트 중심의 연수도 고려할만 하다.

나. 판매스킬 함양

지점내 로비에서의 안내방송과 연계한 로비매니저 활동의 강화가 필요하다. 상품별 방송문안을 작성하여 안내방송을 실시하는 것이 요구된다. 예를 들어 1일 3회씩 중점판매하는 상품중심의 안내방송도 고려할만 하다. 상품안내 방송시 로비매니저를 소개하여 고객의 관심도 및 판매성과 제고를 도모해야 한다.

권유의 습관화와 거절당하는데 익숙해져야 한다. 지점 차원에서 거절을 많이

당하는 직원에게 포상을 실시하는 것도 고려할만 하다. 이때 거절관리대장을 작성하는데, 거절이유 및 피드백 기회로 활용하는 것이 필요하다. 또한 거절시 안내장과 명함을 반드시 전달해야 한다. 거절당할수록 더욱더 친절히 응대할 수 있도록 교육시키는 것도 지점장의 몫이다.

연수를 실시할 때에는 실패사례를 공유하여 거절당하는 것은 기본임을 숙지시키는 것도 지점장의 입장에서 필요하다. 항시 부하직원들에게 "거절은 기본, 권유해야 실적이 있다"는 마인드를 심어주는 것이 중요하다.

예를 들어 은행의 입장에서 보험상품을 많이 팔수록 수수료 획득이 가능하지만 20%룰(Rule) 법칙을 준수하는 것이 필요하다. 만기고객의 고객정보를 출력한 다음 고객의 예금현황을 파악하고 보유예금액의 20% 범위내에서 방카슈랑스 상품가입을 위한 사전 설계후 고객이 지점을 방문할 때 제안하는 것이 바람직하다.

방카슈랑스 상품을 판매할 때는 단계별로 사전설계가 필요하다. 최소한 3개의 상품을 사전설계하여 고객의 거절시 대안으로 제시하는 것이 요구된다. 또한 판매력 증대를 위해 주간별 집중 판매상품을 선정하여 게시한다거나, 금일의 추천상품을 게시하는 것도 고려할만 하다.

한편 펀드상품을 판매할 때는 객관적 자료 제시가 중요하다. 신문기사 등 스크랩자료를 코팅하여 단말기 뒷면에 부착하여 고객의 호기심을 유도하는 전략도 필요하다. 펀드는 특히 판매 후 사후관리가 중요하다. 가입기간 중 수시로 수익률 현황을 통지하여 고객 본인이 가입한 상품에 대한 상황을 파악하고 예측할 수 있도록 하여 불만을 사전에 방지해야 한다.

4 지점의 업적평가 개선을 위한 이익관리 방안

지점에서의 이익증대를 위한 업무추진의 기본방향도 영업규모의 증대를 위한 노력 못지않게 예금조달금리를 낮추고 대출운용 수익률을 높여 나가는 노력이 중요하며, 아울러 수수료 수입 증대와 경비절감을 위한 노력을 함께 추진해나가야 할 것이다. 지점에서 발생하는 모든 거래에 대해서 단위당 비용이 얼마만큼 들고 수익이 얼마만큼 나는지를 인식하고 수익성이 높은 부문으로 인적·물적 자원을 집중시키는 것이 이익관리의 핵심이 된다. 지점의 수익을 향상시키는 것은 특별한 방법이 있는 것이 아니고 종래부터 수행해온 영업활동을 산출량(output) 증대와 원가절감(cost down)에 초점을 맞추어 대책을 강구하고 이것을 실현하기 위한 추진체제를 확립해나가는 데 있다.

4-1 예금량의 증대

은행의 고유이익은 고객으로부터 자금을 조달하여 고객에게 자금을 운용하는 과정에서 발생한다. 따라서 이익증대를 위해서는 예금량의 증가가 여전히 중요하다. 예금량을 증가시키기 위해서는 계좌 수를 증가시키고 계좌당 평균잔액을 늘려나가야 하기 때문에 신규거래의 확대(계좌 수의 증가)와 고객의 전담거래화(계좌당 잔액증대)가 예금량 증가추진의 기본이 된다.

먼저 계좌 수의 증가를 위해서는 신규거래자를 확대해나가야 하지만 궁극적인 목적은 예금량의 증가이기 때문에 앞으로 예금증가에 기여할 가능성이 높은 거래자에 중점을 둔 계좌 수의 증가노력이 보다 중요하다. 일반적으로 은행 거래 고객 중 20%의 우수고객이 은행 전체 수익의 80% 이상을 기여하고, 나머지 70~80%의 고객은 기여도가 매우 낮거나 손실부담만 된다고 한다.

신규거래 유치를 위한 업무추진은 먼저 유치비용이 적게 들면서 거래의 활성화를 기대할 수 있는 점주권(거래유치가 100% 가능한 지역) 고객유치에 주력하고, 점주권에 준하여 내점유치가 가능한 지역으로 점차 지역을 확대하여 관리해나가는 것이 필요하다. 그리고 계좌당 잔액을 늘려나가기 위해서는 급여이체, 계좌 간 자동이체, 공과금 자동납부 등을 연계시켜 모든 거래의 종합화와 집중화를 도모해나가는 것이 바람직할 것이다.

4-2 대출량의 증대

금융시장 역시 상품·서비스시장과 마찬가지로 판매자 또는 생산자중심에서 소비자가 주도권을 행사하는 소비자중심으로 패턴이 변하였다. 과거 판매자 또는 생산자중심의 금융시장에서는 자금의 수요가 공급을 초과한 상태였기에 대출량의 증대는 마케팅대상으로 중요시되지 못하였다. 그러나 지금은 금융기관 간 경쟁이 심화되고, 직접금융시장의 급속한 발달로 기업이 금융기관을 거치지 않고 자본시장에서 직접 자금을 조달하는 등 기업의 탈은행화 현상이 가속화되고 있다. 또한 시장에서의 자금유동성이 풍부해짐에 따라 대출고객 확보를 통한 자금의 운용능력이 은행 경쟁력의 핵심요소로 대두되었다. 은행 경영에 있어서 우량대출고객의 확대는 예금량의 증대와 함께 은행의 수익력 향상에 필수적인 요건이 되었다.

그러나 여기서 유의할 점은 대출은 예금과 달리 위험부담이 따르므로, 대출량을 증대시키고 높은 금리로 운용하였다고 해서 반드시 이익으로 연결되는 것이 아니고 대출원리금을 안전하게 회수할 수 있을 때만 이익증대에 기여할 수 있다는 점이다. 이익증대를 위해서는 우량 여신고객 유치를 위한 적극적인 노력과 함께 대출금의 회수가능성, 거래처의 성장가능성, 대출기업이 속한 업종의 전망, 동 업계에서의 위치와 현금흐름 등을 종합적으로 판단할 수 있는 심사능력을 배양하여야 한다.

4-3 본지점 이자율관리

영업점에서 본지점이자를 의미하는 내부이전가격은 은행내부의 자금거래에 적용하는 가격으로 내부금리라고 불린다. 내부이전가격은 영업점의 자금에 대한 수요와 공급에 영향을 미치며 은행의 상품별, 사업부서 및 영업점별, 고객별 수익성 측정의 기본요소로, 자금조달과 자금운용에 대한 보상의 기준이 된다. 지점은 조달자금에 대해 내부이전자금에 대한 이자를 수입하며, 운용자금에 대해서는 내부이전자금에 대한 이자를 부담하게 된다. 은행의 자금조달 및 운용에 따른 이익은 자금량의 규모와 함께 조달이자율과 운용이자율의 차이인 예대마진율에 의해 결정되므로 자금조달 총량관리와 함께 이자율관리가 수익관리에 중요한 요소가 된다.

국내은행의 경우 과거에는 자금조달액과 운용액의 차액에 대해 내부이전가격을 적용하여 수익과 비용을 계산 및 배분하는 방식의 차액법을 주로 사용하였다. 하지만 지금은 자금의 기간별, 계절별 특성을 반영하여 자금의 조달 및 운용 각각에 대해 내부이전가격을 적용하는 총액법을 사용하고 있다. 그리고 시장실세금리에 기초한 내부이전가격을 자금의 조달 및 운용 각각에 대해 적용하는 만기대응 내부금리제도로 개선하고 있다. 만기대응 내부금리제도란 모든 조달 및 운용자금을 만기별 또는 금리변경주기별로 기간항목을 분류한 후 기간항목별로 내부금리를 정하는 방법이다.

국내은행은 조달 및 운용자금의 특성에 따라 다음과 같은 내부금리를 혼합해 사용하고 있다. 시장금리에 민감한 조달 및 운용자금은 시장실세금리에 기초한 만기대응 내부금리를 기준으로 하고 있고, 핵심예금으로 간주하고 있는 순수 요구불예금과 적립식저축에 대해서는 일정한 마진을 보장하는 방식의 내부이전가격을 사용하고 있다. 그리고 예금담보대출 등 조달금리에 일정한 가산금리를 더해 대출금리가 결정되는 자금에 대해서는 대출금리에서 일정률을 차감한 금리를 내부이전가격으로 하고 있다.

내부이전가격은 본부에서 전략적인 측면에서 결정하여 적용하는 것이기 때문에 영업점에서는 주어진 것으로 받아들일 수 밖에 없다. 하지만 금리자유화가 진전되고 실행금리에 대한 결정권한이 일선 지점에 위임된 상황에서 단순히 자금조달량을 증대시키기 위한 우대금리 적용은 자금조달금리 상승으로 이어져 지점에 손실을 초래할 수 있다. 따라서 자금조달 시에는 예수금 지급이자율뿐 아니라 각 조달상품별 본지점이자율과 예금지급준비금, 예금보험료 등을 감안해 업무를 추진해야 한다. 자금운용측면에서도 지점장의 입장에서 이자율관리를 효율적으로 수행하기 위해서는 여신금리결정체계와 본지점이자율의 관계를 감안해 업무를 추진해야 한다.

4-4 비이자성 수익관리

금융시장의 개방, 금리자유화, 업무영역의 철폐는 금융기관 간 금리경쟁을 더욱 촉발시켜 자금조달·운용부문의 예대마진을 축소시키고 있다. 그 결과 은행들은 안정적인 수익원을 지속적으로 개발·확충해나가지 않으면 성장·발전이 어려울 뿐더러 은행의 생존 자체까지 위협받게 되었다.

이러한 인식하에 많은 은행들이 새로운 상품 및 서비스개발에 박차를 가하면서 기존의 각종 무료서비스를 유료화하고, 업무원가에 크게 못 미치는 수수료의 현실화를 위해 노력하고 있다. 지점에서도 업적평가 성과제고를 위해서는 비이자성 수익관리를 통한 이익증대방안을 적극적으로 모색해나가야 한다.

자금이 수반되지 않은 은행업무라 할지라도 모든 은행업무는 인건비·물건비 등 비용부담이 발생한다. 과거와는 달리 은행도 이익을 추구하는 영리기관이라는 인식이 확산되어 수익자부담 원칙에 따라 서비스제공에 들어가는 비용만큼의 수수료는 고객에게 부담시키고 있는 추세다. 서비스 취급수수료는 다른 부문에 비해 직원들의 관심이 낮은 부문이므로, 우선 현 시점에서 수수료부문이 지점이익에서 차지하는 비중을 수시로 파악하고, 지점의 여건에 맞는 적절한 대책을 수립·추진하는 것이 필요하다. 그리고 직원들에게 수수료부문의 중요성을 인식시켜 건당 금액이 소액이라 하여 안이하게 수수료를 감면해주는 일이 없도록 하여야 할 것이다.

또한 각종 서비스활동에 대한 정확한 원가분석을 통해 인건비·물건비 등 원가발생분과 최소한의 마진을 감안하여 수수료금액을 현실화시켜 수수료수입을 확대해나가야 한다. 예를 들어 외환매매익 등은 은행의 자금이 직접적으로 투입되지 않으면서도 비교적 높은 수익을 얻을 수 있는 부문이므로 이의 증대를 통해 수익확충을 도모할 수 있다. 외환매매익은 외국환매매시에 따르는 외국환매입률과 매도율의 차이를 은행이 취함으로써 얻게 된다. 이때의 환리스크는 본부에서 시장을 통해 관리하므로 지점 입장에서는 위험부담 없이 외국통화 단위당 이익을 얻을 수 있으므로 외국환매매의 양적확대로 수익증대를 도모할 수 있다.

4-5 경비절감

지점에서 지출되고 있는 경비의 대부분이 인건비와 물건비이다. 인건비는 인원을 줄이지 않는 한 삭감하기 어렵다. 또한 현재까지는 인원의 채용과 배치는 본부에서 결정하고 있기 때문에 지점 재량이 거의 없는 것이 사실이다. 하지만 과잉인력이 있는 경우라면 본부와 합의하여 조정할 수 있다. 따라서 지점에 있어서 인건비관리의 중심은 배치된 직원을 유효하게 활용하여 상대적인 '코스트'를 끌어내리는 것과 지점에서 직접 관리가 가능한 시간외수당 등을 줄이는 것이다.

그리고 물건비의 절감을 효과적으로 해나가기 위해서는 관리가능물건비와 관리불능물건비로 구분하는 작업이 선행되어야 한다. 그리고 그중 관리가능한 것에 대하여 종류별로 철저하게 그 절감대책을 강구하여 실천해나가는 것이 중요하다. 특히, 에너지절약과 사무비용절감 등에 중점을 두고 경비관리를 기하는 것이 효율적이다.

5 지점 창구별 이익관리방안

5-1 예금창구관리

① 지점의 전담고객을 지속적으로 확대해나가고, 거액 입출금 발생시에는 현황을 파악하여 지점장에 보고토록 하고, 담당자와 대책을 논의한다.

② 우수고객에 대해서는 금리, 수수료 및 서비스 우대사항을 알려 거래이탈을 사전에 예방하고, 고객차별화전략을 수립·시행한다.

③ 예금·신탁의 상품별 순이익률, 지급준비금 예치율, 예금보험료 부과대상 여부 등을 숙지하고 신규자금 유치시 활용한다.

④ 업무원가가 많이 드는 당좌예금 거래처에 대하여는 복수거래를 유도하여 은행에 대한 기여도가 손익분기점 이상이 되도록 지속적으로 관리한다.

⑤ 다음 영업일에 교환결제가 예상되는 거액 자기앞수표 발행은 도움이 되지 않으면서 예금지급준비금 및 예금보험료만 부담하므로, 가급적 창구에서의 수표발행을 억제하고 한국은행 당좌계정을 통한 은행 간 이체(BOK Wire) 등을 활용한다.

⑥ 단순 입출금중심의 기여도가 낮은 고객에 대하여는 ARS, 인터넷뱅킹, 텔레뱅킹 등 전자금융 및 자동화기기 이용을 권유하여 창구업무 경감에 노력하고 급여이체, 공과금 등의 자동이체를 적극 유도하여 저코스트 자금의 안정적인 확보를 도모한다.

⑦ 건당 금액이 소액일지라도 송금수수료, 추심수수료, 제사고신고수수료, 부도처리수수료 등의 수수료 징수를 철저히 한다. 그리고 수수료 감면시에는 적정여부를 확인·관리한다.

⑧ 우량고객 중 신용카드 미소지자에 대하여는 신용카드 발급을 적극 유도한다.

⑨ 부도거래처 등 불량거래처에 대하여는 '금융기관 신용정보 교환 및 관리규약'을 철저히 준수하여 불필요한 과태료를 부담하지 않도록 한다.

⑩ 각종 섭외정보를 꾸준히 수집·관리하고, 중요정보에 대해서는 상사에게 보고하고 동료직원들 간에도 공유한다.

5-2 여신 및 여신관리 창구

① 대출 취급시에는 규정이나 지침에의 부합여부뿐만 아니라 상환자원, 기업의 현금흐름, 동업계에서의 위치, 업종별 경기전망 등을 기초로 신용도를 종합

적으로 파악하고, 자금용도의 적정성 등을 신중히 검토함으로써 부실여신의 발생을 사전에 예방한다.

② 우량대출 취급처를 적극 발굴하고, 대출 취급 금리대별 여신자산의 점유비 증감현황을 파악·관리하며, 거액 여신거래처의 손익기여도를 주기적으로 파악·관리한다.

③ 대출금 과목별 이자율 및 금리체계(신용도별, 기간별 가산금리 등)를 숙지하고 대출권유 및 상담시 적절히 활용한다.

④ 대출금이자 납입은 대출 취급시부터 자동이체로 유도하여 창구업무의 경감을 도모하고 연체가 누적되지 않도록 한다.

⑤ 채권회수가 확실하고 BIS 비율도 제고시킬 수 있는 기금의 신용보증 및 주택신용보증을 적극적으로 활용한다.

⑥ 대출금리우대 및 수수료 감면시에는 적정여부를 확인하고 여신관련 수수료 징수를 누락하는 일이 없도록 한다.

⑦ 여신부실 방지를 위한 사전대책의 수립·시행과 함께 연체대출금 및 담보물관리를 철저히 하여 부실여신의 회수비율을 높이도록 노력한다.

⑧ 가지급금으로 처리된 법적절차비용 및 공탁금 등을 적기에 회수하여 유동성 제고에 노력하고 대손상각 후 따로 관리하는 특수채권에 대하여도 회수가능성을 수시로 점검한다.

연체관리 효율화를 위한 지점장 대상 조사결과(1)

지점 연체관리는 지점 수익성 차원에서 중요한 사항입니다. 연체관리시스템에서 매일 일일 발생 연체리스트 점검과 함께 담당직원이 연체내용을 파악하고 있는지를 확인하고 있습니다. 특히 주말을 앞둔 경우에는 주말 이자도래 고객의 자동이체 계좌에 이자금액이 입금되어 있는지를 파악하는 등 사전 연체관리가 중요합니다.

연체관리 효율화를 위한 지점장 대상 조사결과(2)

가장 중요한 것은 사후관리 관점을 고려한 여신취급입니다. 따라서 여신취급시 항상 자기

돈을 빌려준다는 생각으로 업무에 임할 것을 직원들에게 주문하고 있습니다. 여신을 취급했을 경우 장래 어떤 문제점이 발생할 것인지 사전에 예측하고 대안을 마련한 후 실행한다면 부실을 사전에 예방할 수 있을 것입니다. 우리 지점에서는 신규여신 취급 전 반드시 사업장 실태조사를 실시하여 현장 심사를 합니다.

부실가능성이 있는 기업에 대하여는 수시로 실태조사를 실시하여 대책을 수립하고, 동업계나 지인 등을 통하여 부실징후, 수시 자금계획 등의 정보를 파악하고 매출처관리 및 신규사업에 관여하는 등 예방활동을 하고 있습니다.

기업, 가계, 신용카드 전담관리자를 지정하고, 매일 아침 CRM을 통하여 연체 상황을 파악하여 정리계획을 점검합니다. 신규발생 및 정리약속기일 경과자에 대한 TM 또는 심방을 통한 정리독촉을 시행토록 하고, 중요 연체업체에 대하여는 직접 실태조사를 실시한 후 대책을 수립하여 시행하고 있습니다. 또한 매일 업무 마감 시 연체 정리여부 확인 점검을 실시하고 있습니다.

연체관리 효율화를 위한 지점장 대상 조사결과(3)

대출금 및 신용카드 등 연체자에 대한 선(先) 관리가 중요합니다. 특히 결제 당일뿐만 아니라 7일, 3일, 1일 전에 고객에게 미리 전화하여 결제일임을 알려주는 것이 연체관리에 큰 도움을 주고 있습니다. 또한 연체자에 대한 별도파일을 만들어 관리하고 있습니다.

5-3 외환창구

① 수출·입 대상국가 및 품목을 철저히 확인하여 미결제로 인한 손실요인을 사전에 방지한다.

② 외환거래 형태별(수출, 수입, 송금, 환전 등) 손익발생과정 및 각종 외환 취급수수료를 숙지하여 수익성 위주의 외환업무 취급에 노력한다.

③ 장기 미결제 수출·입대금의 관리를 철저히 하며, Term Charge, 지연이자 등 미수수수료는 발생 즉시 받을 수 있도록 노력한다.

④ 수출부문 주요 손실요인인 매입외환 부실을 방지하기 위하여 심사를 철저히 한다.

⑤ 외환부문은 외환매매익 제외시 업무원가에도 못 미치는 수수료율로 인하여 손실이 발생할 수도 있으므로 실적증대와 아울러 Position 거래비율 증대에 노력을 요하고 우대환율 적용에도 신중을 기하여야 한다.

⑥ 거래처별 외환실적, 외환손익, Position 비율, 외화단위당 손익 등 손익기여도를 종합적으로 관리한다.

5-4 기타 창구

① 매일 수납하는 시공과금 등의 일계표를 철저히 작성하고, 수납자료의 제출기한을 준수하여 불필요한 과태료를 부담하지 않도록 한다.

② 통화보유 한도를 준수하여 무수익성 자산을 최소화한다.

③ 자동화기기 가동상태를 최적으로 유지하여 고객의 불만을 최소화하면서 이용률 제고를 기한다.

④ '어음교환소규약'을 철저히 준수하여 과태료 발생요인을 사전에 제거한다.

⑤ 지속적으로 수수료수입이 발생하는 양질의 신용카드회원 및 가맹점을 적극 발굴한다.

⑥ 각종 경비집행의 적정성을 수시로 확인하고, 에너지절약 실천계획을 수립하여 지속적으로 시행한다.

⑦ 장부, 전표류, 소모품 등은 주기적으로 재고를 확인하여 과다 청구에 따른 낭비요인을 사전에 제거한다.

⑧ 각종 세금 및 공과금 납부시 전기(前期) 대비 납부금액이 과다한 경우에는 원인을 규명한 후 납부토록 하며, 납입기일을 철저히 준수하여 과태료를 부담하는 일이 없도록 한다.

⑨ 목표이익달성을 위한 부문별 계획을 수립하여 매주 또는 매월단위로 이익관리 진척현황을 파악·관리하고, 실적 달성률이 저조한 경우에는 그 요인을 분석하여 대책을 수립한다.

제3절

본부와의 커뮤니케이션과 지점 내 커뮤니케이션

1 본부와 지점 간 커뮤니케이션

1-1 지점장의 본부와 커뮤니케이션 개선방안

본부와 지점은 서로가 마케팅 파트너라는 인식하에 서로의 입장을 이해하고 부족한 점을 채워줄 수 있는 관계정립이 필요하다. 본부와 지점은 한배를 타고 있는 동반자적인 관계라는 인식을 바탕으로, 지점의 영업현황 및 직원관리상 필요한 내용을 수시로 보고하고 필요시 업무협조를 요청하는 등 유기적인 관계를 유지한다. 본부와 지점은 공존 및 상생해나가지 않으면 안 되며 어느 한쪽이 일방적으로 강하면 전행적 관점에서 볼 때도 바람직하지 않다. 본부가 강하면 관료적, 통제적이 되어 지점에 활기가 사라지고 고객과의 대면에 있어서도 열기가 사라지게 된다. 반대로 지점이 너무 강해도 좋지 않은데, 너무 앞서가는 지점은 때에 따라서는 경영리스크를 발생시킬 위험을 안게 된다.

지점은 은행 전체의 경영비전 및 영업전략을 현장에서 실천하는 조직단위인 만큼 관련부서와의 지속적인 커뮤니케이션 관리에 노력해야 한다. 본부 및 지역본부의 업무추진방향 및 의도를 정확하게 숙지하고 있어야 하기 때문이다. 본부의 사소한 앙케이트에도 적극 참여하여 자신을 알림으로써 커뮤니케이션의 원활화를 도모하도록 한다. 여신승인신청 등 대본부 업무 추진시에는 구체적이고 타당성 있는 자료를 충분히 제시하고 상호 상충되는 부분은 협의 등을 통해 직접 설득하는 것이 효과적이다. 특히 승진대상자가 승진시 불이익이 없도록 본부 부서와 커뮤니케이션을 강화할 필요가 있다. 안면 있는 직원에 대해서는 직원의 승진 및 대내외포상 또는 애경사시 전화나 메일발송 등을 통해 관심을 표명한다.

은행 본부에서 시행하는 캠페인에 대한 지점장 대상 조사결과

사업본부 주관으로 캠페인이 실시될 경우 대응방안을 마련하는 것이 지점 경영에서 중요합니다. 현재 사업본부, 혹은 지역본부에서 여러 가지 캠페인이 시행되고 있으며, 업적평가에 초점이 맞춰진 부문 등 과도하리만큼 직원에게 드라이브가 걸려 있는 상황입니다. 그래서 새로이 시행되는 캠페인은 성격상 직원 개인의 포상 차원인지 또는 지점 업적평가에 직접적인 점수가 걸려 있는 부문인지를 파악한 후 '집중과 선택'을 통한 전략적인 마케팅 전략을 수립하여 시행하고 있습니다.

캠페인이 실시되면 각 직원들에게 해당 캠페인을 문서로 확인한 후 진행상황에 대해 매주 팀장결재를 받도록 하고 있습니다. 그리고 우수직원에 대한 지점 자체적 포상도 실시하고 있습니다.

1-2 지점장의 본부관리 예시

지점장은 월 1~2회 정도는 회의라든가 그 밖의 일로 반드시 (지역)본부에 가게 된다. 일반적으로 은행 지점장의 경우 최소한 월 1회는 (지역)본부 각 부서를 찾아보려고 노력하고 있다. (지역)본부에 지원기능이 있을 만한 안건을 사전에 협의하기 위해서다.

방문시에는 지점실정, 문제점, 앞으로의 방침 등을 어느 정도 정리해서 관계부서를 돌며 상담하거나 정보를 수집하고 있다. 틈틈이 지점의 입장에서 시장의 최근 변화를 잘 파악한 후 제도 및 상품에 대한 제안을 제시한다. (지역)본부 직원이 지점을 방문한 경우에는 부서나 직급과 무관하게 가족과 같이 응대하여 감동시키고 있다.

본부와 유관부서 관리를 위해 필요한 지점장 대상 조사결과(1)

본부는 지점과 수직적 관계가 아닌 밀접한 파트너 관계로 인정하는 것이 중요합니다. 지점의 직원관리 등 어려운 점을 스스럼 없이 이야기하고, 본부와 유기적인 관계를 갖는 것이 중요합니다. 또한 본부의 업무추진 방향과 의도를 파악하고 숙지하는 등 본부의 업무추진에 적극적으로 참여하고 있습니다.

본부와 유관부서 관리를 위해 필요한 지점장 대상 조사결과(2)

내부고객 만족이 외부고객 만족에 우선하여야 된다고 생각합니다. 지점장 자신은 물론이고 직원들에게 본부, 지역본부 직원과 수시 전화, 면담 등을 통하여 업무를 협의하고 애로 및 건의사항을 전달, 해결방안을 찾고 있습니다. 그 결과 은행의 업무추진 방향을 정확히 파악하여, 일사불란하게 업무를 추진할 수 있어서 좋은 성과를 거둘 수 있었다고 생각합니다.

지점 경영에 있어 본부에 기대하는 내용에 대한 지점장 대상 조사결과

금융시장은 급격히 변하고 있습니다. 따라서 이에 부응하려면 고객의 니즈에 능동적으로 대처하지 않으면 안 되는바, 시대에 뒤진 제도는 바로 개선되어야 합니다. 새로운 제도의 시행이나 신상품 출시에는 영업현장의 목소리를 청취, 이를 반영하여 타행보다 경쟁력 우위의 상품을 개발한다면 시장진입이 용이하여 업무신장에 많은 도움이 되리라 생각합니다.

2 지점 업무수행과 커뮤니케이션 개선방안

지점 경영에 있어 효율적인 커뮤니케이션을 이룰 수 있다는 것은 하나의 무형자원이다. 커뮤니케이션의 정확성은 물론 적시성, 수용도를 향상시킬 수 있도록 지점장은 다방면의 노력을 기울여야 한다. 지점 내 커뮤니케이션 활성화를 위해서는 지점장과 부하직원 간에 이루어지는 하향식 및 상향식 커뮤니케이션과 지점 직원 간에 이루어지는 수평적 커뮤니케이션의 개선이 필요하다.

2-1 하향식 커뮤니케이션 개선방안

하향식 커뮤니케이션이 잘 이루어지기 위해서는 지점 직원 각자의 업무가 명확히 규정되는 것이 가장 중요하다. 업무의 내용을 명확하게 파악하고 있으면 지점장의 지시나 명령이 쉽고 정확하게 전달될 수 있으며 부하직원의 수용도가 높아진다. 지점장과 부하직원 간의 관계에서 전달일변도의 커뮤니케이션 방식을 탈피하는 것이 무엇보다 중요하며, 다음 사항들에 대해 유념해야 한다.

① 부하직원에게 업무에 대해 충분히 알려주어 업무가 요구하는 바를 명확히 해주어야 한다.
② 업무추진의 배경을 설명해줌으로써 왜 그런 일을 해야 하는지를 이해시킨다.
③ 업적과 관련된 피드백을 계속적으로 해줌으로써 목표를 달성하려는 의욕을 증진시킨다.
④ 지점장과 부하직원 간의 커뮤니케이션 경로를 다양화한다.
⑤ 중요한 업무추진 내용은 반복하여 전달한다.
⑥ 공식적인 경로를 이용하고 담당 부하직원에게 직접 전달되도록 한다.

2-2 상향식 커뮤니케이션 개선방안

일선 담당자의 의견과 현장감 넘치는 정보가 팀장이나 지점장에게 제대로 전달되어 의사결정에 중요한 정보로 활용되는 것이 상향식 커뮤니케이션의 핵심이다.

지점 업무를 추진하는 데 있어 상향식 커뮤니케이션의 개선을 위해 가장 중요한 것은 정보내용의 중요성과 타당성을 구분하여 전달하는 것이다. 일상적으로 수행하는 의사결정사항에 대해서는 규정에 따라 진행하도록 시스템화하고 예외적인 정보가 발생하는 경우에만 지점장에게 전달하는 것이다. 전달되는 정보의 내용을 요약 및 정리하여 핵심만 전달한다든지 혹은 전달에 소요되는 시간을 최소화하는 것이 필요하다.

또한 부하직원이 팀장이나 지점장에게 보고하는 자체에 대한 두려움을 없애는 노력이 필요하다. 이를 위해서는 지점의 분위기를 보다 부드럽게 유지해야 한다. 비공식적 커뮤니케이션의 활성화가 공식적인 커뮤니케이션의 경직성을 보완해줄 수 있다.

2-3 수평적 커뮤니케이션 개선방안

지점 경영에 있어 영업목표를 달성하기 위해서는 상하 간 커뮤니케이션을 활성화시키는 것이 중요하지만, 동료들 간 커뮤니케이션의 개선 역시 필요하다. 이를 위해 지점장 입장에서 유의해야 될 사항은 지점 내 업무가 형평의 원리가 적용되도록 노력해야 하고 지점 내 업무 간 정보의 원활한 교환이 이루어져야 한다는 점이다.

2-4 지점 내부의 의사결정 프로세스

조직에 있어 구성원은 어떤 종류든지 의사결정을 하며, 지점장은 더욱 중요한 의사결정을 함으로써 경영활동을 전개한다. 지점장은 지점의 목표를 달성하기 위하여 다양하고 수많은 문제에 직면하게 된다. 여기서 '문제'라는 것은 정해진 목표와 현상의 차이(gap)를 의미하고 이 차이를 없애는 것이 문제해결이다.

의사결정은 일정한 목표의 달성에 이르는 사고 및 행동과정으로서 둘 또는 그 이상의 문제해결 대안 중에서 지점의 목적을 달성하는 데 가장 좋은 대안이라고 생각되는 것을 선택하는 행동이다. 의사결정과 문제해결이 혼용되는 경우가 많은 것은 "문제해결을 위하여 의사결정을 한다"는 의미가 포함되어 있기 때문이다.

지점을 총괄하는 지점장의 입장에서 볼 때 목표설정, 목표달성의 지휘, 결과의 측정과 개선으로 이루어지는 관리의 순환과정에서 계속 의사결정의 문제에 직면한다. 따라서 지점장이 관리능력을 효율적으로 발휘하고 있다는 것은 결국 문제해결과 의사결정능력을 갖추고 이를 원활하게 활용하고 있다는 의미다.

지점 내 주요 의사결정은 지점장이 가이드라인을 제시하고 그에 따라 업무담당자 등 책임자의 의견을 청취하여 최종결정은 지점장이 하는 것이 바람직하다. 그리고 의사결정 후 지속적인 피드백을 통해 더 나은 방향이 있으면 이를 수용하는 것이 바람직하다.

2-5 지점회의에서 활용하는 브레인스토밍 방법

지점장의 의사결정에 도움이 될 수 있는 브레인스토밍은 은행 본부나 지점에서도 활용도가 높은 집단토론 방법이다. 브레인스토밍이 항상 적절한 대안을 마련하지는 못하지만 지점 직원들의 참여하에 의사결정이 이루어지는 유용한 방법이기 때문에 사안에 따라 브레인스토밍을 적절하게 실시하는 것이 좋다.

브레인스토밍은 적절한 수의 직원들이 모여 회의 진행자가 제기한 문제에 대해 자연스럽고 자발적으로 아이디어를 제시하여 유용한 아이디어를 가능한 많이 얻어냄으로써 문제의 해결방안을 찾으려는 방법이다. 브레인스토밍은 집단토의 기법으로서 참가자들은 집단으로 모여서 한 가지 주제에 대해 가능한 많은 양의 아이디어를 내놓는다.

브레인스토밍 기법의 장점으로는 참가자들에게 자유를 줌으로써 일상적인 토의나 회의를 통해서 얻을 수 없는 아이디어를 획득할 수 있다는 점이다. 단점으로는 토의에 체계가 없기 때문에 우연에 좌우되거나 막연하게 진행될 수 있으며 참가자 구성여하에 따라 결과가 좌우되는 측면이 있다.

브레인스토밍은 지점 내 의사결정을 위한 창의성 개발에 효과적이다. 뿐만 아니라 인간관계의 개선, 동기부여, 독선적 사고의 배제, 적극적이고 진취적인 태도의 배양, 기민한 핵심파악능력의 습득 같은 효과도 거둘 수 있다.

은행의 지점에서 활용할 수 있는 브레인스토밍의 진행절차는 다음과 같다.

① 주제의 선정과 범위의 한계가 명확해야 한다.

② 유능한 회의 리더와 기록담당자가 확보되어야 한다.

③ 참가자들에게 주제에 관한 정보가 제공되어야 한다.
④ 브레인스토밍을 진행한다.
⑤ 결과에 대한 정보제공과 평가가 이루어진다.

브레인스토밍을 실시할 때 참가자들이 창의성을 발휘하는 데 장애가 되는 장벽을 제거하기 위해 다음과 같은 원칙을 준수해야 한다.

① 다른 참가 직원들의 아이디어에 대한 비판을 금지하고 자유로운 의견개진을 보장한다.
② 토론의 질보다는 많은 양의 아이디어 제안에 중점을 두어야 한다.
③ 제안된 아이디어 간의 결합을 통한 아이디어의 개선을 권장해야 한다.
④ 회의내용은 철저히 기록해야 하며 회의가 있기 전에 의제가 공개되어서는 안되고 토의의제는 명확해야 한다.
⑤ 한 개인의 아이디어는 다른 직원이 제출한 다른 아이디어들과 결합되어 개선방안이 도출되어야 한다.

브레인스토밍 토의방법을 전개할 때 리더의 역할이 매우 중요한데, 리더는 다음과 같은 사항을 준수해야 한다.

① 자유로운 분위기를 조성한다.
② 비판이 나오면 이를 억제시킨다.
③ 발언하지 않는 직원이 없도록 지명해서 발언을 유도한다.
④ 아이디어의 결합과 개선을 장려한다.
⑤ 아이디어를 간결하게 정리하여 기록담당자에게 전달한다.

기록담당자의 역할도 중요한데 다음과 같은 점에 유념해야 한다.

① 발언내용을 모두 볼 수 있도록 기록한다.
② 아이디어를 빠트리지 않고 모두 기입한다.
③ 아이디어를 분류하고 정리한다.

3 지점활성화

3-1 활성화된 지점

활성화된 지점이란 한마디로 직원의 눈에 활기가 있고 환경변화에 유연하게 대응하면서 높은 성과를 거둘 수 있는 창조적 지점을 의미한다. 불필요한 업무를 과감히 없애고 하위책임자에게 업무를 위임함은 물론 구두보고를 적극 활용하여 담당자의 자율과 책임을 중시하고 업무효율화를 도모하는 것이 중요하다.

지점은 마치 인체와 같아서 살아 있고 급성증상을 일으키는 일도 있다. 표면상으로는 활성화되어 있는 듯하면서도 어느 부분은 자각증상이 없는 만성증상을 일으킬 수 있다. 마치 사람이 술을 과음해서 인사불성 상태로 되거나 피로가 겹쳐 심한 독감에 걸렸을 때 내과진료를 받아야 하는 것처럼 지점도 여러 가지 불건전한 증상이 나타날 때 적절한 대응조치를 취해야 한다.

활성화되지 아니한 지점과 활성화된 지점의 비교

활성화되지 아니한 지점	활성화된 지점
지점장 등 일부 팀장급 이외의 직원은 지점 목표에 대하여 무관심하거나 거부반응을 가지고 있다.	지점 직원별 목표는 역할에 따라 설정되고 각자의 목표가 지점 내 전체 목표와 연결되어 있다는 것을 직원들이 확실히 인식하고 있다.
지점 내의 다른 업무를 수행하는 팀과는 대립관계에 있어 서로 비판하고 싶지만 그러한 기회가 없어 어정쩡한 상태에 있다.	다른 팀에 대해 말할 일이 있을 때에는 솔직하게 이야기해서 최선의 방법이 아니더라도 보다 나은 방법이 있는가 연구하는 자세를 지니고 있다.
지점장은 심리적으로 고독감을 느낀다. 부하직원은 무엇을 생각하고 있는지 부하의 마음이 전해져 있지 않다.	지점장은 부하직원과 더불어 일하고 있다는 것을 실감할 수 있다.
직원들은 각자가 고립된 것처럼 보이며 반응이 차갑다. 일하는 모습에서 웃음이 안 보인다.	어떠한 제안이 있으면 긍정적 자세로 의논하고 서로 격려하는 분위기가 충만하다.

정해진 시간과 장소에서 결정된 내용의 일방통행적 커뮤니케이션만 이루어지고 있다.	필요한 경우에는 때와 장소를 가리지 않고 서로 필요한 커뮤니케이션이 이루어지고 있다.
본부방침도 그 내용이 어떠한지 확인하지 않고 반발하거나 무비판적으로 받아들인다.	본부방침이더라도 현장 입장에서 실험해본다. 그 결과를 직원과 본부에 피드백한다.

3-2 지점활성화의 기본원칙

업무의 결과만 평가하는 지점은 반드시 침체되고 만다. 지점장의 입장에서 지점활성화를 적극적으로 실천하는 것은 중요한 과제다. 지점활성화는 은행 본부에서 지향하는 목표나 과제에 직원들로 하여금 능동적으로 임하게 하여 지점에 부여된 목표를 효과적으로 달성하는 데 도움이 될 수 있도록 한다. 지점의 목표와 연계되지 않은 활성화는 의미가 없다. 하지만 너무 직접적인 목표와의 연계성은 오히려 지점활성화를 저해시키기도 하고 좋지 않은 결과를 가져올 수도 있다.

지점활성화는 직원 개인들이 지점에 주어진 목표를 향하여 능동적으로 움직이고, 직원 상하직급 간에 의사소통이나 정보공유가 원활하며 지점에 어떤 문제가 발생했을 때 긍정적인 방향으로 해결하려는 의지가 왕성한 상태를 의미한다.

지점장의 입장에서 지점활성화를 위해서는 우선 지점 직원들에 대한 진실한 마음자세를 가져야 한다. 지점활성화는 전문적인 기술로 이루어지는 일이 아니다. 기술이 부족하더라도 정성과 마음이 실려야만 진정으로 효과가 있다. 아무리 성과주의 조직문화가 은행경영에 침투하더라도 진실한 마음이 부족한 지점활성화는 단기적인 효과만 얻을 뿐이다.

또한 개인의 욕구를 분석하는 세심한 준비가 필요하다. 직원 개인별로 활성화에 필요한 요구가 다르고 직무별로도 차이가 있다. 세심한 준비가 없으면 기대한 만큼의 효과가 없다. 지점장의 입장에서 직원들의 니즈를 정확히 파악하지 못한다면 효과적인 동기부여 방안을 마련할 수 없을 것이다.

한편 지점활성화를 위해서는 지점장의 희생을 필요조건으로 한다. 지점 부하직원의 심리는 제로섬(zero-sum: 어떤 시스템이나 사회 전체의 이익이 일정하여 한쪽이 득을 보면 반드시 다른 한쪽이 손해를 보는 상태)의 원리가 지배하는 경우가 많다. 모두가 승리하는 윈-윈(win-win)은 말만큼 쉽지 않다. 지점장이 부임한 초기에 자신의 이익과 시간을 희생해야 비로소 지점활성화가 시작된다. 이후 일정한 시간이 경과하면 지점장의 희생은 더 이상 불필요해진다. 부하직원들은 지점장이 행동하는 모습을 보고 마음을 움직이기 시작하기 때문이다.

뿐만 아니라 지점활성화를 위해서는 타이밍이 중요하다. 지점 분위기 활성화전략으로 시행되는 포상제도나 칭찬 등의 격려활동은 일이 발생한 직후에 즉석에서 해주는 것이 최고다. 일정시간 경과 이후에는 효과가 반감된다. 어떤 사건이 잊혀질 때 왜 받는지도 모르는 칭찬은 지점활성화를 위해 좋은 방법이 아니다.

지점장은 지점활성화를 위해 강온(强溫)의 전략을 모두 활용해야 한다. 지점을 활성화시킨다고 하여 플러스 자극만 필요하고 유효한 것은 아니다. 플러스 자극이 가장 바람직하지만 마이너스 자극도 경우에 따라 필요하다. 다만 마이너스라고 하더라도 저변에는 지점을 생각하는 마음과 사랑이 실려 있다고 부하직원들이 판단해야 효과적인 자극이 된다.

3-3 지점활성화와 지점장의 역할

지점장은 누구나 활성화된 지점을 만들기를 원한다. 활성화된 지점은 항상 활력이 있고 성과를 잘 내며 실적부진 상황에서도 문제를 잘 극복하기 때문이다. 모든 지점 구성원들이 활성화를 희망하지만 잘 되지 않는 이유는 진실한 마음이 없거나 방법이 어설프거나, 지점 구성원의 니즈를 정확히 파악하지 못하는 데서 오는 경우가 많다.

지점활성화가 성공하기 위해서 지점장이 반드시 명심할 사항으로 절대로 특정인을 편애해서는 안 된다는 것이다. 누구나 선호하는 사람이 있기 마련이지만 다른 직원들이 인정할 정도로 편애해서는 안 된다. 지점 구성원 누구에게나 동일한 시선과 따뜻함이 가도록 배려하고 균형을 잃지 않도록 끊임없이 노력해야 한다.

지점장의 입장에서 평소 경영철학에 대하여 부하직원들과 끊임없이 공유해야 한다. 구성원들이 지점장의 철학을 공유해야 비로소 하나의 방향으로 나갈 수 있다. 지점장과 구성원들의 공동체의식은 지점활성화를 위한 기초 인프라 정비 공사와 같다.

지점장은 민주적인 의사결정 프로세스를 정립하는 데 노력해야 한다. 지점활성화는 지점 구성원들의 자발적인 참여 없이는 불가능하기 때문에 직원들의 생각과 이익을 대변하는 제도적인 의사소통 장치를 반드시 가지고 있어야 한다. 합리적인 의사결정과정을 통해 최적의 의사결정을 할 수 있고 많은 지점 구성원들이 신뢰하는 결론을 얻을 수 있다. 지점장과 직원들 간의 신뢰관계 조성을 통해 지점활성화를 위한 여러 실행방안에 힘이 실릴 수 있다.

결론적으로 최상의 지점활성화를 위해서는 지점장의 구성원 모두에 대한 끊임없는 사랑과 업무에 대한 열정, 목표에 대한 끈질긴 근성이 중요하다.

지점활성화에 초점을 둔 지점장의 경영방침(예시)

① 정도경영과 윤리경영을 하자.
② 돈 물지 말고, 벌 받지 말고, 실적을 올리자.
③ 인사를 잘하면 기본점수 50점은 먹고 간다.
④ 6개월 단위로 자신을 업그레이드하자.
⑤ 업무는 항상 기록하고 결재를 받자.
⑥ 업무지시는 항상 메모하여 관리하자.
⑦ 자신의 SWOT분석을 하여 키우고 극복하고 포착하고 대비하자.
⑧ 긍정적인 생각을 하고 긍정적으로 말하자.
⑨ 상하, 동료 간 아껴주고 키워주자.
⑩ 지점 내부 커뮤니케이션에 최선을 다하자.

제4절

지점의 사고예방관리

1 금융사고 예방의 중요성 및 주요 유형

1-1 금융사고 예방관리

지점 내의 사고방지를 위해 사전예방을 충실히 하고 정기적 및 불시점검을 실시해야 한다. 직원에 대한 신뢰를 바탕으로 사전예방 차원의 노력을 중시함과 동시에 정기적인 점검은 물론이고 항상 긴장할 수 있도록 불시점검 방법을 활용하는 것이 필요하다. 보안시설에 대해서는 운영실태나 담당자의 업무숙지도 등을 월 2회 정도 직접 점검해야 한다.

금융사고는 금융기관 임직원이 업무처리와 관련하여 위법한 행위를 하거나 타인으로부터 기망, 권유, 청탁을 받아 위법한 행위를 하는 것, 외부인이 금융기관 업무와 관련하여 불법행위를 함으로써 금융기관에 손실을 초래하거나 금융질서를 문란하게 하는 행위를 의미한다. 사고의 60% 이상을 차지하고 있는 횡령·유용은 특히 동일 보직 장기근무자에 의해 발생하며 점점 증가하는 추세다. 이들은 업무에 관한 전문지식을 바탕으로 치밀하게 준비하기 때문에 사고 적발에 장시간이 소요될 우려가 있다.

직원들의 절제되지 못한 사생활에 의한 사고는 주식투자 실패와 무분별한 소비생활에서 비롯된 신용카드 채무 등에서 기인한 경우가 대부분이다. 금전을 다루는 직원들 중 주식투자에 실패한 직원이 손실을 일시에 만회하고자 하는 심리적 요인과 사회적으로 만연된 한탕주의 심리가 어우러져 범죄유혹에 노출된 결과라고 할 수 있다. 따라서 지점장은 직원의 고충사항 해결에 무관심하여 사고가 발생하는 경우를 방지하기 위해서는 평소 직원들과 눈을 마주치도록 노력하여 근무태도 이상 유무(有無)에 관심을 가져야 하며, 고충사항이 발생했을 때 해결방안 마련에 최선을 다해야 한다. 업무상 사고는 평가와 관련된 무리한 업무추진이 주된 요인이 될 수 있다. 이러한 사고를 예방하기 위해서는 합리적인 업무추진이 요구되는데 이를 위해 팀별 업무회의를 일상화하는 것도 한 방법이다.

지점 사고예방관리 실례

① 업무수행시에는 총알이 날아오는 전쟁터임을 자각, 한 치의 오차도 없도록 교육
② 미결 없는 지점 만들기(대출서류는 실행 후 2일 안에 결재)
③ 내부전산망을 통한 고액입출금 거래내역 및 신규해지 내역을 수시로 확인하여 특이사항은 담당직원에게 직접 문의
④ 월 1회 정도 직원들이 출근하기 전에 지점장이 직접 직원들 고무판 및 서랍시건 여부를 확인하거나 청소 전에 휴지통을 확인하여 직원들이 경각심을 느끼게 함
⑤ 지점장이 너무 빈틈없으면 안 되고 직원모습이 누적적으로 이상하면 본인에게 슬며시 물어보는 것도 한 방법

1-2 내부사고 예방

사고발생 후의 어떠한 대응도 사고를 사전에 차단하는 예방활동보다 나을 수 없음을 명심하고 사고예방 대책이행에 만전을 기해야 한다. 내부사고 예방을 위해 중요한 것은 사고예방을 위한 정신교육, 소속직원의 신상관리, 자점감사 이행상태 점검, 고액출금계좌 현황파악 및 확인, 현금검사 실시, 중요용지 보관상황 검사확인, CCTV 설비 및 녹화상태 점검, 금고관리 점검 등이 중요하다.

지점장 입장에서 부하직원들에게 예금 횡령, 대출금 유용, 시재금 유용 등에 관한 경각심을 고취시켜야 한다. 또한 세밀한 관찰과 주의로 소속직원의 신상을 파악·관리하며 각별한 주의 및 계속적 관찰이 요구되는 직원에 대해서는 본부

인사관련 부서에 즉시 보고해야 한다. 특히 중요용지 보관상황의 검사 및 확인이 중요한데, 월 2회 이상 수표, 어음, 채권현물, 양도성예금증서 등 유가증권 용지에 대하여는 현금검사와 병행하여 실시할 필요가 있다. 전표의 정정이나 오조작 처리건에 대해서는 그 과정을 상세히 파악해야 하며 사고경력직원에 대해서는 주의와 함께 직무이동은 상황을 반영하여 실시해야 한다. 평소 직원에 대한 관심도가 높은 지점장일수록 사고율이 낮은 것으로 나타나고 있는데 이는 직원의 태도변화를 미세한 동작과 표정으로도 읽어낼 수 있기 때문이다.

내부사고 예방을 위한 지점장 대상 조사결과(1)

직원의 출·퇴근시간, 업무중 직원의 표정으로 대부분의 직원의 신상정도는 파악할 수 있습니다. 특히 대출 및 카드이용 상황을 보면 직원의 금전적인 문제들도 파악이 가능합니다. 또한 동료직원과의 면담을 통해 해당 직원의 동향도 알 수 있을 것이나, 직원의 프라이버시에 관한 사항이라면 해당 직원에게 직접적으로 물어보고 해결가능한 애로사항이라면 지점장이 직접 해결하는 모습이 중요합니다.

내부사고 예방을 위한 지점장 대상 조사결과(2)

영업실적보다 우선하는 것이 윤리경영입니다. 실적이 부진한 직원은 다시 돌아올 수 있지만 윤리적으로 문제가 발생한 직원은 직장생활이 불가능하다는 점을 지속적으로 교육하고 있습니다. 또한 감사통신 문서 시행시마다 직원 공람 및 교육을 실시하고 있습니다.

직원 본인상담 및 동료직원들로부터 애로사항을 파악하여 해결하여줌으로써 사고를 미연에 방지하고, 대고객문제에 있어서는 편법이 아닌 정상적인 지원을 통한 해결로 직원의 사적인 금전대차 개입을 엄금하고 있습니다.

내부사고 예방을 위한 지점장 대상 조사결과(3)

금융사고는 예방이 관건입니다. 원칙적으로 직원을 믿어야겠으나, 평상시 직원을 관찰하고 정신교육을 지속적으로 시행하는 것이 중요합니다. 문제시되는 직원은 직접 면담을 통해 문제점을 직시해주고 시정을 요구하고 있습니다. 직원의 신용카드 이용상황 및 대출과다 여부를 점검하고, 현금 및 중요용지 감사 등 자점감사 이행상황을 수시로 점검합니다. 대출서류의 장기 미결을 방지하고 있으며, CRM시스템의 고액 입출금상황을 매일 점검하고 있습니다.

1-3 외부사고 예방

고객의 입장에서는 자신의 귀중한 재산을 은행을 맡겼는데 방송 등에서 거래은행에서 사고가 있었다고 보도가 되면 불안하여 거래은행을 옮기고 싶은 마음이 생기게 된다. 고객은 어떤 특정지점에 대해 불안을 느끼는 것이 아니고 해당은행 전체에 대해 불신감을 갖게 되는 것이므로 각 지점에서는 자기 지점뿐만 아니라 은행 전체의 이미지를 위해서도 사고예방에 만전을 기해야 한다.

전 직원이 사고예방을 위한 감시자가 되도록 분위기를 만들어가는 것이 지점장의 역할임을 명심하고 각종 경고용 게시물 부착 및 훼손여부를 확인해야 한다. 은행별 사례를 통해 볼 때 '감시용 카메라 녹화중', '날치기주의', '현금사고예방안내', '현금보호요청신고처' 등의 게시물이 있는 지점의 사고율은 매우 낮았다. 차장, 과장뿐 아니라 지점장 등이 수시로 로비매니저 역할을 수행하며 책임자로 하여금 '도장 한 번 찍고 창구 한 번 둘러보기' 자세를 견지하도록 하여 간접경비에 만전을 기하도록 해야 한다. 비상벨 관리도 중요한데 규정된 장소에 설치되어 있고 완벽하게 작동하고 있는지를 확인해야 한다. 이때 가능한 한 전 직원이 직접 설치장소를 확인하게 해야 한다. CCTV의 관리상태를 확인하는 과정에서는 카메라에 담겨지지 않는 사각지대는 없는지를 점검하고 녹화상태, 화질, 녹화테이프 보관상태 등도 확인해야 한다. 또한 유사시를 대비해 비상연락망을 정비하고 소화장비의 확인 및 충약실시, 각종 출입문 잠금장치의 이상유무 확인 등 보안점검에 철저를 기해야 한다.

현금수송시에는 규정인원의 준수여부를 확인하고 안전수칙에 따라 특수안전가방을 사용하고 있는지를 확인하여야 하며 특히 자동화코너 현금보충시에는 반드시 특수안전가방을 사용토록 지도해야 한다. 명절 등에는 주차요원이나 안내원이 차량, 오토바이 등의 번호를 확인하게 하고 주차시각 등을 기록해두도록 하여 범인의 사전답사에 대비하는 것이 필요하다. 현금 수송대행 용역업체를 이용하는 것도 위험을 제거하기 위한 수단이 될 수 있다.

상습 수해지역에 위치한 지점의 경우에는 비상시 소요될 물품을 비축해두고 객장을 2층 이상으로 변경하는 적극적인 방법도 생각해보아야 한다. 점주권 고객들도 지역의 특성을 충분히 알고 있을 것이므로 이 같은 변화에 따른 불편을 감수할 수 있을 것이다.

1-4 지점 사고예방대책

금융사고 빈발로 금융기관에 대한 검사 및 문책이 강화되고 있다. 문제가 발생했을 때 경영진 문책뿐만 아니라 언론보도 및 기관제재에 따른 은행 신인도 추락도 초래할 수 있다. 사고가 발생했을 때 관련 임직원에 대한 내부문책도 강화되고 있다. 위반사항 해당 직원은 물론 관리책임이 있는 직원도 엄중 문책된다. 은행방침 역시 성과도 중요하지만 사고예방이 더욱 중요하다는 인식이 반영되고 있다. 사고예방은 지점장 이하 전 직원의 신상에 심각한 영향을 미치는 사항임을 명심하고 직원들의 경각심을 유지시켜야 한다.

사고예방을 위해서는 영업시간 전후에 출입자 통제관리를 강화해야 한다. 책임자 등이 수시로 객장에 나와 지점 동정파악 및 감시를 강화한다. 청경 등 경비요원이 타 업무 수행차 이석할 때에는 반드시 직원들이 객장경비를 지원해야 한다. 경비요원은 경비근무만 전담토록 하고 타 업무 겸직수행을 금지해야 한다.

특별한 볼일이 없이 객장 내에 머무는 거동수상자 등 고객동향 파악 및 감시를 강화해야 한다. 지점 주변 주정차 오토바이와 승용차를 수시 감시하고 기록유지토록 한다. 자동화기기 등에서 시재출납과 관련된 업무수행시 반드시 경비요원을 동행토록 하고 입회 후 실시해야 한다. 경비요원 부재시에는 대리 근무직원이 가스분사기를 휴대하고 근무해야 하며, 자동화기기에 현금을 투입하거나 마감할 때 기계실 및 복도 출입문은 반드시 잠근 상태에서 업무를 수행해야 한다.

지점장은 영업시간중 수시로 객장 또는 창구에 나가 텔러 옆에 서서 창구업무를 지도, 지원하는 것도 중요하다. 지점 사고도 지점장이 창구에 관심이 적거나 세일즈 등으로 영업시간중 부재시간이 잦은 경우에 발생할 가능성이 높다.

한편 지점 직원들이 지점 내에서 고객과의 대화중 발생할 수 있는 과장 또는 허위사례에 현혹되지 않도록 주의를 기울여야 한다. 각종 대규모 개발사업 시행 정보, 고위층 및 권력기관을 사칭하며 고액예금 예치를 조건으로 각종 확인서 발급, 무자원 입금, 수표 선발행 등을 요청하는 사기 사례도 발생하고 있다. 당장의 이익을 위해 허구적인 내용에 현혹되지 않도록 각별히 주의해야 한다. 무자원 입금, 수표 선발행 등 비정상적인 업무는 철저히 방지해야 한다.

단말기 조작자는 이석할 때 무단사용 방지를 위해 조작자 해제를 철저히 이행해야 하며, 자점 감사업무의 철저한 수행이 필요하다.

지점에서는 사고예방 관련 직원교육을 강화하는 것이 금융사고 예방을 위해 중요하다. 평소 부하직원들에 대한 관심과 대화를 통해 사고예방에 대한 경각심을 유지해야 한다. 본부의 관련부서에서 제공하는 사고사례와 유의사항에 대해 수시로 교육하고, 사고가 발생했을 때는 즉각적인 보고를 통해 문제가 확대되는 것을 최소화시켜야 한다.

외부사고 예방을 위한 지점장 대상 조사결과(1)

가장 중요한 것은 적당한 긴장감이 있어야 한다는 것입니다. 정신이 해이되면 문제 발생의 소지가 많습니다. 군 훈련시 사고예방을 위해 훈련병들에게 항상 군기를 불어넣고 긴장하도록 정신무장을 시킵니다. 은행업무 역시 현금을 다루기 때문에 사고 개연성이 많아 항상 정신을 집중토록 교육하고 위험요소가 없는지 수시로 점검하고 개선해야 합니다.

외부사고 예방을 위한 지점장 대상 조사결과(2)

매일 운영리스크 관리를 생활화하고 있고, 단지 문서적인 관리가 되지 않도록 교육하고 있습니다. 또한 주간업무회의 자료에 무사고 관련 항목을 추가하여 이에 대한 직원들의 관심을 제고하고 있습니다.

2 금융사고 발생 유형

사고 행위자의 대부분이 주식투자, 사업실패 등에 의한 채무과다로 자금횡령 유혹을 받은 것으로 알려졌다. 내부통제시스템이 완벽하게 구축되어 있음에도 직무분리, 이중결제, 명령휴가제도, 책임자승인거래 비밀번호 관리 등 기본적인 내부통제업무를 인원감축 등의 이유로 소홀히 함으로써 동일·유사 사고가 지속적으로 발생하고 있다. 금융사고의 사전예방을 위해서는 직원에 대한 윤리의식 고양과 채무과다 등 요관찰 대상 직원에 대한 보다 체계적이고 실질적인 감찰활동 강화가 요구된다.

2-1 금융회사 종사자 윤리의식 결여

사고자의 대부분이 주식투자, 사업실패 등에 의한 채무과다로 경제적으로 불안정한 상태에 있어 횡령사고 발생요인을 안고 있다. 은행 지점에서 실제로 발생한 사고직원의 주요 특기사항은 다음과 같다.

① **급여 대비 차입금 과다**: 현금서비스 과다 및 제2금융권을 포함한 금융회사 차입금이 과다한 직원

② **주식투자 과다**: 본인 및 타인명의로 주식투자를 많이 하는 자

③ **부업 등 이중취업**: 다단계 또는 이중취업이나 부업을 하는 자

④ **신용불량**: 신용불량으로 등록된 자

⑤ **급여가압류**: 가압류상태이거나 동 절차가 진행중인 자

⑥ **가정사 불량**: 사생활이 문란한 자

⑦ **장기근무**: 동일업무에 장기근무중인 자

⑧ **근태불량**: 출퇴근이 일정치 않거나 이석이 빈번한 자

⑨ **공사구분 불철저**: 경비를 과다하게 사용하는 자

⑩ **연수성적 불량자**: 연수과정을 정당한 사유 없이 이수하지 못하거나 성적이 불량한 자

2-2 내부통제 이행 미흡

대부분의 금융회사가 사고예방을 위한 내부통제시스템을 구축하고 있음에도 구조조정에 따른 인원감축 등으로 동 시스템이 작동하지 아니하여 유사사고가 지속적으로 발생하는 경향이 있다. 상호견제 및 실질적인 자점감사 준수 등 내부통제시스템 작동이 필수적이다.

① **상호견제제도 불철저**: 거액거래에 대한 복수결재 소홀, 책임자승인단말기 비밀번호관리 소홀, 중요 잔액증명서 발급 및 통장증서 재발행시 감사통할자 사전 확인 미실시, 중요열쇠의 이중 분리보관 불철저

② **장기근무직원 순환배치 미실시**: 동일직무 장기근무자 순환배치 또는 명령휴가제 등 실시 소홀

③ **형식적인 자점감사 실시**: 반복적인 점검사항에 대하여 겉핥기식 감사 실시, 사고빈발 직무에 대한 특명감사실시 소홀

2-3 사고 유형별 주요 발생원인

금융감독 당국에 지적당한 은행 지점에서 발생하는 사고 유형은 예금, 대출, 시재금 횡령사고가 대부분이다.

가. 예금업무 관련 횡령·유용

예금입금과 동시에 또는 정기예금 등 입출금이 빈번하지 않은 예금을 예금주 모르게 횡령·유용하는 경우가 있다. 해지신청서의 본인신청 여부 및 해지업무 처리의 적정성 등을 책임자가 제대로 점검하지 않았거나 실무자에게 책임자승인단말기 비밀번호를 노출하여 사고가 발생한다. 양도성예금증서(CD)의 경우 의뢰인에게 위·변조 CD 또는 복사한 CD를 교부하고, 원본은 사채시장에 유통시키거나 무자원 CD를 발행하여 사채시장에서 할인받아 횡령하고 만기에 상환하는 방법으로 횡령사실을 은폐하는 경우가 있다. 발행대금 입금, 실물의 발행 및 양도 등 CD 발행시 각 단계별로 상호견제시스템이 작동되지 않았거나 발행 및 회수시 증서 관리의 적정성에 대한 내부통제 및 자체감사가 소홀한 데 기인한다.

나. 대출업무 관련 횡령·유용

예금주의 동의 없이 예금을 담보로 제공하고 대출을 받아 가로채거나 제3자 명의를 이용, 어음할인 또는 소액 신용대출을 취급하여 횡령한 경우에 해당한다. 어음할인 등 신규여신 취급시 대출신청인의 본인확인 점검 등 여신취급의 적정성에 대한 책임자 확인 소홀, 담보제공 예금주에 대한 담보제공 사실여부 확인 불철저 및 책임자승인단말기 비밀번호가 직원에게 노출되어 사고가 발생한다.

다. 시재금, 시·공과금 관련 횡령·유용

수납한 시·공과금 등을 횡령·유용한 경우로서 공공예금 잔액조회서상의 총잔액과 수납실물의 일치여부 점검 소홀, 과다 시재금 보유 직원에 대한 중간시재 검사 불철저 등에 기인한다.

2-4 지점 금융사고 발생유형 및 예방대책

2012년 중 금융회사 임직원이 위법·부당한 행위를 함으로써 금융회사 또는 금융소비자에게 손실을 초래한 금융사고로서 금융감독원에 보고된 금융사고는 총 184건 747억원이었다. 여기서 보고대상은 사고금액이 1억원(은행은 3억원)이상이거나 횡령, 배임 등 범죄혐의가 있는 경우다. 단, 여신심사 소홀 등으로 취급여신이 부실화된 경우 등은 해당되지 않는다.

금융사고는 금융회사의 내부통제 강화 노력 및 임직원에 대한 사고예방 교육을 지속적으로 실시한 결과, 사고금액이 최근 5년간 가장 낮은 수준을 보이는 등 전체적으로 감소 추세를 보이고 있다. 다만, 고객의 신분증이나 인감, 정보 등을 도용하여 고객 예탁금을 횡령하거나 유용하는 사고는 줄어들지 않고 있다.

2012년 전체 금융사고 747억원(184건) 가운데 '횡령·유용'이 422억원(142건)으로 전체의 56.4%를 차지하였으며, 이어서 사기가 20건 174억원(23.3%), 배임이 17건 150억원(20.1%)으로 나타났다. 금융사고 주요 발생요인은 보면 다음과 같다.

① 상호금융조합의 횡령·유용사고

동일업무를 장기간(5년이상) 수행하는 직원이 고객의 예탁금을 임의 해지하는 방법 등으로 횡령하는 사고가 다수 발생하였다. 상호금융조합에서 발생한 횡령·유용의 70.9%가 장기 근무직원에 의해 발생했다. 이들 사고 금융회사에서는 자체감사를 형식적으로 운영하거나 중요 증서·인장의 관리를 소홀히 하는 등 내부통제가 제대로 이루어지지 않았다. 한편 사고 직원들은 부채가 과다하거나 도박, 사치성 소비성향을 보이는 등 윤리의식이 부족한 것으로 나타났다.

② 여신취급 관련사고

금융회사 임직원이 외부인과 공모하여 담보가액을 과다산정하는 방법으로 여신을 취급(업무상 배임)하는 사고가 다수 발생하였으며, 여신심사 및 여신실행 등 이해상충과 사고발생 위험이 높은 업무간의 직무분리를 제대로 운영하지 않은데 주로 기인한다. 또한 금융회사가 자기앞수표 위·변조, 대출서류 허위작성 등 외부 사기행위에 대비한 내부확인절차를 소홀히 하고 여신을 제공하는 사고(사기)도 다수 발생하였다.

금융사고 재발방지를 위해서는 내부자 신고제도 활성화, 수신잔액 증명서류 위변조 및 허위지급보증서 등 발급 방지대책이 시급하다. 최근 부점장에 의한 직접 사고가 증가추세이나 문제제기가 곤란한 측면이 있다. 따라서 철저한 비밀보장을 전제로 한「내부자 신고제도 활성화 방안」추진이 필요한 실정이다.

또한 위변조 기술진화에 따라 횡령 등 사고가 장기간 은폐될 가능성이 크다. 따라서 전산화 등을 통한 '수신잔액 증명서류 위변조 방지대책' 추진하는 게 중요하다. 허위 지급보증서 등 발급사고 반복 추세도 주의해야 한다. 진위여부 확인시스템 도입 등「허위 지급보증서 등 발급 방지대책」추진이 필요할 것이다.

금융감독원은 금융사고 예방을 위한 필수 점검사항을 담은 '금융사고 예방을 위한 체크리스트'를 은행에 제시하였다. 체크리스트는 공통사항, 영업활동, 업무프로세스 등 12개 대분류 및 72개 중분류 항목으로 구성되어 있다. 주요내용을 보면, 부점장 임명 시 인사검증을 강화하고, 외형적인 실적위주의 인사 및 평가로 인한 과당경쟁 유발 방지하는 항목이 포함되었다.

최근의 사고동향을 볼 때 문제직원뿐만 아니라 영업실적이 좋은 우수직원이 사고의 주체가 되는 경우가 많아 이에 대한 주의가 요망된다. 한편 동일 영업점 장기 근무자, 사고발생 가능성이 높은 분야 업무 담당자에 대한 감찰활동 강화, 순환근무 실시, 명령휴가 부여 등이 포함되었으며, 시재관리, 중요증서 및 인장 관련 내부통제 절차 수립도 포함되었다.

금융사고를 방지하기 위해서는 금융사고 예방문화 확산도 필요하다. 금융사고 예방을 위해 금융회사 임직원 및 금융소비자의 의식개선이 긴요하다. 금융사고 예방을 위해서는 은행뿐만 아니라 금융소비자의 적극적인 주의가 필요하다. 예를 들어 은행 임직원에 의한 고객예금 횡령은 고객의 주기적인 예금잔액 확인만으로도 조기에 발견이 가능할 것이다.

은행 지점에서 발생하는 사고유형 및 대응방안(예시)

금융사고 유형	사고 원인	대응 방안 (예시)
- 지급보증서 부당발급	- 부점장 직인 등 중요 인장 관리 소홀	- 인감관리자 외에 인감날인입회자를 별도로 두어 2중 잠금장치 금고에 인감을 보관 - 법인인감 날인 시 입회자의 입회 하에 날인
- 고객예금 임의해지 횡령	- 예금잔액조회서 발송업무 소홀	- 1억원 이상 중도해지 예금에 대한 전산 상시감시 실시
	- 상시감시시스템 운영 소홀	- 중도해지되는 모든 예금의 계좌주에게 SMS 통보
	- 영업점 자점감사 업무 소홀	- 미사용통장의 외부유출이 불가능하도록 통장발급절차 개선
- 대출모집인과 공모하여 무자격자에 대출실행	- 대출 취급자가 사후 관리업무 병행	- 대출 취급자와 사후관리자의 직무를 분리하여 대출 후 관리자가 차주에게 유선으로 직업 등을 확인
- 대출실행 담당자가 차주와 공모하여 담보물 감정가를 부풀려 대출취급	- 담보물 자체 감정	- 시세(매매가) 파악이 어려운 임야, 개발토지 등의 감정은 반드시 전문 감정평가법인에 감정의뢰

결론적으로 금융사고의 주요 발생원인은 금융회사 임직원의 윤리의식 부재, 직무분리를 통한 상호견제 미흡, 영업점의 자점검사 업무 불철저 등이다. 유사사고의 재발을 위해서는 윤리의식 제고를 위한 교육 및 연수 실시, 영업점 자점검사 운영 철저, 사고 가능성이 높은 업무에 대한 직무분리 시행 등이 필요하다.

금융사기 피해사례

① 검찰수사관 및 금융감독원 직원을 사칭한 사례

A씨(60대, 남)는 검찰수사관을 사칭하는 자로부터 "검거한 범인이 A씨 명

의의 계좌를 대포통장으로 사용하고 있어 금융감독원 직원이 계좌 안전조치를 해 줄 것입니다. 그러니 가까운 현금지급기로 가서 기다리십시오."라는 전화를 받았다. 이를 믿고 현금지급기로 가자 금융감독원 직원을 사칭하는 사기범으로부터 전화가 와 계좌 및 예금 안전조치를 위해서 금융감독원에서 관리하는 국가안전계좌라고 속이고 대포통장으로 A씨의 예금을 입금하도록 지시했다. A씨는 예금 안전조치라는 사기범의 말을 믿고 지시대로 사기범들의 계좌로 예금액을 송금했으나, 사기범들은 A씨가 예금액을 모두 송금할 때까지 통화를 계속하며 A씨를 현혹했다. A씨가 예금액 1,300만 원을 모두 송금하자 사기범은 자신이 다시 연락할테니 먼저 연락하지 말고 기다리라고 한 후 A씨가 송금한 피해금 전액을 인출해 잠적했다.

② 친구를 사칭한 메신저피싱 사례

J씨(40대, 여)는 퇴근 후 휴식을 취하면서 스마트폰으로 메신저 메시지를 확인하던 중, 친구로부터 "갑자기 가족이 아파서 급전이 필요하니 100만 원을 잠시 빌려주면 1주일 후 갚아 주겠다."라는 메시지를 받고, 아무 의심 없이 친구에게 응답하자 친구(사기범)은 고마움을 표하며 자신의 계좌번호를 메신저로 보내주었고, J씨는 돈을 송금했다. J씨는 사기범 일당이 본인 친구의 메신저 아이디와 비밀번호를 알아내어 접속한 후, 친구인 척 행세하며 다수의 사람에게 급전을 미끼로 돈을 송금해줄 것을 요구한 메신저피싱에 당했다는 사실을 뒤늦게야 알게 됐다.

③ 보이스피싱과 피싱사이트를 동시에 이용한 피해 사례

J씨(50대, 남)는 검찰청 수사관을 사칭하는 자로부터 "검찰 수사 과정에서 범인들이 J씨의 계좌를 대상으로 범죄를 시도한 정황을 포착했습니다. 수사 협조와 본인 예금계좌에 대한 보안조치가 필요하니 적극 협조하십시오."라는 전화를 받았다.

위압적이고 그럴싸한 사기범의 말에 속은 J씨가 인터넷 주소창에 사기범이 알려준 홈페이지 주소를 입력하자 검찰청 홈페이지를 모방한 피싱사이트로 연결되었고, 사기범은 통화를 계속하며 범죄 수사를 위해 필요한 것처럼 속여 J씨의 금융거래정보 입력을 유도했다. 결국 J씨는 주민등록번호, 계좌 비밀번호, 보안카드번호 전체를 입력하고 휴대전화로 수신된 인증번호 문자 메시지까지 사기범에게 알려주었으며, 정보를 모두 알아낸 사기범은 3일 정도 기다리면 별도의 연락을 주겠다고 안심시켰고 J씨는 이를 믿었다. 이후 사기범 일당은 J씨 명의로 공인인증서를 재발급 받아 카드론 대출과 예금 인출 등 총 3,000만 원의 피해금을 가로챈 뒤 잠적했다.

④ 신용등급 상향을 미끼로 보증료 등을 요구한 사례

L씨(30대, 여)는 OO저축은행으로부터 저금리 대출이 가능하다는 문자 메시지를 받았고, 경제적으로 곤란한 상황에 처해있던 L씨는 스팸 문자가 사기임을 알면서도, 혹시나 하는 마음에 전화를 걸었다. 전화는 OO저축은행 직원을 사칭한 사기범과 연결되었고, 사기범은 L씨가 거래하는 은행의 금융거래정보를 물으며 신용등급을 조회하는 듯한 상황을 연출하였고, L씨에게 대출금 1,000만원이 승인되었으나 신용등급이 낮기 때문에 신용보증을 위해서는 L씨의 통장에 300만원이 잔액으로 있어야만 대출금이 지급된다고 유인했다. 이에 L씨는 자신의 계좌에 300만 원을 입금하였고, 사기범은 미리 알아낸 L씨의 금융거래정보로 텔레뱅킹을 이용하여 300만원 전액을 대포통장으로 이체하여 인출한 후 잠적했다.

⑤ 스마트폰 악성 앱을 이용한 대출사기 사례

J씨(30대, 여)는 OO캐피탈 직원을 사칭하는 사기범으로부터 저금리 대출이 가능하다는 전화를 받았다. 사기범은 J씨의 현재 대출상황 등을 물어본 뒤 본인 인증 및 대출 가능 여부를 조회할 수 있다며 문자 메시지로 인터넷 주소를 보냈고, J씨가 해당 주소를 클릭하여 앱(악성 앱)을 설치하고 실행하자 여러 금융회사의 전화번호 목록이 나타났다. J씨는 사기범의 안내대로 본인 인증을 위해 성명, 주민등록번호 등을 입력했고, 대부업체의 기존 대출금을 상환해야 저금리 대출이 가능하다는 사기범의 말에 앱에 있는 통화연결 기능을 이용해서 △△대부의 전화번호로 연락했다. J씨는 △△대부 직원을 가장한 또 다른 사기범이 알려준 계좌(대포통장)로 대출금을 상환하여 1,000만원의 피해를 당했다.

⑥ 독거노인 등을 대상으로 금감원 직원을 사칭한 사례

사기범이 독거노인 등을 대상으로 가짜 금감원 직원 신분증을 보여주고 "계좌정보가 노출되어 안전조치가 필요하다"고 하면서 예금을 현금으로 찾아 집으로 가져오도록 하여 가로챘다.

⑦ 수수료를 미끼로 통장 명의인을 유인하여 대포통장으로 활용한 사례

사기범은 대포통장 명의인으로 등록된 K씨에게 '15.3.16(월) '절세목적으로 사용하려고 하니 예금계좌로 들어오는 금액을 대신 인출해 주면 수수료를 지급하겠다'며 제안했다. 이에 K씨는 금융사기 피해자로부터 A은행 통장으로 3천만원, B은행 통장으로 6,100만원을 입금 받아 사기범의 요구대로 5천만원의 현금을 인출하여 사기범에게 전달하였으며, 영업점 외부에서 대기중이던 사기범은 약속한 수수료도 지급하지 않고 도주했다.

2-5 금융민원 및 금융상담 현황

금융기관의 업무도 다양해지면서 영업점에서 민원이 중요해지고 있다. 금융감독원에 접수된 금융상담 및 민원은 증가하고 있다. 특히 주식시장 변동성 확대 및 자본시장법 시행에 따라 증권부문 상담이 증가하고 있으며, 경기침체 등의 영향으로 은행 부문의 여신(대출) 및 신용카드 부문의 채권추심 · 신용정보 관련 상담도 대폭 증가하였다. 상속인 금융거래 조회 및 대부업 등 사금융 관련 상담도 증가하였다.

금융민원 및 금융상담 동향을 보면 금융생활 불편민원은 감소하고 있으나 금융상담문의는 소폭 증가추세를 나타내고 있다. 2015년 상반기 중 금융민원 및 상담 등은 총 369,066건으로 전년동기 대비 7.4% 증가했으나, 금융민원은 36,133건으로 전년동기 대비 15.2% 감소했다. 개인정보유출사태 진정으로 신용카드 민원이 크게 감소한 가운데 기준금리 인하, 주식시장 회복 등 경제여건의 변화로 은행 · 금융투자권역 민원은 감소했다. 금융상담은 282,665건으로 전년동기 대비 8.3% 증가했다. 보이스피싱 등 금융사기, 불법 사금융, 불법 채권추심, 꺾기 등 금융회사의 우월적 지위 남용행위, 보험사기 등 5대 금융악 근절책 시행 등 홍보강화로 불법사금융 신고상담이 증가했기 때문이다. 상속인 조회는 50,268건으로 전년동기 대비 25.2% 증가했다. 지자체와의 업무협약 체결 및 비금융정보 등 조회대상 확대로 서비스 수요가 증가한 결과로 분석된다.

권역별 금융민원 현황을 보면 권역별 비중은 보험이 63.4%로 가장 많고, 비은행 18.6%, 은행 14.2%, 금융투자 3.9% 순으로 나타났다. 보험은 전년동기 대비 소폭 증가한 반면, 은행, 비은행, 금융투자 권역에서 모두 감소했다.

은행권은 기준금리 인하 등으로 여신 민원이 대폭 감소하는 등 전년동기 대비 19.1% 감소했다. 보이스피싱 등 전자금융사기와 관련된 인터넷 · 폰뱅킹 민원은 102.7%나 큰 폭 증가했다. 비은행부문은 카드발급 요건 완화, 개인정보유출 사태진정 등으로 신용카드 민원이 크게 감소했으며, 저축은행의 후순위채 관련 민원도 전년동기 대비 감소했다.

보험권은 전년동기와 유사한 수준이며, 보험금 산정·지급 민원은 증가하였으나 면책·부책 결정 민원은 큰 폭 감소했다. 금융투자부문은 2015년 상반기 주식시장 회복 등으로 수익증권 및 파생상품 매매 관련 민원이 전년동기 대비 큰 폭으로 감소했다.

연령대별 민원현황을 보면 경제활동이 활발한 30~40대의 민원이 전체민원의 56.5%이며, 60세 이상 고령자 민원도 10.7% 차지했다. 금융투자의 경우 60세 이상의 민원 비중이 23.7%로 타 권역에 비해 크게 높은 수준이다. 성별 민원현황을 보면 여성이 차지하는 비중이 50.6%이며, 대부분 권역에서 여성 비중이 높으나 은행·비은행은 남성 비중이 53.8%를 차지했다.

금융상담 및 상속인 조회현황을 보면 2015년 상반기중 금융상담 실적은 282,665건으로 전년동기 대비 8.3% 증가했다. 권역별로는 보험이 10.8%로 큰 폭 증가한 반면, 은행·비은행 상담은 감소했다. 불법사금융 신고센터를 통한 상담건수는 70,620건으로 5대 금융악 근절책 시행 등 홍보강화로 전년동기 대비 54.5% 증가했다. 무료금융자문 서비스는 서비스 개시일 이후 1,012건으로 부채관리 및 금융서비스 피해예방과 보호방법 등을 상담했다. 상속인 조회는 50,268건으로 신청기관 및 조회대상 확대 등으로 전년동기 대비 25.2% 증가했다.

2-6 주요제도 개선사례

가. 예금·대출 등 관련 제도개선 사례

① 동창회, 친목모임 등 임의단체 계좌 개설시 단체정관 등 임의단체 확인서류를 제출하지 않으면, 개인 계좌로 분류되어 압류·상계 등의 조치를 받을 수 있으므로, 금융회사의 사전고지를 강화하고, 관련 유의사항을 보도자료로 배포했다.

② 인터넷 취업사이트를 통해 취업 희망자들을 대상으로 저축은행을 이용한 대출사기가 발생하여 해당 저축은행 등에 개선토록 하고, 해당 사이트에 주의사항을 게재하도록 조치했다.

나. 보험관련 제도개선 사례

① 종신보험 상품을 은행적금으로 오인토록 하여 가입하게 하는 등 종신보험 관련 불완전판매 민원이 지속적으로 증가하여, 종신보험 가입시 핵심 유의사항을 선정해 보도자료로 배포했다. 예를 들어 종신보험은 순수 저축목적으로 적합하지 않고, 유지기간이 장기간이라는 점 등이다.

② 보험가입 이전에 질병으로 진단 또는 치료받은 사실이 없음에도, 보험가입 이전에 질병이 발생하였음을 이유로 보험금을 부당하게 지급하지 않는 사례가 발생하여 개선했다.

다. 신용카드 관련 제도개선 사례

① 카드사가 신용정보보호서비스를 판매하면서 카드사별로 거의 동일한 서비스를 중복으로 가입하게 하여, 중복회원에 대한 기 납부요금을 환급하고, 상품가입시 중복보상 등에 대한 안내를 강화하도록 개선했다. 중복으로 가입하더라도 하나 가입할 때와 동일하게 보상한다.

② 카드 분실·도난 사고시 부정사용에 따른 책임분담 등과 관련한 카드이용자와 가맹점의 민원이 빈발함에 따라, '카드 분실·도난사고 보상에 관한 모범규준'을 제정하는 등 개선방안을 마련하여 카드 이용자의 피해를 최소화하도록 조치했다.

2-7 금융사고 예방을 위한 내부통제강화 방안

금융사고 예방대책을 시행해 2010년 이후 금융사고가 지속적으로 감소해왔다. 하지만 금융사고는 사고금액 100억원 이상의 대형금융사고가 잇따라 발생했으며, 사고가 정교화되고 있다. 예를 들어 100억원 위조 자기앞수표 인출사고, 10만원권 초정밀 정액 위조수표 발견, 직원의 자금유용으로 손실발생 등이 적발됐다. 금융사고 발생초기 단계부터 감독당국이 적극적으로 대응하여 사고원인을 파악해 재발방지책을 강구하고, 금융사고 예방에 대한 금융회사 경영진의 책임을 명확화하고, 기존 내부통제시스템 전반에 대한 재점검을 통해 금융사고 발생원인을 파악해 대처할 계획이다.

① 금융사고 인지 및 관리체계 재정비

금융권역별로 금융사고 보고체계의 적정성에 대한 점검을 실시하여 개선·조치했다. 현장상시점검제 및 파견감독관 등 상시감시요원을 통해 금융사고 발생사실 및 이상징후 파악활동을 강화했다. 금융사고가 빈발하거나 유사 사고가 반복되는 금융회사에 대해서는 양해각서(MOU) 체결 등을 통해 집중 관리하고, 금융회사에 대한 경영실태평가시 내부통제관련 부문의 비중을 상향조정했다.

② 중요사고 발생시 원칙적으로 금융감독원 직접 검사 실시

일정규모 이상 또는 사회적 파장이 큰 금융사고 발생시 초기부터 직접 현장검사를 실시하고, 영업점 검사가 자율규제기관에 위탁된 경우에도 금융사고 징후가 높은 것으로 판단된 영업점에는 직접 검사를 실시한다.

③ 경영진에 대한 책임 부과 등을 통한 사고예방 인식 제고

대형 금융사고 발생시 제재대상에 지점장 등 실무진은 물론 경영진까지 포함시켜 내부통제 소홀에 대한 책임을 엄중부과하고 취약부문 정기점검 등 예방실적을 경영진 성과평가에 반영토록 하여 경영진의 자발적인 예방을 유도했다. 금융회사 경영진을 대상으로 내부통제 워크숍을 연 1회 이상 정례적으로 실시하고, 전 임직원에 대한 연간 소정시간 이상의 내부통제 및 준법·윤리 교육 실시를 의무화했다. 보험설계사 및 대출모집인 등 금융모집인에 대한 회사차원의 체계적인 관리 및 준법·윤리교육을 강화했다.

④ 금융회사 자체감사 등을 통한 내부통제시스템 개선

금융회사별로 전 영업점을 대상으로 내부통제 실태에 대한자체 특별감사를 실시하여 사고발생 개연성이 높은 부문에 대한 내부통제제도 강화를 유도했다. 예를 들어 대형 금융사고가 빈번히 발생해 온 PB제도 운영실태 등에 대해 중점 점검했다. 금융권역별로 금융사고예방 태스크포스팀을 운영하여 권역별 특성에 맞는 내부통제시스템 개선방안을 수립했다.

⑤ 금융사고 정리를 위한 한시적 자진신고제도 운영

금융권역별 특성에 따라 반복적·고질적으로 발생하는 법규위반 행위를 정리할 수 있도록 한시적으로 정비기간을 부여했다. 예를 들어 금융투자회사에 대해서는 임직원 자기매매, 일임·임의 매매 등이고, 보험사는 보험설계사의 보험료 및 약관대출금 횡령사고 등이 대상이다.

3 인터넷을 통한 금융사고 예방

금융감독원은 인터넷을 이용한 전자금융사고 사례와 예방방안을 발표했다(2008년 4월). 인터넷뱅킹이 크게 활성화된 시점에서 지점 책임자는 다음 내용을 반드시 숙지하고 있어야 한다.

3-1 주요 사고사례

가. 인터넷뱅킹 이용 현금서비스 사고

범인들은 해킹으로 획득한 피해자의 인터넷뱅킹 정보(공인인증서, 계좌비밀번호 등)를 이용하여 인터넷으로 현금서비스를 받아 인출했다. 인터넷에서 현금서비스 신청시 인증과정이 단순한 금융회사를 대상으로 현금서비스를 신청하여 피해자 계좌로 입금하고 인터넷뱅킹을 이용하여 범인 계좌로 이체한 후 자금을 인출했다. 여기서 '단순하다'는 의미는 카드번호 선택, 카드비밀번호(계좌비밀번호와 동일한 경우가 대부분)만으로 인증하는 것을 의미한다.

나. 인터넷뱅킹용 보안프로그램 작동 중단 후 개인정보 절취

인터넷 포털 사이트에 해킹프로그램 첨부물을 게시하여 접속한 사용자 PC에 해킹프로그램을 설치한 후 IP주소 등 피해자 PC 정보를 수집하는 것이다. 수집한 정보를 이용하여 피해자가 인터넷뱅킹을 하는 동안 은행이 제공한 보안프로그램의 작동을 중단시키고 인터넷뱅킹 관련 정보(공인인증서, 일회용비밀번호 등)를 절취한 후 이를 이용하여 예금을 인출하는 것을 말한다.

다. 인터넷뱅킹을 통한 타인 계좌정보 노출

인터넷뱅킹을 이용하여 대출정보(리볼빙론) 조회 시 타인의 계좌번호를 입력하여도 오류가 발생되지 않고 타인의 대출정보가 화면에 출력되는 방식이다. 정보유출 자체를 목적으로 한 타인의 대출정보 조회는 아직까지 발생하지 않은 것으로 파악되고 있다.

라. 인터넷뱅킹 이용 대출사기 사고

범인들은 인터넷이나 생활광고지(벼룩시장 등)에 대출광고를 내어 피해자들을 유인한 후 대출가능 여부를 문의하는 피해자들에게 신용확인을 위해서라며 인터넷뱅킹에 가입하고 대출 예정금액의 약 10%를 입금시킬 것을 요구한다. 피해자들에게 계좌비밀번호, 보안카드, 공인인증서 등을 요구한 후 인터넷뱅킹의 자금 예약이체기능을 이용하여 입금된 예금을 인출하는 방식이다. 피해자들은 대부분 긴급한 자금이 필요한 사람들로서 의심 없이 범인들의 요구에 따라 계좌개설, 인터넷뱅킹 가입, 현금입금 및 정보제공 등을 하여 피해가 발생한다.

마. 전화금융사기(보이스 피싱) 사고

그동안 주춤하던 전화금융사기가 어린이 유괴사고 등을 계기로 다시 기승을 부리고 있어 이에 대한 주의가 요구된다. 기존의 세금환급, 카드대금연체, 검찰이나 금감원 사칭 등을 통한 CD기 현금인출이나 계좌번호 등의 금융정보 절취 수법에 어린이 유괴, 해외유학생 및 군 입대자 사고 등이 추가된 다양한 형태의 전화금융사기가 발생하고 있다.

3-2 안전한 인터넷 금융거래를 위한 이용자 유의사항

① 비밀번호는 철저히 관리한다.

인터넷사이트(네이버, 다음 등) 회원 가입시 설정한 로그인 비밀번호와 공인인증서, 계좌 및 신용카드 비밀번호는 서로 다르게 설정하고 금융회사 직원, 대출신청회사 직원 등 누구에게도 이를 알려주어서는 안 된다. 특히 인터넷뱅킹용 비밀번호, 보안카드 비밀번호, 신용카드 비밀번호, CVC값(카드뒷면 3자리 숫자)은 PC에 저장하지 말아야 한다.

② CD기를 이용하여 환급해주겠다는 말에 응하지 않는다.

금융회사나 정부 등 어느 기관에서도 CD기를 이용한 세금, 예금, 카드대금 등의 환급을 해주는 경우는 없다.

③ 공인인증서는 USB 등 이동식 저장장치에 보관한다.

공인인증서는 인터넷뱅킹에서 신원확인 및 거래사실 증명 등을 위해 사용되는 전자인감이다. 공인인증서는 해킹방지를 위해 USB, CD 등과 같은 이동식 저장장치에 저장하고, 전자우편보관함과 같이 공동으로 사용하는 포털사이트, 웹하드 등에는 절대 보관하지 말아야 한다.

④ PC용 보안프로그램의 자동 보안업데이트를 설정한다.

최신 해킹 공격을 예방해주는 보안프로그램으로 업그레이드 하기 위해서는 윈도우 자동 업데이트 기능을 설정하는 것이 바람직하다. 자동 업데이트 기능은 한 번만 설정하면 최신 보안프로그램으로 자동으로 업데이트해 주기 때문에 편리하고 안전하게 인터넷을 이용할 수 있다. 금융회사에서 제공하는 보안프로그램이 작동하지 않을 경우 비밀번호 등 금융거래정보가 쉽게 유출될 수 있으므로 보안프로그램의 작동여부를 먼저 확인하여야 한다. PC화면 하단 오른쪽에 보안프로그램 실행여부가 표시된다.

⑤ 바이러스 백신프로그램 등으로 PC를 지킨다.

무료 백신프로그램 등을 이용하여 이메일, 인터넷 게시판 등에 첨부된 파일을 열람 또는 설치하기 전에 먼저 바이러스 감염여부를 검사하는 것이 바람직하다.

⑥ 급할수록 돌아가자. 대출 내용을 직접 확인한다.

인터넷사이트, 생활광고지에 신용에 관계없이 즉시대출 등 파격적인 조건을 제시하는 광고나 선수금 입금을 요구하는 경우에는 사기일 가능성이 높다. 대출 신청시 전화, 인터넷으로만 연락하지 말고 대출회사를, 직접 방문하거나 금융감독원 홈페이지에 접속하여 '제도권 금융기관조회' 서비스에서 정상적인 금융회사인지 여부를 먼저 확인해야 한다.

⑦ 유사(有事)시에 거래은행에 신고한다.

사고예방을 위해서는 이용자들이 사전에 주의를 기울이는 것이 무엇보다도 중요하나 불가피하게 계좌번호나 비밀번호 노출, 예금인출 등 금융사고를 당한 경우에는 즉시 해당 은행이나 금융감독원에 신고하여야 한다. 사기로 노출된 개인정보를 전체 금융회사가 공유하고, 인출된 예금에 대하여는 즉시 지급을 정지하여 추가적인 피해를 예방하고 있다.

3-3 안전한 스마트폰 금융거래를 위한 이용자 유의사항

금융감독원은 2011년 2월 금융소비자들이 스마트폰 전자금융거래를 보다 안전하게 이용하기 위해 지켜야할 '스마트폰 금융거래 10계명 및 안내서'를 마련하였다. 금융거래 10계명은 스마트폰의 도난·분실·해킹 등으로 인해 발생할 수 있는 전자금융사고 예방을 위한 유의사항과 이를 쉽게 설명한 것이다.

① 금융회사가 안내하는 배포처를 확인하여 금융서비스를 이용한다.

금융회사가 안내하는 공식 배포처를 통해 스마트폰 금융프로그램(앱)을 설치한다. 블로그, 게시판 등 금융회사가 제공하지 않는 경로로 배포되는 스마트폰 금융프로그램(앱)은 설치하지 않는다.

② 스마트폰이나 인터넷에 금융정보를 저장하지 않는다.

계좌번호, 계좌비밀번호, 보안카드번호 등 금융정보는 스마트폰이나 인터넷(E-Mail함, 웹하드 등)에 저장하지 않는다. 자동로그인 기능은 가급적 사용하지 않는다.

③ 금융서래 비밀번호를 안전하게 관리한다.

금융거래 비밀번호는 유추하기 쉬운 번호 예를 들어 전화번호, 생년월일 등과 인터넷포털, 쇼핑몰 등의 비밀번호와 동일하게 설정하지 말고 주기적으로 변경한다. 비밀번호를 입력하거나 금융거래를 하는 경우 주변을 살펴 타인에게 노출되지 않도록 주의한다.

④ 스마트폰 분실과 도난 시 스마트폰 금융서비스 사용을 중지한다.

스마트폰을 분실하거나 도난을 당한 경우 새로운 공인인증서로 재발급 받는다. 스마트폰에 모바일신용카드가 발급되어 있는 경우 카드사에 연락하여 사용중지를 요청한다.

⑤ 스마트폰 교체·수리 전 중요정보를 삭제한다.

스마트폰을 교체하거나 수리하기 전에 공인인증서와 스마트폰 금융프로그램(앱)을 삭제한다. 스마트폰에 모바일 신용카드가 발급되어 있는 경우 카드사에 연락하여 사용중지를 요청한다.

⑥ 휴대폰 문자통보서비스(SMS), 일회용비밀번호(OTP)를 이용한다.

보다 안전한 스마트폰 금융거래를 위하여 '휴대폰문자서비스(SMS)', '일회용비밀번호(OTP) 발생기'등 금융보안서비스를 이용한다.

⑦ 스마트폰 사용환경을 임의로 변경하지 않는다.

스마트폰 보안에 영향을 주는 구조변경('탈옥', '루팅' 등)을 하지 않는다.

⑧ 스마트폰 보안업데이트를 정기적으로 수행하고 바이러스를 검사한다.

'스마트폰 운영체제'와 '백신', '금융프로그램(앱)'을 최신 버전으로 업데이트한다. 스마트폰 백신프로그램을 이용하여 수시로 바이러스를 검사한다.

⑨ 스마트폰 '잠금기능'을 설정하고 '잠금비밀번호'는 수시로 변경한다.

스마트폰에서 제공하는 잠금기능을 설정하고 잠금기능에 사용한 비밀번호는 수시로 변경한다.

⑩ 출처가 불분명하거나 보안설정 없는 무선랜(Wi-Fi)사용시 주의한다.

개인정보 등을 요구하는 민감한 서비스를 이용할 경우 출처가 불분명하거나 보안설정 없는 무선랜(Wi-Fi)은 사용하지 말고 이동통신망(3G 등)을 이용한다. 블루투스나 무선랜(Wi-Fi)은 평상시에는 꺼두고 필요할 때만 사용한다. 만약 이동통신망(3G 등)을 이용할 경우 과도한 데이터통화료가 발생할 수 있으므로 전용요금제를 이용하거나 민감한 정보를 요구하는 서비스를 이용할 경우로 한정하여 사용한다.

4 상품판매와 컴플라이언스 관리

은행 지점에서 각종 금융상품을 판매할 때 컴플라이언스 준수 철저는 민원과 사고로부터 지점의 성과와 직원을 보호하는 최선의 방법이다.

4-1 펀드상품

펀드를 판매할 때 위반사례로 가장 많이 지적되는 것이 판매상담을 할 때 상품의 수익구조에 대한 설명부족을 들 수 있다. 가입자의 연령이나 위험성향 등 고객별 특성을 고려하지 않고 원본손실가능성이 높은 상품을 권유했을 때 해지시 실적배당에 따른 원금손실로 인한 고객의 항의를 받는 경우가 많다. 실적배당원칙에 대한 설명부족도 위반사례로 많이 지적된다.

고객은 은행예금과 같이 투자원금과 수익이 보장되는 상품으로 인지하는 사례도 영업현장에서 발생하고 있다. 이와 더불어 편향된 안내장을 작성하여 비치하는 것도 문제다. 신문기사나 혹은 심사받은 안내장의 일부에서 장점만을 발췌하여 객장에 비치하는 사례가 많다. 투자설명서 미교부 및 주요 내용 확인설명서 미징구 등도 위반사례로 지적된다. 지점에서 일부 상품에 대해 원본손실가능성이 없는 것으로 판단, 투자설명서를 교부하지 않는 사례도 발생한다.

펀드를 판매할 때 은행 지점에서는 반드시 표준투자권유준칙을 지켜야 한다. 투자원금의 보상 등 수익을 보장하는 권유행위와 투자자로부터 판매에 따른 대가를 수수하는 행위는 반드시 근절시켜야 한다.

판매업무와 관련된 취득정보를 자신 혹은 제3자의 이익을 위해 이용하는 행위도 금지되며 허위표시 또는 중요한 사항에 대하여 오해를 유발할 수 있는 표시행위도 금지된다. 투자자에게 사실에 근거하지 아니한 판단자료 또는 출처를 제시하지 않은 예측자료를 제공하는 행위도 허용되지 않는다. 또한 투자자에게 실적배당 및 원본손실가능성 등 집합투자의 특성과 투자위험에 관한 주요 내용을 충분하고 정확하게 알리지 아니하는 행위도 금지된다. 투자자의 투자에 대한 성향, 투자목적, 투자경험, 손실감내도, 소득상황 및 재산상태에 비추어 투자위험이 매우 큰 집합투자증권을 적극적으로 권유하는 행위를 해서도 안 된다.

한편 은행에서 펀드판매가 꾸준히 증가한 반면 주식시장의 하락으로 인한 펀드손실이 확대되면서 펀드 불완전판매 관련 민원·분쟁이 증가하고 있는 점도 지점장의 입장에서 유의해야 한다. 펀드 불완전판매는 투자자피해에서 나아가 신뢰상실로 인한 투자자이탈을 초래하여 펀드산업의 건전한 발전을 저해한다는 점에서 반드시 근절할 필요가 있다. 금감원에 접수된 펀드 불완전판매 관련 민원 및 분쟁조정신청건 대부분이 투자위험 설명불충분 또는 과장설명 등 펀드 설명의무위반과 관련되어 있다. 그리고 고객의 투자목적, 투자경험 등을 제대로 파악하지 않고 부적합한 펀드를 판매하는 경우도 있다. 펀드 불완전판매 발생의 가장 큰 원인은 판매회사가 펀드판매에 따른 위험(법률위험, 평판위험 등)을 제대로 인식하여 관리하지 않고 펀드를 판매한 데 있다.

2009년 2월 4일부터 자본시장법이 시행되면서 투자자보호가 대폭 강화되었다. 자본시장법은 기존법에 산재한 금융상품 설명의무 등을 모든 금융투자회사에 대해 확대 적용하고 투자자의 특성을 파악할 의무와 투자권유 금지조항 등을 도입하여 투자자보호를 강화하였다. 기존의 법상에는 선물, 자산운용, 부동산투자회사에만 설명의무가 존재하고 증권회사, 신탁회사 등에는 설명의무가 없었다.

특히 투자위험 감수능력이 부족한 일반투자자를 보호하기 위하여 투자를 권유하기 전에 투자목적, 재산상태, 투자경험 등을 파악하는 한편 이를 기초로 투자자의 특성에 맞게 투자를 권유하는 적합성의 원칙을 설정하였다. 상품설명의 경우 그 내용을 투자자가 이해하였음을 확인받도록 하고 금융투자회사가 설명의무를 위반한 경우 손해배상책임을 부담하도록 하였다.

또는 불특정투자자를 상대로 TV, 홈쇼핑 등을 통하여 광고하는 경우 손실보전 또는 이익보장으로 오인될 수 있는 표시를 금지하고 금융상품의 위험성 등 중요사항을 표시하도록 하는 한편 적법하게 인가받지 않은 금융투자회사의 광고를 금지하였다.

투자자보호의 주요 내용

구분	주요 내용
투자자의 구분	– 전문투자자와 일반투자자로 구분(신설)
고객특성 파악의무	– 투자자 특성 파악 후 본인확인 의무화(신설)

적합성원칙	- 투자권유는 투자목적, 재산상태, 투자경험 등에 적합(확대)
설명의무	- 금융상품의 내용·위험에 대한 설명 및 본인확인 의무화(확대) - 설명의무 위반시 금융투자회사에 대한 배상책임 부과(신설)
부당권유규제	- 손실부담의 약정금지, 이익보장 약정금지(확대) - 투자자가 원하지 않는 경우 방문·전화 등에 의한 투자권유 금지(신설)
광고규제	- 금융투자회사가 아닌 자의 투자광고 금지(신설) - 금융상품의 위험 등을 투자광고에 필수적으로 포함하도록 규정(확대)

4-2 방카슈랑스상품

방카슈랑스와 관련되어 가장 많이 지적되는 사항은 대출 등을 받은 차주에게 보험계약 체결을 요구하는 사례다. 예를 들어 일반자금 대출을 취급하면서 차주 명의의 보험계약을 체결하거나, 할인어음을 취급하면서 거래처의 실질 경영주에게 보험가입을 요구하는 경우 등이다. 또한 무자격자에 의한 보험상품의 부당 모집행위도 지적된다. 보험모집인으로 등록되지 않은 직원 또는 자격해지된 직원에 의한 모집행위와 보험모집인이 대출 등 신용공여업무를 취급하는 사례를 들 수 있다.

지점에서 유의해야 될 사항은 대출과 연계한 부당판매행위를 금지하는 것이다. 예를 들어 대출 전후 1개월 동안 보험가입을 금지하는 것이 필요하다. 또한 보험계약자에 대한 상품 비교설명 및 확인서 징구가 필요하다. 판매상품을 포함하여 3개 이상의 각각 다른 회사의 동종 및 유사상품을 비교하여 설명할 필요가 있다. 주요 보장내용, 보험계약 환급금, 보험금의 종류 및 지급사유 등에 대해 고객에게 확실하게 주지시켜야 한다.

무자격자에 의한 보험모집을 금지해야 하며 보험모집 종사자의 대출업무취급도 금지시켜야 한다. 또한 임의 조제한 상품안내장의 사용을 금지시켜야 한다.

고객용 안내장과 직원교육용 안내장을 철저히 구분해야 한다.

한편 방카슈랑스 판매에 있어 관련된 다이렉트메일과 텔레마케팅을 금지하는 것도 중요하다. 방카슈랑스상품은 지점 내 판매가 원칙이므로 아웃바운드 판매행위를 금지해야 되며, 전화를 이용하여 지점을 방문하게 하거나 가입을 권유하는 행위도 금지된다. 우편을 이용하여 보험안내장을 동봉하는 행위와 문자메시지를 이용한 보험판매행위도 금지대상이다.

4-3 파생결합상품 판매관리

파생결합상품은 이제 은행 지점에서도 판매가 이루어짐에 따라 주의가 요구된다. 파생결합상품은 원금과 이자의 지급금액이나 방법 등이 투자시 약정한 주가, 환율, 금리 또는 기타 특정지수 변동에 연계되어 결정되는 모든 상품을 의미한다. 모든 사전조건을 충족하면 일반 금융상품보다 높은 수익률을 기대할 수 있으나 그렇지 않으면 낮은 수익률 또는 추가손실을 입을 수 있기 때문에 지점에서 판매시 유의해야 한다. 최종수익률은 단순히 특정지수의 상승·하락에 따라 결정되기도 하지만 상품에 따라서는 매우 다양하고 복잡한 조건으로 결정되므로 판매시 상당한 주의가 요구된다. 단순히 주식가격이 상승하면 이익이 나고 하락하면 손실이 발생하는 개별 주식투자와는 달리 파생결합상품은 주식가격이 상승하여도 손실을 볼 수 있는 구조의 상품도 있기 때문이다. 지점 창구에서 파생결합상품 판매시 유의사항은 다음과 같다.

첫째, 고객에게는 금융회사 핵심설명서, 즉 상품설명서를 반드시 충분히 이해시킨 후 서명하게 해야 한다. 상품설명서에 고객의 자필서명이 있을 경우 최종투자책임은 투자자에게 있다. 상품 판매직원이 상품을 충분히 이해하지 못하고 있을 경우에는 반드시 본점 담당자에게 문의한 후 고객의 투자여부를 결정하는 것이 안전하다.

둘째, 고수익에는 반드시 고위험이 수반된다는 것을 인식시켜야 한다. 파생결합상품이 고수익 기회를 제공한다는 것은 그 대가로 투자자가 그에 상응하는 고위험을 감수하여야 함을 의미한다. 고위험상품에 대한 투자여부는 단순히 최대수익률로 표시된 광고수익률에 의해서가 아니라 자신의 투자성향 및 유사한 종류의 여러 상품과의 비교 등을 통해 신중히 결정해야 한다.

셋째, 파생결합상품의 연계상품, 즉 기초자산에 대한 향후 전망도 고객의 투자의사결정시 고려해야 한다. 파생결합상품의 최종수익률은 기초자산의 가치변동에 따라 결정되므로 기초자산의 향후 전망에 대한 전문가 의견 등을 참조하여 투자상품을 결정해야 한다.

넷째, 계약체결 전의 거래제안서 조건과 실제 계약조건이 일치하는지 한번 더 확인시키는 것이 안전하다. 종종 거래제안서상의 시장상황과 실제 계약일의 시장상황에 큰 변동이 있을 경우 계약조건이 많이 바뀔 수가 있다.

다섯째, 예금자보호법상의 예금보호와 파생결합상품의 원금보장은 그 의미가 상이하므로 주의해야 한다. 예금보호 대상이란 금융회사의 도산시 예금자보호법에 의해 보호되는 권리로서 비록 예금보호 대상이라도 원금비보장상품의 경우 시장상황에 따라 손실이 발생할 수 있다.

여섯째, 상품이 원금보장 조건인지 원금비보장 조건인지를 반드시 확인해야 한다. 원금비보장상품인 경우 일반적으로 다른 금융상품에 비해 기대수익률이 높으므로 만약 기대수익률이 높다면 원금비보장 여부를 한번 더 확인할 필요가 있다. 원금손실 발생조건과 가능성, 손실규모 등도 고객투자시 사전에 반드시 확인해두어야 한다.

일곱째, 대부분의 상품수익률은 연이율로 표시되므로 투자기간을 감안하여 수익성을 판단해야 한다.

한편 최근의 주식시장 활황과 더불어 고객들에게 인기를 모으고 있는 주식연계 파생결합상품 판매시에는 중도해지 또는 환매가능 여부 및 그 조건에 대해서 사전에 반드시 확인해야 한다. 시장상황이 불리하게 변하거나 자금사정으로 인하여 투자원금 회수가 필요할 경우 중도해지 또는 환매가 가능하여야 하며, 가능할 경우에도 중도해지 또는 환매수수료 등으로 원금손실 가능성이 있으므로 주의해야 한다.

또한 조기상환조건이 있는 상품일 경우 자금계획을 감안하여 투자권유를 하는 것이 필요하다. 일반적으로 조기상환조건 상품은 조건 충족시에는 단기간에 투자원리금을 회수할 수 있지만 조건불충족시에는 장기간 자금회수가 불가능할 수 있다. 조기상환조건을 만족하더라도 거래조건에 따라 일정기간 예치하여야 하는 경우가 있으므로 사전에 확인이 필요하다.

마지막으로 최종수익률 결정방법은 상품마다 다르므로 판매시 주의해야 한다. 최종수익률 결정이 상품 만기시점의 주가 또는 환율에 의해 결정되는지 아니면 상품 계약기간중에 특정조건을 충족하는 시점에 결정되는지 확인해야 한다.

이와 더불어 금리연계 파생결합상품의 판매시에도 유의해야 한다. 금리연계 파생결합상품은 다른 파생결합상품에 비해 상품구조가 훨씬 복잡하므로 투자시 보다 신중하게 접근해야 한다. 금리연계상품의 투자는 수익률(금리)곡선 결정이론 및 형태 등에 대한 기본적인 지식을 요구하므로 필요시 금융전문가의 의견을 참조하는 것이 바람직하다.

또한 발행자인 금융회사가 상품을 조기 종료할 수 있는 권리를 보유하고 있는지를 확인해두어야 한다. 발행자가 상품에 대해 조기종료권리를 보유하고 있다면 시장상황이 투자자에게 유리하게 변동할 경우 조기종료될 수 있으므로 주의해야 한다. 이때 발행자는 조기종료권리를 보유하는 대가로 투자자에게 추가금리를 지불한다.

5 지점 사무리스크 관리

5-1 사무리스크 관리의 개념

은행지점의 경영활동에 있어서도 일반적인 기업활동과 마찬가지로 다양한 위험을 반드시 동반하게 된다. 일반적으로 리스크는 수익과 이율배반적인 관계에 있어 고수익을 얻고자 하면 높은 위험에 노출되는 경향이 있다. 이 위험을 어떻게 관리하여 안정적으로 수익을 올려나가는가가 기업경영의 기본 과제임은 말할 필요도 없다.

은행의 지점도 기업활동을 하는데 있어서 당연히 여러가지 위험을 수반하고 있다. 사무상의 오류방지는 영업활동에서의 오류방지보다 더 큰 경제적 손실을 막을 수 있는데도 지금까지 소홀히 다루어져 왔다. 이는 사무관리가 은행경영에 직접적인 효과를 거두지 못하거나 사무관리를 누구나 쉽게 처리할 수 있는 보편적인 것으로 생각해 왔기 때문이다.

지점에서 실제로 직원들의 실수에 의해 업무착오가 발생할 경우에 대한 위험을 보면 지점의 신용저하, 나아가서는 지점 전체의 이미지 실추로 고객이 떨어져 나가게 됨으로써 업적저하로 이어질 위험이 항상 내재하고 있다. 또한 형사책임이 발생할 위험, 불상사로 연결되는 사무의 불비, 부정을 미연에 방지하지 못해 범죄로 표면화되는 것, 민사소송으로 연결될 위험 범죄는 아니지만 거래고객과의 관계가 악화되어 최악의 경우 소송으로까지 진전되는 것 등이 있다.

지점이 취급하는 거래는 예금이건 대출이건 모든 업무에는 어떤 형태로든지 사무가 개재되어 있어 항상 사무리스크가 발생할 위험성을 가지고 있다. 은행에서는 사무리스크에 대한 대응으로서 사무관리라는 형태로 따로 분리시켜 관리하고 있는데 지점 관리자는 사무리스크를 충분히 인식하여 사무관리에 임할 필요가 있다. 그러나 현실적으로 많은 지점 관리자들에게 있어 이것은 용이하지 않은 과제라고 할 수 있다.

그것은 현재 지점의 책임자급 이상을 역임한 사람은 섭외와 대출, 대출업무 중에서도 기업거래처와의 절충이나 관리 등의 경험은 많지만 이른바 사무계통에서 성장하지 않은 경우가 많기 때문에 감각적으로는 사무의 중요성이나 그 어려운 점들을 이해하고 있지만 실감을 덜 느끼고 있는 실정이다. 이에 따라 업적향상과 직접적으로 연결되는 섭외활동 등에 비해 관심이 낮아지기 쉽기 때문에 사무관리 업무에 능숙해지기가 의외로 어렵다.

이렇게 지점의 모든 업무에는 위험이 내재한다. 그리고 무리한 혹은 부자연스러운 대응을 하였을 경우 위험이 현재화(顯在化) 된다. 그러나 위험이 있다고 해서 업무 운영상 위축되어 버리는 것은 바람직하지 못하다.

중요한 것은 각 직원들에게 담당 업무에 내재하는 위험에 대하여 올바른 지식을 몸에 익히게 하고 지점내에 리스크관리의 체제를 착실하게 구축해 나가도록 하는 것이 필요하다. 그 전제가 되는 것은 각 직원이 각 업무를 현 규정 절차대로 최선을 다해 추진하게 될 경우에는 대부분의 위험을 관리할 수 있기 때문이다. 직원들의 위험관리에 대한 인식제고 후에 각 지점의 독자적인 관리체계를 어떻게 구축해 나가는가가 지점에서 살펴보아야 할 사무부문에서의 위험관리가 될 것이다.

5-2 사무리스크 관리의 중요성

사무리스크 관리는 전반적 행정 경영관리의 일부로서 경영조직의 관리자에 의하여 행해지는 사항에 대한 계획, 조직 및 통제하는 것이다. 따라서 사무리스크 관리는 경영조직내에 모든 부문에 존재하기 때문에 그로 인해 조직내에서 상당한 위치 또는 지위가 부여되어야 한다.

한편 그 관리대상이 되는 것은 사무의 기본적인 구성요소인 사무원, 사무문서, 사무기기, 사무실, 사무규정 및 사무조직이다. 따라서 사무리스크 관리는 마케팅관리, 인사관리와 같은 부문관리와 병립하는 것이 아니고 그러한 제반관리의 공통적인 요소를 수용하고 있다.

이렇게 볼 때 사무관리란 사무실의 사무작업을 효과적으로 수행하여 기업의 목표를 달성하도록 관리 즉, 계획, 조직, 지휘, 조정, 통제하는 일련의 관리활동이라고 할 수 있다. 즉 조직체의 목표달성을 위하여 의사결정자에게 정보를 신속하고 정확하게, 그리고 값싸게 제공하기 위하여 정보를 수집, 처리, 정리, 보관, 활용하도록 하는 일련의 과정들을 관리의 기법으로 효율화하려는 노력이며 기업의 성장, 발전에 크게 기여할 수 있는 중요한 부분이다.

5-3 사무리스크 관리 강화의 배경

가. 영업에 중점을 둔 지점 체제 구축

은행지점에 있어 사무관리를 강화하고 사무합리화를 추진하는 배경과 이유는 급속히 진전되고 있는 금융자유화에 근거하고 있다. 금융의 자유화에 의해 금융기관 상호간의 경쟁이 격화되고, 신종상품이 개발되면서 판매와 관리측면에서 업무가 크게 다양화되고 있다. 결과적으로 은행경영에서 영업추진에 중점을 두는 경향이 나타나고 있는 것이다. 예를 들어, 각 지점의 업적평가기준과 직원의 인사고과기준에서 영업중시경향이 강하게 나타나고 있다. 즉 지점의 업적평가기준에 있어 영업성적평가가 최대의 비중을 점하고 있고, 사무관리부문은 극히 일부에 불과한 실정이다.

또한 직원의 인사고과기준 측면에서도 각 지점에 있어 업적공헌도가 높은 비중을 점유하고 있는 실정이다. 결과적으로 고객이 금융기관에 기대하고 있는 자산의 안전한 관리자로서의 역할인 정확한 사무처리에 대한 인식은 매우 낮으며, 고객과의 문제발생 요인으로 등장하고 있다. 본래 금융기관의 영업추진과 사무관리는 차의 양축과 같이 일체가 되지 않으면 안 된다. 은행의 사무처리체계가 아무리 변화하더라도 영업현장인 점포에서의 정확한 사무를 신속히 그리고 정중하게 실천하는 것은 중요하다.

나. 사무인원의 합리화와 여성비정규직의 증가

금융기관 간 경쟁이 격화되고 수익성 경쟁이 본격화 됨에 따라 국내 은행업계에서 경영합리화는 꾸준히 추진되어 왔다. 영업점 인력은 사무자동화의 진전과 더불어 경비절감을 위해 꾸준히 감소되어 왔다.

여성 텔러인력의 경우 명예퇴직 등으로 대폭 감축되면서 은행 창구의 인력도 계약직원으로 대체되는 현상이 두드러지게 나타나고 있다. 그러나 이와 같은 사무인력과 텔러인력 감축의 결과 사무처리에 정통한 사무인력이 급속히 적어지면서 사무관리 리스크도 크게 증가하는 문제점이 드러나고 있다. 특히 출산 등으로 텔러인력이 감소할 경우 과거에는 업무에 숙련도가 높은 정규인력의 보충으로 사무리스크에 대한 노출도가 낮았으나, 부족인력에 대해 계약직원의 채용이 늘어나면서 지점의 사무관리에도 문제점이 나타나고 있다.

다. 고객서비스의 충실과 사무관리의 상반성

금융기관 간 경쟁이 치열해지면서 고객서비스를 확대하기 위해 CD와 ATM의 가동시간 연장, 공휴일 가동 등이 일상화되고 있다, 더욱이 점주권의 사정에 따라 창구업무시간에도 변화가 나타나면서 사무관리 측면에서도 종전처럼 전 지점 차원에 매일 동일시간에 점검하는 것이 불가능해지고 있다.

이에 따라 지점의 계단위 혹은 사무공정단위로 관리가 필요해지고 있다, 따라서 지점에 있어 사무관리는 업무의 합리화와 정반대로 점차 세분화되면서 사무관리는 더욱 복잡해지고 있다.

라. 사무처리와 관련된 숙련도 미흡

현재 운용되고 있는 온라인시스템의 기본이 되는 사무처리수순에 관련된 초보적인 사무취급을 충분히 이해하지 않고 영업현장에 투입되는 직원이 증가하면서 지점 관리자의 사무관리 효율성을 저하시키는 현상이 두드러지게 나타나고 있다. 예를 들어 단리상품과 복리상품을 구분하지 못하는 직원 등 금융상품과 이자율의 특성을 이해하지 못하는 직원들이 지점에 배치되는 경우도 많다. 그리고 은행의 대차대조표와 손익계산서에 관련된 기본지식조차 갖추지 못한 직원들이 배치되는 경우도 자주 볼 수 있다. 무엇보다도 은행 직원으로서 사무사고에 대한 자기책임과 사무사고에 대한 공포감이 완전히 결여되어 있는 것이 현실이다.

직원들이 사무능력이 저하된 원인으로는 사무자동화기기 등의 도입에 따른 영향도 크다. 영업점 사무의 인원감축, 생력화(省力化)를 목적으로 도입되어 있는 각종 사무처리 기계의 처리의존도가 높아지는데 반해 사무처리 행원의 수작업에 의한 사무처리능력은 저하되고 있다.

마. 사무사고 발생시 대응조치

동일한 형태와 동일한 종류의 사무사고의 재발을 방지하지 못하고, 사무사고가 빈번히 발생하는 배경에는 지점 관리자의 관리능력 부족에도 원인이 있다. 또한 사고발생시 철저한 원인규명이 불충분했다거나, 사고처리에 필요한 업무지식의 부족에 일부 기인하고 있다.

이외에도 지점 관리자의 사고관리의식에도 일부 원인이 있다. 예를 들어 계좌번호처리를 잘못했을 경우 지점 관리자가 이것을 중대한 사무사고로써 인식하고 그 원인추궁과 예방조치를 강조하는 것이 중요하다. 단순히 지점관리자가 고객을 방문하여 사죄를 하는 것만으로는 문제가 해결되지 않고 재차 계좌취급 오류가 발생할 가능성이 높다. 따라서 지점 관리자 스스로가 사무시스템에 대한 지식을 완벽하게 갖추고 업무지식에 정통한 사무처리능력을 제고시키는 것이 사무관리를 효율적으로 행할 수 있는 불가결한 요소이다.

한편 사무사고발생을 방지할 수 없는 원인으로써 관리자의 사무량이 과잉상태에 있고 관리범위가 폭넓기 때문에 지점 차·과장의 관리능력을 초월하여 사무량이 할당되어 있는데 기인하고 있다. 이것을 입증하기 위해서는 지점 관리자의 물리적으로 가능한 관리사무량과 범위를 규정하는 것이 필요하다. 따라서 구체적인 담당 관리자의 영업일 1일당 단위시간 사무량을 검토하고, 여기서 도출된 사무량에 기초한 관리자의 담당 사무량을 조정하여 적정한 사무관리체제를 구축하는 것이 문제해결의 열쇠이다.

결론적으로 사무관리를 효율적으로 수행하기 위한 중요 요소로는 사무연수의 충실, 지도매뉴얼의 정비, 사무기계의 효율적 운영, 사무처리능력의 향상, 관리자의 강력한 지도력발휘 등 5가지 요인을 중시해야 한다.

6 운영리스크의 산출 및 평가

6-1 운영리스크의 산출방법 및 통제

국내은행 리스크 정책의 많은 부분이 변화되고 있으며 특히 운영리스크 관리에 있어서는 전사적인 이해와 시스템정착이 요구되고 있다. 은행들이 직원들의 리스크마인드를 정착시키기 위해 다양한 방법으로 노력을 기울이고 있다. 최근 국제금융시장의 불안정성 증가, 자본시장법의 도입, 금융지주회사 설립 등 금융환경의 변화로 새로운 업무의 도입이나 금융겸업화에 따른 운영리스크의 발생가능성이 높아지고 있다. 이에 따라 금융기관들은 어느 때보다 운영리스크관리에 노력을 기울여야 하며, 이를 뒷받침하기 위한 리스크시스템 구축은 물론, 임직원들의 리스크에 대한 인식을 한층 제고해야 할 필요가 있다.

신BIS협약 운영리스크 산출방법에는 기초지표법, 운영표준방법, 고급측정법이 있으며, 은행은 은행의 리스크특성, 영업활동의 복잡성, 규모 등을 감안하여 3가지 방법 중 하나를 선택하여 적용할 수 있다. 다만, 은행이 고급측정법을 적용하기 위해서는 고급측정법 최소요건을 충족하여야 하며 그 충족여부에 대해 감독원장의 심사를 받고 적용 승인을 받아야 한다.

신BIS협약의 운영리스크 측정방법

구분	주요내용
기초지표법(Basic Indicator Approach)	총수입의 일정 비율(15%) 부과
표준방법(Standardized Approach)	사업부문별로 운영리스크를 산정하고 이를 단순합산
고급측정법(Advanced Measurement Approach)	사업부문별 손실자료와 부문간 상관관계 등을 감안하여 운영리스크를 측정

운영표준방법의 경우에는 별도의 감독원장의 승인을 요하지는 않으나, 운영표준방법 최소요건을 준수하여야 하며, 그렇지 않은 경우에는 감독원장은 기초지

표법의 사용을 요구할 수 있다. 운영표준방법 최소요건은 리스크관리시스템 구축 등 질적 기준으로 구성되어 있다. 운영표준방법에 요구되는 질적 기준은 고급측정법과 거의 동일한 수준의 내용으로써 동 기준을 충족하기 위해서는 충분한 인적·물적 자원의 투입이 요구된다. 은행은 운영리스크 산출방법 중 선진화된 방법순(기초지표법, 운영표준방법, 고급측정법)으로 변경할 수 있으나, 반대로 변경하고자 하는 경우 감독원장의 승인을 받아야 한다.

은행이 운영표준방법을 적용하여 운영리스크를 산출하고자 하는 경우에는 운영표준방법의 최소요건을 준수하여야 한다.

운영리스크 통제구조는 신BIS협약에서 제시한 대로 이사회와 경영진의 감독, 단위사업부문의 자체 운영리스크관리, 독립적인 운영리스크관리 부문의 전행적인 운영리스크관리, 독립적인 제3자에 의한 점검으로 구성된다.

이사회는 운영리스크를 은행의 안정성과 건전성에 영향을 주는 별개의 리스크로서 인식하고, 이를 체계적으로 관리할 수 있는 전행적인 운영리스크 관리시스템을 승인하여야 하며, 경영진에게 운영리스크 프레임워크의 바탕에 깔린 원칙에 관한 명확한 지침과 방향을 제시하고, 경영진이 수립한 운영리스크관리 정책을 승인하여야 한다. 이사회는 은행의 운영리스크관리에 대한 최종책임을 지며, 동 책임이행을 위해 운영리스크 관리시스템을 승인하고 정기적으로 점검하여야 한다. 또한, 이사회는 동 시스템을 실행할 수 있는 운영리스크관리 구조를 구축하여야 한다.

경영진은 이사회가 승인한 운영리스크 관리시스템을 실행할 책임이 있으며, 은행의 주요한 상품, 활동, 절차 및 시스템 상의 운영리스크를 관리하는 데 필요한 정책 및 절차를 마련하여야 한다.

단위사업부문은 운영리스크관리 기능을 두고 부문내 일상적인 운영리스크관리를 책임져야 한다. 독립적인 제3자는 운영리스크관리시스템의 전반적인 운영에 대한 내부 정책과 절차가 효과적으로 실행되는 지 여부에 대해 점검을 실시하여야 한다.

6-2 운영리스크의 인식 및 평가

은행은 모든 주요한 상품, 활동, 절차 및 시스템에 내재된 운영리스크를 인식 및 평가하여야 하며 새로운 상품, 활동, 절차 및 시스템의 도입에 앞서 내재된 운영리스크에 대한 적절한 평가절차가 선행되도록 하여야 한다. 효과적인 운영리스크 인식을 위해서는 은행 목표 달성에 부정적인 영향을 줄 수 있는 내부요인과 외부요인을 모두 고려하여야 한다. 내부요인이란 은행조직의 복잡성, 업무의 성격, 직원의 자질, 조직의 변화 및 이직률 등을 의미하며, 외부요인이란 경영전략, 경쟁상황, 경제여건의 변화 등을 의미한다.

은행은 경영상 가장 위협적인 잠재 운영리스크가 무엇인지 파악하고 이에 대한 은행의 취약성을 평가하여야 한다. 이러한 과정을 통해 은행은 자신의 리스크 특성을 보다 잘 이해할 수 있게 되고 가장 적합한 리스크관리 수단(헤지, 회피 등)을 사용할 수 있게 된다. 은행은 운영리스크를 효과적으로 인식하고 평가하기 위해 다양한 방법을 사용하여야 한다.

가장 대표적으로 사용되는 리스크통제자가진단(RCSA; Risk & Control Self Assessment)은 특정업무와 관련된 리스크를 가장 정확하게 알고 있는 담당직원의 평가 등을 기반으로 은행의 운영리스크를 인식하고 평가하는 방법이다. 리스크통제자가진단은 은행의 모든 주요한 상품, 활동, 절차 및 시스템에 내재된 운영리스크를 인식·평가하는 도구로서, 리스크 및 통제수준에 대한 평가결과를 토대로 대응방안을 수립함으로써 운영리스크 감소에 궁극적으로 기여할 수 있다.

실시방법으로는 인터뷰, 워크샵, 설문 등이 사용되며, 은행은 당해 은행의 리스크 특성, 리스크 관리문화, 조직구조 등에 적합한 방법을 사용하는 것이 바람직하다. 실시주기는 은행의 리스크관리 현황 및 리스크통제자가진단 방법에 따라 다양한 주기로 실시할 수 있다.

은행은 정기적으로 운영리스크 특성과 중요 익스포져를 모니터링하여야 한다. 은행은 미래의 손실위험을 예측할 수 있는 지표를 개발하여야 하며 동 지표는 급속한 성장, 새로운 상품 출시, 시스템 중단 등과 같은 잠재적인 운영리스크를 반영할 수 있어야 한다. 은행은 모니터링의 빈도를 결정함에 있어서 관련 리스크와 운영환경 변화의 특성과 빈도를 반영하여야 한다.

은행은 미래의 손실위험을 예측할 수 있는 리스크지표를 개발하여야 한다. 이러한 지표들은 미래지향적이어야 하며 급속한 성장, 새로운 상품 출시, 직원의 이직, 거래 파기, 시스템 중단 등과 같은 잠재적인 운영리스크를 반영할 수 있어야 한다.

운영리스크의 성공적 정착을 위해서는 하드웨어적인 측면의 노력과 더불어 직원들의 운영리스크에 대한 리스크 인식문화가 개선되어야 한다. 은행직원들은 운영리스크 시스템을 제대로 활용할 수 있는 시스템에 대한 정보와 정확한 사용법을 알아야 한다. 지점 직원들이 운영리스크는 리스크 관련 부서에만 한정된 업무로 간주하는 경향이 존재해 왔다. 운영리스크 개선에 적극적인 마인드를 갖추어야 하며 업무개선에 대한 의견개진과 운영리스크 관리부서에 대한 적극적인 협조가 필요하다. 정확한 운영리스크 관리는 은행의 경쟁력을 좌우하는 것은 물론 직원늘 각자의 리스크 관리능력을 이끌어냄으로써 운영리스크를 줄이고 금융사고 예방에 보다 유연하게 대처할 수 있게 한다.

연습문제

01 지점 운영계획시 유의해야 되는 사항을 단기계획과 장기계획으로 구분하여 서술하시오.

02 지점 목표달성을 위한 계수계획 수립시 점검해야 할 사항에 대해 서술하시오.

03 지점 업적평가를 달성하기 위해 가장 중요한 사항에 대해 서술하시오.

04 업적평가 관리를 위한 지점장과 팀원의 점검사항에 대해 서술하시오.

05 지점의 비이자부문 수익성관리방안에 대해 서술하시오.

06 본부와 지점 간 커뮤니케이션을 원활하게 수행할 수 있는 방안에 대해 서술하시오.

07 상향식 커뮤니케이션과 하향식 커뮤니케이션 개선방안을 비교하여 서술하시오.

08 지점분위기를 활성화하는 데 있어 지점장의 역할에 대해 서술하시오.

09 지점의 내부사고와 외부사고 예방대책을 비교하여 서술하시오.

10 인터넷을 통해 빈번히 발생하고 있는 금융사고 예방대책에 대해 서술하시오.

연습문제 해설

1. 지점장의 경우 지점의 성격을 파악한 후에는 지점의 당면과제뿐만 아니라 장기적인 구상을 고려해야 한다. 지점의 장기적 계획수립을 위해서는 우선 지점 업무확장에 대비한 장기적 구상과 더불어 단기적 운영에 대한 구체적인 대책이 포함되어야 하며 개인고객과 기업고객 양 측면에서 점주지역에 대한 세일즈방법에 대한 구체적 대책이 들어 있어야 한다. 계획을 수립한 다음에는 본부나 지역 본부 등의 자문을 통해 정교화한 다음 실행에 옮겨야 한다. 지점 운영계획은 환경변화요인, 경쟁은행 지점 동향, 고객동향, 지리적 입지조건, 자점의 지명도 및 전력 등을 파악하여 자점 여건에 적합하게 수립해야 한다. 한편 지점은 본부 방침의 범위 내에서 업무활동을 하는 것이기 때문에 지점의 장기계획은 필요하지 않다고 생각하기 쉽다. 하지만 이러한 생각은 업무활동에 필요한 의사결정의 권한이 본부에만 집중되어 있다는 잘못된 사고방식에서 나온 것이다. 시장지향적인 지점 경영이라는 관점에서 볼 때 점주권 금융기관의 경쟁에서 우위를 확보하기 위해서는 장기계획의 수립이 필요하다. 지점 장기계획에는 지역환경의 예측이 들어가야 한다. 지점의 영업기반이라고 할 수 있는 점주권과 거래처에 대한 예측이 필요하다. 도시개발, 공장유치 등에 따라 입지조건이 바뀌는 경우가 많으며 다양한 환경변화요인을 감안하여 지역환경을 예측해야 한다. 또한 자점의 현상분석과 문제점 파악이 포함되어야 한다. 예금·대출금의 증가상황과 주요고객별 구성비, 수익상황, 점주 중점추진지구의 점유비, 경영효율성 지표 분석 등을 통해 자점의 장점과 단점을 파악해두어야 한다. 지점 장기계획에서 중요한 것 중의 하나가 본부방침과 지점역할에 대한 검토다. 은행 전체의 장기계획을 자점의 지역환경예측과 자점의 현황분석을 통하여 비교하여 보고 자점으로서 이를 어떻게 전개해나갈 것인가를 정해야 한다. 지점 장기계획의 근간이 되는 것은 성장성목표, 구성비목표, 효율성목표 등이다.

2. 은행 본부의 경영방침이 수립되고 지점이 채택될 수 있는 운영선략에 대한 수립도 이루어지면 구체적인 지점 계수계획을 작성한다. 통상적으로 지점에서는 예금, 대출, 외환, 신탁, 손익, 행동계획 등으로 구분하여 작성한다. 이때 유의할 사항으로는 첫째, 의욕적인 목표치가 설정되어야 하며, 둘째, 노력하면 도달할 수 있는 달성가능한 목표가 설정되어야 한다는 점이다. 이와 더불어 외형 계수에 치우치지 말고 지점에 실제적 이익을 가져올 수 있는 내실있는 내용이 되어야 한다는 점도 중요하다. 계수계획은 본부에서도 은행 전체의 연간계획을 수립하고 목표의 할당이라는 형식으로 지점에 이를 배정한다. 이때 일부 은행은 거시경제전망이나 지표 그리고 경영방침에 따라 은행 전체 목표를 책정하고 이를 지점에 할당하는 방법을 취한다. 반면 일부 은행에서는 지점으로부터 사전에 계획수치를 제출받아 이를 조정하여 다시 지점에 목표로서 할당하는 방법을 채택하고 있다. 어느 경우이건 은행 전체의 계수계획은 거시경제적 지표와 경영방침에 따라 책정되며 지점으로부터 사전에 계획치를 제출받는 경우라 할지라도 지점의 계획수치를 단순집계하여 은행 전체의 목표로 삼지는 않는다. 왜냐하면 은행본부에서는 은행의 존립과 발전이라는 관점에서 반드시 이루어야 할 목표가 있는 것이며, 지점 계획의 단순한 합산이 은행 전체 계획이 될 수는 없기 때문이다.

3. 영업목표 달성을 위한 구체적인 실행에 있어서는 먼저 항목별 담당자를 정하여 그에 대한 명확한 책임을 부여한 후에 점내 각 팀별로 분담량을 할당해서 주간 또는 월간계획을 세워 주기적인 피드백을 하는 방법이 좋다. 월간계획을 책정함에 있어서의 유의할 점으로는 첫째, 1년을 12개월이라고 생각하지 말아야 한다는 점이다. 반기평가인 경우 매년 1월 전후와 7월경에는 업적평가 결과가 발표되고 직원 인사이동 철이기도 하다. 둘째, 상·하반기가 시작되는 기초월(1월과 7월)부터 출발한다는 목표의식을 갖고 달리기 시작할 수 있도록 미리 계획

을 세워야 한다. 본점에서 목표가 시달되기 전에 자점에서 조속히 자체목표를 설정하여 출발시점부터 일사불란하게 움직인다. 셋째, 자점의 계절변동 패턴을 인식해야 한다. 양적 목표항목들은 거의 어느 지점이나 예년의 패턴을 보이는 경향이 있으므로 과거 2~3년 정도의 월별계수를 그래프로 그려보아 월간계획을 세울 때 고려해야 할 것이다.

4. 지점장 체크포인트로는, 고객 입출금현황, 지점내수신·여신 신용카드 100대고객 현황, 신규 및 해지고객 현황, 주요 고객 기념일 도래현황, 신용카드·외국환·신탁·펀드판매 및 방카슈랑스 판매목표 달성도, 복무기강확립·금융부조리 근절, 전표감사, 기계경비·보안·소방점검, 연체현황·여신사후관리여부·대손충당금 파악, 리스크 자가진단 등이다. 팀원의 체크포인트로는 운영리스크 손실사건 발생보고, 운영리스크관리, 예금부문, 수출입 및 무역외실적, 외환이익, 수신/여신기일 도래고객 명세, 신용카드, 방카슈랑스, 펀드마케팅 정보, 마케팅상담 정보 등록, 연체현황, 대손충당금, 여신사후관리, 교차판매 등이다.

5. 많은 은행들이 새로운 상품 및 서비스개발에 박차를 가하면서 기존의 각종 무료서비스를 유료화하고, 업무원가에 크게 못미치는 수수료의 현실화를 위해 노력하고 있다. 지점에서도 업적평가 성과제고를 위해서는 비이자성 수익관리를 통한 이익증대방안을 적극적으로 모색해 나가야 한다. 자금이 수반되지 않은 은행업무라 할 지라도 모든 은행업무는 인건비·물건비 등 비용부담이 발생한다. 과거와는 달리 은행도 이익을 추구하는 영리기관이라는 인식이 확산되어 수익자부담 원칙에 따라 서비스제공에 들어가는 비용만큼의 수수료는 고객에게 부담시키고 있는 추세다. 서비스 취급수수료는 다른 부문에 비해 직원들의 관심이 낮은 부문이므로, 우선 현 시점에서 수수료부문이 지점 이익에서 차지하는 비중을 수시로 파악하고, 지점의 여건에 맞는 적절한 대책을 수립·추진하는 것이 필요하다. 그리고 직원들에게 수수료부문의 중요성을 인식시켜 건당 금액이 소액이라 하여 안이하게 수수료를 감면해주는 일이 없도록 하여야 할 것이다. 또한 각종 서비스활동에 대한 정확한 원가분석을 통해 인건비·물건비 등 원가발생분과 최소한의 마진을 감안하여 수수료금액을 현실화시켜 수수료수입을 확대해나가야 한다.

6. 본부와 지점은 서로가 마케팅 파트너라는 인식하에 서로의 입장을 이해하고 부족한 점을 채워줄 수 있는 관계정립이 필요하다. 본부와 지점은 한배를 타고 있는 동반자적인 관계라는 인식을 바탕으로, 지점의 영업현황 및 직원관리상 필요한 내용을 수시로 보고하고 필요시 업무협조를 요청하는 등 유기적인 관계를 유지한다. 본부와 지점은 공존 및 상생해 나가지 않으면 안 되며 어느 한쪽이 일방적으로 강하면 전행적 관점에서 볼 때도 바람직하지 않다. 본부가 강하면 관료적, 통제적이 되어 지점에 활기가 사라지고 고객과의 대면에 있어서도 열기가 사라지게 된다. 반대로 지점이 너무 강해도 좋지 않은데, 너무 앞서가는 지점은 때에 따라서는 경영리스크를 발생시킬 위험을 안게 된다. 지점은 은행 전체의 경영비전 및 영업전략을 현장에서 실천하는 조직단위인 만큼 관련부서와의 지속적인 커뮤니케이션 관리에 노력해야 한다. 본부 및 지역본부의 업무추진방향 및 의도를 정확하게 숙지하고 있어야 하기 때문이다. 본부의 사소한 앙케이트에도 적극 참여하여 자신을 알림으로써 커뮤니케이션의 원활화를 도모하도록 한다. 여신승인 신청 등 대본부 업무 추진시에는 구체적이고 타당성 있는 자료를 충분히 제시하고 상호 상충되는 부분은 협의 등을 통해 직접 설득하는 것이 효과적이다. 특히 승진대상자가 승진시 불이익이 없도록 본부부서와 커뮤니케이션을 강화할 필요가 있다. 안면 있는 직원에 대해서는 직원의 승진 및 대내외포상 또는 애경사시 전화나 메일발송 등을 통해 관심을 표명한다.

7. 하향식 커뮤니케이션이 잘 이루어지기 위해서는 지점 직원 각자의 업무가 명확히 규정되는 것이 가장 중요하다. 업무의 내용을 명확하게 파악하고 있으면 지점장의 지시나 명령이 쉽고 정

확하게 전달될 수 있으며 부하직원의 수용도가 높아진다. 지점장과 부하직원 간의 관계에서 전달일변도의 커뮤니케이션 방식을 탈피하는 것이 무엇보다 중요하다. 지점 업무를 추진하는 데 있어 상향식 커뮤니케이션의 개선을 위해 가장 중요한 것은 정보내용의 중요성과 타당성을 구분하여 전달하는 것이다. 일상적으로 수행하는 의사결정사항에 대해서는 규정에 따라 진행하도록 시스템화하고 예외적인 정보가 발생하는 경우에만 지점장에게 전달하는 것이다. 전달되는 정보의 내용을 요약 및 정리하여 핵심만 전달한다든지 혹은 전달에 소요되는 시간을 최소화하는 것이 필요하다. 또한 부하직원이 팀장이나 지점장에게 보고하는 자체에 대한 두려움을 없애는 노력이 필요하다. 이를 위해서는 지점의 분위기를 보다 부드럽게 유지해야 한다. 비공식적 커뮤니케이션의 활성화가 공식적인 커뮤니케이션의 경직성을 보완해 줄 수 있다.

8. 지점장은 누구나 활성화된 지점을 만들기를 원한다. 활성화된 지점은 항상 활력이 있고 성과를 잘 내며 실적부진 상황에서도 문제를 잘 극복하기 때문이다. 모든 지점 구성원들이 활성화를 희망하지만 잘 되지 않는 이유는 진실한 마음이 없거나 방법이 어설프거나, 지점 구성원의 니즈를 정확히 파악하지 못하는 데서 오는 경우가 많다. 지점활성화가 성공하기 위해서 지점장이 반드시 명심할 사항으로 절대로 특정인을 편애해서는 안 된다는 것이다. 누구나 선호하는 사람이 있기 마련이지만 다른 직원들이 인정할 정도로 편애해서는 안 된다. 지점 구성원 누구에게나 동일한 시선과 따뜻함이 가도록 배려하고 균형을 잃지 않도록 끊임없이 노력해야 한다. 지점장의 입장에서 평소 경영철학에 대하여 부하직원들과 끊임없이 공유해야 한다. 구성원들이 지점장의 철학을 공유해야 비로소 하나의 방향으로 나갈 수 있다. 지점장과 구성원들의 공동체의식은 지점활성화를 위한 기초 인프라 정비공사와 같다. 지점장은 민주적인 의사결정 프로세스를 정립하는 데 노력해야 한다. 지점활성화는 지점 구성원들의 자발적인 참여 없이는 불가능하기 때문에 직원들의 생각과 이익을 대변하는 제도적인 의사소통 장치를 반드시 가지고 있어야 한다. 합리적인 의사결정과정을 통해 최적의 의사결정을 할 수 있고 많은 지점 구성원들이 신뢰하는 결론을 얻을 수 있다. 지점장과 직원들 간의 신뢰관계 조성을 통해 지점활성화를 위한 여러 실행방안에 힘이 실릴 수 있다.

9. 사고발생 후의 어떠한 대응도 사고를 사전에 차단하는 예방활동보다 나을 수 없음을 명심하고 사고예방 대책이행에 만전을 기해야 한다. 내부사고 예방을 위해 중요한 것은 사고예방을 위한 정신교육, 소속직원의 신상관리, 지점감사 이행상태 점검, 고액출금계좌 현황파악 및 확인, 현금검사 실시, 중요용지 보관상황 검사확인, CCTV 설비 및 녹화상태 점검, 금고관리 점검 등이 중요하다. 외부사고 예방을 위해서는 전 직원이 사고예방을 위한 감시자가 되도록 분위기를 만들어가는 것이 지점장의 역할임을 명심하고 각종 경고용 게시물 부착 및 훼손여부를 확인해야 한다. 비상벨 관리도 중요한데 규정된 장소에 설치되어 있고 완벽하게 작동하고 있는지를 확인해야 한다. 이때 가능한 한 전 직원이 직접 설치장소를 확인하게 해야 한다. CCTV의 관리상태를 확인하는 과정에서는 카메라에 담겨지지 않는 사각지대는 없는지를 점검하고 녹화상태, 화질, 녹화테이프 보관상태 등도 확인해야 한다. 또한 유사시를 대비해 비상연락망을 정비하고 소화장비의 확인 및 충약실시, 각종 출입문 잠금장치의 이상유무 확인 등 보안점검에 철저를 기해야 한다.

10. 안전한 인터넷 금융거래를 위한 이용자 유의사항에는 비밀번호는 철저히 관리한다, CD기를 이용하여 환급해주겠다는 말에 응하지 않는다, 공인인증서는 USB 등 이동식 저장장치에 보관한다, PC용 보안프로그램의 자동 보안업데이트를 설정한다, 바이러스 백신프로그램 등으로 PC를 지킨다, 급할수록 돌아가자. 대출 내용을 직접 확인한다, 유사시에 거래은행에 신고한다 등에 유의해야 한다.

제3장

직원관리와 지점환경관리

제1절 지점의 직원관리
제2절 지점 내 회의활용법
제3절 지점의 환경관리

학/습/목/표

1. 직원관리에 있어 지점장으로서 유의해야 할 사항에 대해 학습한다.

2. 팀장과 팀원을 움직이는 지점장의 지혜에 대해 생각해본다.

3. 지점 직원에 대한 권한위양과 직무배분에 대해 학습한다.

4. 지점 내 회의방법에 대해 학습한다.

5. 지점 내 환경개선이 필요한 부분과 지점장의 역할에 대해 학습한다.

제1절

지점의 직원관리

1 직원관리의 기본사항

1-1 직원관리시 지점장의 역할

지점 경영자로서 지점장에게 가장 중요한 것은 각 팀과 직급별로 사람을 다룰 수 있는 기술일 것이다. 책임자로서 소속팀원들을 관리하던 시절과는 달리 한 지점의 장으로서 팀장을 통솔하고 부하직원들을 아우를 수 있는 의사소통과 권한위양의 기법이 중요하다.

지점장의 중요한 역할은 조직이 원하는 방향으로 지점을 이끌어가는 데 기여하는 것이며 지점 내 모든 구성원들을 위하여 지점을 '일할 맛 나는 직장'으로 만들어주는 것이다. 지점장은 근무평가, 생활지도, 개인성과관리, 효과적 동기부여, 출퇴근관리, 경조사, 고충처리 등에 만전을 기해야 한다.

지점장의 입장에서 가장 중요한 것은 부하직원에 대한 태도다. 지점 경영은 일정지역에서 한정된 인원을 바탕으로 영업을 추진하여 업적을 달성하는 것이므로 전 직원의 능력을 극대화하는 것이 중요하다. 지점장의 눈높이에서 직원을 판단하려고 하면 항상 부족해 보이므로 부하직원의 눈높이에서 애정을 가지고 보아주고 은행원으로서 생활하는 지혜를 가르친다는 입장에서 대해야 한다. 민주적 절차에 따라 상호협의하에 업무를 추진하고 결과에 따른 논공행상을 정확히 하는 리더십이 필요하다.

또한 지점 직원들의 업무지식 함양을 위해 이를 적극 독려해야 된다. 금융의 겸업화가 진전되면서 은행에서도 펀드상품, 방카슈랑스상품을 취급하고 있으므로 고객들이 원하는 상품과 서비스를 적기에 제공할 수 있도록 업무지식 제고에 주력해야 한다. 고객은 일차적으로 은행에 대한 신뢰를 바탕으로 거래를 하므로 지점 직원의 업무처리가 미숙하다면 훌륭한 부가서비스를 제공한다 하여도 만족하지 않을 것이다. 따라서 업무내용을 정확히 파악하도록 지도해야 하는데, 이를 위해서는 직원연수에 대한 열기를 고양시키고 담당업무에 대한 숙지도를 수시로 점검해야 한다. 고객을 응대할 때의 자신감은 결국 업무지식에서 나오는 것이므로 업무지식이 완벽하다면 고객에 대한 두려움도 없어지고 목소리도 한층 밝아질 것이다.

지점장은 조직능력배양에 중심을 두며 직원 모두에 대해 관심을 표명해야 한다. 개인능력보다 조직능력 제고를 최우선으로 하여 능력부족 직원에 대해서는 특별지도를 하고 우수직원에게는 재량권을 확대하되 자칫 편애나 소외가 발생하지 않도록 각별히 주의한다. 직원들을 동반자나 가족과 같이 신뢰하고 성심성의껏 대하며 사소한 일에도 격려와 칭찬을 아끼지 않는 자세가 필요하다. 지점의 영업력 극대화를 위해 직원들이 직급별로 한 단계 상승된 위치에서 근무한다는 마인드를 고취하고, 각자가 지점장이라는 마음자세로 업무에 임하도록 동기부여하며 항상 가족 같은 분위기를 느낄 수 있도록 하여야 한다.

지점 부임시 인사기록카드를 참고로 가족사항이나 거주지 등을 미리 익혀두었다가 직원면담시 친근감을 표시하고 회식자리에서도 직원개인에 대한 사적(私的)인 내용을 바탕으로 이야기하면 직원들은 감동하게 된다.

예를 들어 부임받은 직원이 첫 출근하기 전에 지점장이 먼저 전화를 걸어 '같이 일하게 되어 반갑다'는 인사를 하고 출근 첫날에는 자리에 꽃다발을 올려놓고 전 직원이 환영해주는 지점장도 있다고 한다. 지점 경영도 결국 사람에 의해 이루어지므로 새로 배치받은 부하직원들에게 일하고자 하는 의욕을 북돋아주는 것이 지점 경영성과제고에 중요하다.

직원관리시 유의사항(사례)

A지점장은 출·퇴근시 직원들과 일일이 눈을 맞추는 인사를 지속적으로 실천함으로써 직원관리에 주의를 기울이고 있다. 아침에 출근을 하여 직원들이 다 나왔다고 생각되면 객장을 한번 돌면서 모든 직원과 가급적 눈을

마주치는 인사를 하면서 직원들의 표정과 그날의 컨디션을 살펴볼 수 있다고 한다. 퇴근시에도 마찬가지로 창구를 돌며 파트별로 "오늘 수고들 많이 했습니다. 먼저 퇴근합니다"라는 인사를 통해 지점장과 직원 간에 보이지 않는 마음의 통로를 항상 열려있는 상태로 만들 수 있었다.

또한 직원들이 열심히 하는 부분에 대해서는 격려와 칭찬의 말을 아끼지 않았다. 직원들이 다 모인 회의시간에 어느 직원이 어느 부문에서 열심히 해주어 지점실적이 향상되었으니 "우리 다 같이 격려의 박수를 쳐주자"고 유도하여 그 직원을 칭찬해주었다. 사소하고 그냥 넘어갈 수 있는 일도 가능하면 칭찬을 해줄 수 있는 기회를 만들어 직원들이 모든 업무에 능동적이고 자발적으로 참여하는 협조적인 분위기를 조성하는 데 초점을 맞추었다.

직원관리를 효율적으로 수행하기 위해 매일 아침 전 직원이 최상의 고객응대를 위해 다짐의 시간과 자기관리기록부를 갖는 것도 필요하다. 고객응대, 업무처리, 전화응대, 창구관리, 끝마무리인사 등 지점업무와 관련된 중요사안을 중심으로 다짐을 하는 자리를 마련하는 것은 마음가짐을 새롭게 하고 하루를 시작하는 데 중요하다. 물론 여기에는 짧은 시간을 할애하고, 리드하는 직원들은 순번을 정해놓고 하든지 또는 희망자 신청을 받아 할 수도 있지만, 책임자급 직원이 리드하는 것도 필요하다. 자기관리기록부는 업무종료 후 직원 스스로가 자신의 하루를 평가하여 기록하는 것이다. 이를 통해 지점 활성화를 도모할 수 있으며 창구응대의 개선효과를 볼 수 있다.

직원의견 청취설문

평소 당점 업무발전을 위해 열심히 애쓰시는 직원 여러분의 열의에 진심으로 고마움을 느끼고 있습니다.

과도한 업무량으로 고생하시는 모습을 볼 때 저도 매우 안타까운 심정입니다만 우리 모두가 힘을 합할 때 이 어려움을 능히 이겨나가리라 생각합니다.

제가 우리 지점 업무추진을 위해 여러분의 의견을 청취코자 하오니 아무런 부담 없이 진솔하게 의견을 제시해주시면 최선을 다해 여러분의 충직한 종(Servant)이 되도록 열심히 노력하겠습니다.

1. 우리 지점 발전을 위해 지점장이 우선적으로 추진해야 할 사항

	추 진 사 항	세 부 추 진 내 용
1		
2		
3		

※ 업무적인 사항 및 업무외적인 사항 모두 해당합니다(시정사항도 포함).

2. 개인의 희망사항 및 애로사항

희 망 (요 청) 사항	애 로 사 항

3. 가족사항

관 계	성 명	생년월일	직 업	비 고

4. 기타 하시고 싶은 말씀

의견 주신 분 성명:

1-2 직원관리 원칙

지점장은 직원관리에 있어서 항상 부하직원의 눈높이에서 직장의 선배로서 은행직원의 생활하는 지혜를 가르친다는 입장을 견지해야 한다. 직원들 중에는 지점장 맘에 드는 우수직원이 있는 반면에 맘에 들지 않는 불성실직원이 있다. 또 능력이 있고 수완이 좋은 직원이 있는가 하면 좀 떨어지는 직원도 있기 마련이다.

지점장은 우수직원들이 하위평준화가 되지 않도록 칭찬과 배려를 아끼지 말아야 하며 성취감을 맛볼 수 있도록 지속적으로 동기를 부여하고 관심을 표명해야 한다. 예를 들어 주요 고객들 앞에서 종종 칭찬하여 고객들의 호감을 유도하거나

각종 인사자료에 반영토록 의견을 개진한다든가, 향후 은행 최우수지점장이 될 것임을 동기부여시키는 방법 등이 있다. 반면에 불성실한 직원인 경우 선입견을 배제하고 개별적인 상담을 통하여 본인의 불만사항을 조기에 파악하고 해소하는 데 협조하며 개인별 특기를 발굴하는 데 주력해야 한다. 타 지점 또는 후선업무로의 전근요청을 하는 것보다는 자체연수를 통한 능력배양이 은행의 발전이라는 생각을 가지고 꾸준히 시도해야 한다. 도저히 개선이 불가능한 경우에만 본부와의 협의하에 가시적인 조치를 취하는 것이 지점분위기 개선에 바람직하다.

직원관리에 있어서 다른 하나의 중요한 점은 직원 간의 갈등을 조정하는 일이다. 직원 간의 갈등은 사전에 완전히 방지할 수 없으며 주로 업무수행시 사소한 의견차이에서 발생하는 경우가 많다. 그러므로 지점장은 직원과 서로 형제, 자매와 같은 관계 즉 가족관계이므로 업무는 모두 '우리 일'이지 너와 나의 일이 아님을 주지시킨다든가, 주기적인 면담 등을 통해 사전에 갈등소지를 없애도록 노력해야 한다.

또한 지점장은 부하직원이 오기 전에 먼저 다가가는 자세가 필요하다. 직원들은 지점장 앞에서 선뜻 허심탄회(虛心坦懷)하게 말하기를 어려워하기 때문이다. 직원들을 전체적으로 대하는 것보다는 개별적으로 상대하는 것이 효과적이다. 전체적으로 보면 그들은 '누구에게나 하는 동일한 사랑은 사랑이 아니다'라고 느낄 수 있다. 전체적으로 칭찬을 한다든지 격려하는 일은 있을 수 있겠지만 사람은 누구나 자신만을 위한 독특하고도 특별한 사랑에 대하여 실제보다 훨씬 큰 의미를 부여하는 법이다.

직원관리에 있어서 지점장으로서 주의할 점은 직원들에게 지시조나 명령조가 많아질 수 있다는 점이다. 직급이 올라갈수록 부하직원의 입장을 존중하기보다는 자신의 주장을 앞세우기 쉬우며 그런 대화습관의 반복은 겸손과는 점점 멀어지게 만든다. 특히 고객이 있는 자리에서 직원을 야단치거나 잘못을 지적하는 것은 절대적으로 피해야 한다.

직원관리에 대한 지점장 대상 조사결과(1)

저는 지점 직원이야말로 최대의 고객이라 생각하고 있습니다. 부지점장 이하 전 직원이 지점장의 의사를 이해하면 실적은 오릅니다. 직원의 역량을 파악하고 그들이 잠재능력을 지점장이 얼마나 이끌어내느냐가 지점의 역량을 결정합니다. 함께 일하는 직원의 힘을 최대한 도출해내야 합니다. 직원들에게 자신감을 갖게 하고 능력을 발휘하게 하는 것이야말로 지점장의 가장 중요한 역할입니다.

직원관리에 대한 지점장 대상 조사결과(2)

우선 지점장부터 솔선수범을 보여주고 지점장이 은행생활을 많이 하였기 때문에 본인의 노하우, 예를 들어 어떻게 고객에게 접근하면 성과를 내는지 직원회의 시간에 알려줍니다. 인근 우수 영업점의 노하우가 있다면 책임자에게 지시하여 당점에 바로 적용할 수 있도록 조치합니다. 계획을 세우면 바로 실행에 옮기도록 조치합니다. 직원이 고객 섭외 시 지점장이 상담을 적극 지원해 준다면 성공 가능성이 높다는 점을 인식시키고 이왕이면 응접실을 이용하여 상담을 하도록 직원들을 교육시킵니다.

직원관리에 대한 지점장 대상 조사결과(3)

우선 직원들의 관심사항이 무엇인지 파악하여 이를 최우선적으로 배려하고 있습니다. 지점직원 특히 계약직원의 고객유치는 물론 카드, 전자금융 등 다른 직원들이 사소하다고 생각하는 분야에 대한 실적도 평상시 전자우편, 사내통신망 등을 통해 칭찬과 격려를 하고 있습니다. 승진 대상자에 대하여는 대상자가 최선을 다 할 수 있도록 목표를 부여하고, 이를 달성할 수 있도록 지점장으로서 지원하고 또한 할 수 있다는 자신감을 부여하고 있습니다. 직원들이 지점장을 신뢰하고 따를 수 있도록 본점, 지역본부와의 관계를 유지·발전시키는 것도 중요합니다.

직원관리에 대한 지점장 대상 조사결과(4)

열심히 일하는 자는 그에 상응하는 보상을 받아야 하는 바 지점 자체 캠페인, 각 종 포상시 합리적인 선정기준을 마련하여 사전에 고지하고 이를 철저히 이행하고 있습니다. 직원들에 대한 신뢰와 적극적인 참여를 유도하고 직원회의 시 잘한 직원에 대한 칭찬과 더불어 여타 직원도 '할 수 있다'는 자신감을 불어 넣는 등 주입 교육도 실시하고 있습니다. 못한 직원에 대한 질타보다는 잘하는 직원에 대한 칭찬과 격려, 보상에 초점을 맞추고 이들에 대한 우수한 고과의 제공, 미니포상제도 도입 (도서상품권, 기프트카드 등), 공개시상 등을 통해 진심에서 우러난 자발적 동기부여를 이끌어 내고 있습니다.

1-3 직원에 대한 바람직한 태도

하위직 직원들과 함께 어울릴 수 있는 자리를 자주 갖고 사소한 것에도 관심을 보여주는 자상함이 요구된다. 이때에는 한두 마디의 농담이 분위기를 일신할 수 있으므로 평소에 유머에도 관심을 가질 필요가 있으며 포상금을 비축하거나 업무추진비 중 일부를 회식비 또는 동기부여 자금으로 활용하는 것도 좋다. 특히 능력이 없다고 소외된 직원 또는 문제직원들에게 깊은 애정을 갖고 대해주면서 존재의 가치를 인정해줄 때 그들도 소속감을 갖고 지점 업무추진에 적극 동참하게 된다.

직원에 대한 태도

> 지점장은 한두 마디의 농담으로 분위기를 일신할 수 있으므로 평소에 다양한 유머 소재를 찾아두는 것도 좋다. 직원들은 '나를 위해 특별히 선택받아 나에게 보내진 귀중한 사람이다'라는 인식이 기본적으로 필요하다. 직원들을 동반자 또는 가족같이 생각하고 성심성의껏 대하며 사소한 일에도 관심을 가지고 격려나 칭찬을 아끼지 않을 때, 스스로 업무의욕이 고취되고 성취감을 느껴 동기부여가 된다.

지점장은 솔선수범해야 한다. 지점장이 팔을 걷어붙이고 움직이면 직원들은 따라 나선다. 힘들고 어려운 일일수록 당연히 솔선수범이 필요하다. 많은 경우 지점장은 목표를 직원 수만큼 나눠서 일인당 신용카드 몇 좌, 조정보험료 얼마

… 등등의 계수를 배분하고 주간회의시에 “지난 주 김 대리 몇 건 했어? 이 과장 얼마 했어?”라고 묻는 경우가 일반적이다. 하지만 신입행원의 조정보험료 10만 원은 고참과장의 몇백만 원보다 훨씬 칭찬해줘야 할 일이다.

직원을 움직이기 위해 지점장은 정교한 전략을 마련하여야 한다. 직원들은 일상적인 업무에 파묻혀 과거의 관행대로 일을 하고 있는 경우가 많다. 가장 이상적인 방법은 담당직원이 새로운 전략을 세우는 것이지만 그런 직원은 드물다. 그래서 지점장이 업적평가 항목별로 깊은 고민과 검토를 거쳐 새로운 전략을 마련해야 한다. 만약 어떤 문제에 대해 지점장이 주말 이틀을 꼬박 집중하면 직원들이 그저 따라오기만 하면 될 정도의 독창적이고 실행가능한 전략을 마련할 수 있다. 업적평가 항목 담당책임자가 그 전략을 수행하면서 보완할 부분을 채워 넣는 것으로 결국 완벽한 성공사례를 만들어낼 수 있다.

지점장과 부하직원 간의 인간관계 발전과정

국내 최고기업 중 한 곳인 ○○회사의 ○○○사장의 말을 인용하면 좋아하는 감정과 존경이 없으면 인간관계는 언젠가는 문제가 생긴다고 한다. 사람 간의 관계는 ‘단순히 아는 단계(know) → 이해하는 단계(understand) → 좋아하는 단계(like) → 존경하는 단계(respect)’ 단계로 발전한다는 것이다.

여기서 ‘아는 단계’란 처음 만나면 그냥 “아, 나 저 사람 안다” 하는 단계다. 그 다음이 “아, 나 저 사람 어떤 사람인지 알아” 하는 이해 단계에 접어든다. 여기서 좀 더 지나면 “저 사람 이런 점이 마음에 드네” 하는, 좋아하는 단계에 이르게 된다. 이 단계에 이르러야 관계가 지속된다. 그러다 어느 시점에 가면 “저 사람은 이런 점이 대단해” 하는 존경하는 단계에 이른다. 존경단계보다 한 단계 더 나아간 것이 ‘사랑’이다. 그런데 앞서 언급한 바와 같이 사랑의 중간에 좋아하는 단계나 존경하는 단계가 없으면 언젠가 분명히 문제가 생기게 된다는 것이다. 따라서 돈과 사람을 관리하는 지점장은 직원들에게 존경과 사랑을 받을 수 있도록 부단히 노력해야 한다.

젊은 직원과 어울릴 수 있는 방법을 개발해두는 것 또한 지점장의 입장에서 중요하다. 다음은 ○○방송 ○○○사장이 인터뷰에서 밝힌 이야기이지만 은행 지점장의 입장에서 도움이 되므로 소개한다.

젊은 직원들과 어울릴 수 있는 방법은 전문성, 포용력, 경제력 3가지로 요약된다.

첫째 전문성이다. 전문성이 없으면 젊은이들은 당신을 찾지 않는다. 무엇이든 한 가지라도 배울 것이 있어야 당신을 두려워하고 조언을 구한다. 따라서 끊임없이 공부해야 한다. 희끗희끗한 머리나 지점장이라는 타이틀만으로는 결코 그들을 리드할 수 없다. 다음으로 갖추어야 될 덕목이 포용력이다. 젊은이들이 다가왔는데, 귀찮아하면 다시는 당신 곁으로 오지 않는다. 젊은이들의 이야기에 귀 기울이고 그들의 논리를 수용할 수 있어야 한다. 그들은 많은 면에서 오히려 당신보다 똑똑하다. 마지막으로 경제력이다. 젊은 친구들과 만날 때 스폰서(sponsor)가 될 수 있어야 한다. 매번 법인카드로만 계산하거나, 또는 다음날 'n분의 1'로 하자고 문자메시지 돌리면 아무도 다가서지 않는다.

직원관리 우수사례

가장 중요한 것은 자신이 솔선수범하여 모범을 보이고 함께하는 것이라 생각합니다. 직원들과 실현가능한 목표를 설정하고 본인 스스로가 몸소 실천하며 직원들과 함께 그 길을 가자고 한다면 이를 거부하는 직원은 없을 것입니다. 신설지점 개점준비 때의 일입니다. 점주에는 수많은 고층아파트 단지가 소재하였는데 제가 근무하는 은행은 그 지역에 마지막으로 개점하는 은행이었습니다.

따라서 지점의 시장점유율(market share) 및 점주기반을 확보하기 위하여서는 우리의 존재를 이곳 주민들에게 알리고 우선 통장이라도 개설하여 내점토록 유도하자고 의견을 모았습니다. 이를 실현하기 위하여 지점장을 포함한 전 직원이 남녀 2명을 1조로 편성하고 담당구역을 지정, 마케팅에 착수하였는데 한겨울이라서 바람은 살을 에는 듯이 차가웠습니다. 아침부터 저녁 늦게까지 주변 모든 아파트를 1층부터 30층까지 오르내렸지요. 은행 유니폼을 입은 여직원이 벨을 눌러 은행원임을 확인시키고 개점 인사차 왔다고 양해를 구하면, 약 70%는 고생한다고 문을 열어주었으며 그중 20% 정도는 신규신청서를 작성하여주거나 개점하면 내점하겠노라고 약속하였습니다. 일과를 마치고 밤이 되면 여직원들은 발이 부어 걷기가 힘들었지만 하루하루 쌓여가는 신규신청서에 보람을 느꼈고 어느 누구도 힘들고 어려워도 이를 내색하지 않았습니다. 이렇게 모두가 하나 되어 일군 지점이 개점 이후 괄목할 만한 업무실적을 거양하여 제가 근무한 2년간 지점 직원의 80%가 포상을 받아 해외연수를 갈 수 있었습니다. 힘든 짐도 나누어 지면 가벼워지고, 슬픔도 나누면 적어지며 다 함께 하는 기쁨은 그 몇 배가 됩니다. 지금도 매년 그 지점의 개점 기념일에는 그때 멤버들이 한자리에 모여 소주 한잔 나누면서 힘들었지만 보람 있었던 날들을 회상하곤 합니다.

직원을 움직이는 지혜에 대한 지점장 대상 조사결과(1)

직원을 움직이는 가장 좋은 방법은 직원에 대한 권한의 위양입니다. 직원들은 자신이 업무의 주체가 되었다고 생각할 때 객(客)의 입장에서보다 월등한 자율적 행동양식을 보이기 때문입니다. 따라서 업적평가 항목별 담당직원을 배정하고 책임자, 팀장, 지점장에게 목표달성을 위한 다양한 조언을 구할 수 있는 커뮤니케이션 통로를 마련하여 스스로 행동할 수 있도록 유도하고 있습니다.

직원을 움직이는 지혜에 대한 지점장 대상 조사결과(2)

내가 누군가에게 인정받는다는 것을 안다는 것은 매우 중요한 일입니다. 사람은 누구나 자기를 인정하는 사람에게 충성을 다합니다. 작은 것에도 칭찬을 아끼지 않고 전폭적인 신뢰를 보여주며 직원뿐 아니라 가족에게까지 관심과 배려를 표시함으로써 소속감을 분명히 해주는 것이 필요합니다. 예를 들어 결혼을 앞둔 직원의 예비배우자를 회식이나 지점 행사에 초대하여 조기 패밀리화하는 것도 중요합니다.

직원을 움직이는 지혜에 대한 지점장 대상 조사결과(3)

직원들은 한 가족이며 공동운명체입니다. 따라서 직원의 가족사항, 취미, 사는 곳, 고향, 출신학교 등 기본적인 사항에 대하여는 자세하게 알고 있는 것이 중요합니다. 또한 직원의 애로사항을 지점장에게 쉽게 털어놓을 수 있도록 지점 분위기를 이끌어가는 것이 사고예방과 직원의 사기진작에 도움이 됩니다.

1-4 팀장을 움직이는 지혜

팀장은 지점에서 팀원과 지점장의 가교 역할을 하며, 고객과의 최접점에서 일차적인 결정권을 행사하는 등 중요한 역할을 수행하는 위치에 있다. 따라서 팀장과 지점장은 지점 경영목표와 운영방향에 대해 우선적으로 공감대를 형성하여야 한다. 일정부문의 지점장 권한위임을 통해 관리자로서의 역할을 하고 있음을 인식토록 하며, 팀의 의사결정과정이 팀장을 통해 이루어지게 함으로써 단순 책임자가 아닌 지점의 실질적인 운영을 책임지는 '장(長)'으로서 역할을 강조하고 수지시키는 것이 필요하다.

팀장은 지점장의 사고방식과 전략을 잘 이해하여 지점 구성원들에게 연결시키는 역할을 담당한다. 지점장과 팀장 간에 호흡이 잘 맞으면 지점은 5배, 10배의 힘을 발휘할 수 있지만 반대의 경우도 있다. 팀장은 지점장의 행동, 말 등 미묘한 부분까지도 민감하게 받아들인다.

팀장에 대한 권한위임을 통해 팀장의 팀원에 대한 지배력을 강화하는 방향으로 팀장의 자율적 행동을 유도하는 것이 중요하다. 또한 팀장에 대한 불만족 사항을 팀원들 앞에서 공개적으로 표출하지 않음으로써 팀장의 권위를 훼손하는 일이 없도록 주의해야 한다. 지점에서 넘버 2를 움직이는 것은 지점장의 솜씨나름이다. 부임한 때에 "나는 이런 방식으로 지점을 운영하고 싶다"고 팀장급 직원들에게 이해시키는 것이 중요하다. 이를 통해 지점의 팀장들은 구체적인 대책을 강구하게 된다. 반대로 지점장이 팀장의 처지를 잘 이해하는 것도 중요하다.

지점장과 팀장 간에 거리감이 없고 호흡이 잘 맞을 때 직원들은 안심하고 업적 신장에 진력하게 된다. 대체로 우수지점의 경우 지점장과 팀장들 간의 호흡이 잘 맞는 것으로 조사됐다.

팀장은 관리자로서 팀장으로서의 역할뿐만 아니라 예비지점장으로서 스스로 지점을 총괄하는 업무능력과 부하직원들로부터 존경받는 인품을 갖추고, 항상 솔선수범하여 책임과 의무를 다하도록 지도, 육성해야 한다.

1-5 팀원을 움직이는 지혜

지점장의 입장에서 팀원을 움직이는 지혜를 갖추는 것이 대단히 중요하다. 팀원은 크게 책임자급 팀원과 행원급 팀원, 계약직 등으로 구분된다. 팀원의 경우 주로 포상과 칭찬을 위주로 자율적 행동을 유도하는 편이 바람직하다. 영업실적, 지점 내 영업지원, 환경관리, 직원 간 유대강화 등 단순히 영업실적만이 아닌 다방면의 포상을 통한 팀원의 자발적 행동을 유도하는 것이다. 팀원을 움직이는 방법 중 '한 단계 윗사람 지향' 사고를 갖추게 하는 것이 필요하다. 업무를 할 때 한 단계 윗사람의 눈으로 보고 생각하고 행동하라는 것이다. 한 단계 윗사람의 기분으로 일하라는 것은 자신에게 이런저런 지시를 하는 상대방의 입장에서 생각하라는 것이다.

팀원 중에서는 책임자급과 행원급으로 구분하여 관리해야 한다. 책임자급 팀원의 경우 과거와 달리 요즘은 창구업무를 여타 직원과 구분 없이 하고 있으나 단순히 주어진 업무를 수행하는 것이 아니라 경영을 책임지는 책임자로서 역할과 그에 따른 창의적인 업무능력 향상을 주문하고 일반 팀원과 차별화된 대접과 아울러 여타 직원의 리더역할을 하도록 임무를 부여해야 한다. 책임자급 팀원의 경우 직책은 책임자이지만 팀원으로서의 위치를 갖게 되므로 자칫 책임자로서의 역할보다는 팀원으로 안주하려는 경향이 있다. 이는 전략의 누수현상이 발생하는 것으로서, 회의시 책임자의 위상을 세워주는 것은 물론 팀장과 협의하에 어느 정도의 책임감이 따르는 부문에 전결권을 주어야 할 것이다.

행원급 팀원은 실질적인 지점의 일꾼이라 할 수 있다. 팀 내에서 책임자와 팀장으로부터 지휘와 통제를 받게 되어 수동적으로 업무에 임하다 보면 적극적인 고객응대에 미흡할 수 있다. 따라서 지속적인 관심과 동기부여를 통해 직원이 자신감 있게 업무를 처리할 수 있도록 해야 한다. 행원급 팀원은 장래 은행의 기둥이 될 것이라는 긍지와 자부심을 부여하고 자기계발에 최선을 다하도록 교육하고 수시로 업무내용 점검 등을 통해 이를 확인한다.

계약직 직원에 대한 관리도 세심해야 한다. 지점의 활기찬 분위기는 온라인 창구 또는 빠른 창구에서 나온다. 온라인 창구는 계약직 직원으로 구성되어 있는데, 많이 나아지고는 있지만 아직은 정규직과 비교해보면 급여 등에서 차이를 보이고 있고, 고용 측면 또한 불안정한 상황이다. 이러한 상황을 계약직원 스스로 잘 알고 있기 때문에 프라이버시 문제로 비화될 가능성이 잠재되어 있다 할 것이다. 지점장은 세심한 배려와 무기직, 또는 정규직원으로 전환될 가능성 언급 등 동기부여와 함께 적극성과 열정을 가지고 지점 업무실적 향상에 동참할 수 있도록 관심을 기울여야 한다.

팀원을 움직이는 지혜(예시)

① 팀원별 반기 또는 연간(지역본부캠페인 등) 담당업무 지정
- 담당업무에 대한 추진계획 수립
- 주간 업무추진 실적 및 추진계획 미팅 공유
- 부진부문에 대한 개선방안 마련

② 실력 있는 팀원 만들기
- 지점 연수계획 수립으로 업무담당 팀원주관 연수실시
- 사이버 연수 등 업무능력배양 적극장려
- 본부 주요 문서 전달 및 팀 미팅을 통하여 학습하기
- 팀장의 업무노하우 전수 등 적극적인 창구업무 지원

③ 창구 마케팅으로 연결하기

- CS 교육을 생활화하여 팀원들의 CS 마인드 고취
- 통합 CRM이 실질적인 마케팅으로 연결되도록 지도 및 관리
- 창구 정보수집능력 배양 및 정보를 마케팅으로 연결하는 환경 조성

④ 팀원들의 사기진작에 적극 힘쓰기

- 팀원별 주어진 목표에 대한 공감대형성 및 포상 등에 대한 기준 공개
- 업무추진 과정에 적극 참여하고 칭찬하기
- 결과에 대하여 반드시 분석하고 포상하기
- 인사고과 반영으로 최선을 다하는 직원이 우대받는 직장풍토 조성
- 호프데이 등을 통하여 자발적으로 참여하는 분위기 조성

1-6 여직원을 움직이는 지혜

여직원은 지점의 분위기를 만드는 중요한 존재이기 때문에 동기부여에 각별한 주의가 필요하다. 여직원은 작은 일에도 감동을 느끼므로 섬세한 부분에 신경을 쓰도록 노력해야 한다. 예를 들어 결혼기념일이나 생일에 공식적인 지점 내 축하행사도 중요하겠지만 개인 이메일을 통해 축하의 글을 보내는 방법이 더욱 효과적이다. 또한 항상 관심을 가지고 지켜보며 안색이나 옷차림의 변화에도 걱정과 칭찬을 아끼지 않는 태도가 필요하다. 특히 여직원의 대부분은 고객과의 최접점인 창구에서 근무하므로 이들에 대한 동기부여는 고객만족과 직결된다. 은행업의 특성상 여직원의 대고객 친절도는 지점 경쟁력의 중요한 항목이다.

여직원의 사기가 높은 지점은 지점 전체의 사기가 높다고 해도 과언이 아니다. 여직원이 담당하고 있는 역할을 충분히 이해한다면 이들을 소중히 대하게 될 것이다.

여직원 업무효율 제고를 위한 지점장 대상 조사결과

저희 지점은 전체 직원 13명 중 여자직원이 9명으로 대부분이 여직원입니다. 책임자가 1명, 승진대상자가 1명이며 나머지는 입행 1~4년 이내의 신입행원 또는 계약직입니다. 책임자 그리고 승진대상자와 나머지 직원들 간에 워낙 나이 차이가 많이 나서 2명 선배들의 말을 잘 따르는 편입니다. 지점장은 이 2명에게 책임감을 부여하고 모범을 보이도록 유도하며 소외되거나 제역할이 미흡한 여직원에게는 경쟁심을 자극하거나 실적을 올릴 수 있도록 지점장과 부지점장이 도와줍니다. 지점회식은 예산범위만 알려주고 예산범위 내에서 여직원들이 결정하도록 전적으로 위임합니다. 꼭 음식점에 가는 것만이 아니라 공연이나 문화행사를 선정하는 경우도 많습니다. 하지만 여직원들에게 잘 해주는 것만이 능사가 아닙니다. 여직원들이 업무성과를 올리도록 독려하는 것은 잘해주는 것보다 훨씬 중요합니다.

1-7 우수직원과 불성실직원 관리

우수직원과 불성실직원의 관리방법을 지점장 입장에서 명확히 수립하여 실시하는 입장을 견지하는 것이 중요하다. 우수직원을 관리할 때 하향평준화가 되지 않도록 칭찬, 배려하고 계속 성취감을 맛볼 수 있도록 동기부여 및 지속적인 관심표명이 필요하다. 무엇보다 본인의 능력을 마음껏 발휘토록 분위기를 조성해 주어야 한다.

불성실한 직원에 대해서는 지속적인 개별면담으로 불만사항을 적극 해결하여 업무에 적극적으로 동참토록 유도한다. 불성실한 직원관리시 선입견을 배제하고 본인의 불만사항을 조기에 파악하여 해소하는 데 협조해야 한다. 근무태도 개선이 불가능하다고 판단되는 경우에 본부와 협의하여 타 지점으로의 전근 등 가시적인 조치를 취해야 한다.

불성실한 직원을 관리할 때에는 체험담을 들려주는 것도 필요한데, 성공담보다는 실패담이 직원들에게 호소력을 지닌다. 지점장의 젊은 직원 시절 이야기는 직원들의 마음의 문을 열게 하는 중요한 열쇠다.

우수직원 및 불성실직원 관리방법(1)

우수직원에 대해서는 칭찬과 격려를 통해 성취감을 느낄 수 있도록 지속적인 동기부여와 함께 관심을 표현해주고 있습니다. 불성실직원에 대해서는 불성실한 원인을 파악하기 위해 면담을 실시하고 불만사항을 해결할 수 있도록 노력합니다. 그렇지만 개전(改悛)의 정(情)이 보이지 않을 경우 본부와 협의하여 타 지점으로의 전근 등 조치를 취하고 있습니다. 지점은 소수인원으로 운영되고 있어 단 1명의 불성실직원이 있을 경우라도 지점인화에 크게 영향을 미치고, 영업전력이 크게 손상됩니다.

우수직원 및 불성실직원 관리방법(2)

저의 철칙은 채찍보다는 당근에 중점을 두는 것입니다. 우수직원에게는 확실한 보상과 공개적 포상을 하고 불성실한 직원에게는 동기부여를 하고 있습니다. 근본적인 마인드가 불성실한 직원은 아무리 지점장이 독려해도 자발적인 의사가 없을 경우 성과로 이어지지 않습니다. 따라서 불성실직원을 독려하기 위해 자발적인 우수직원까지 지나치게 옥죄어 관리함으로써 자발성을 훼손시키는 우를 범하지 않기 위해 우수직원에 대한 보상위주로 관리하고 있습니다.

우수직원 및 불성실직원 관리방법(3)

우수직원은 본인을 불러 칭찬해주고 이를 전 직원에게 소개하여 알림과 동시에 본부 등에도 이를 알려 우수사례로 전파토록 하고 있습니다. 불성실직원 관리도 중요하다고 생각됩니다. 인생 그리고 직장 선배로서 부하직원의 육성은 가장 막중한 책무 중 하나입니다. 따라서 후배직원의 그릇된 언행 등을 방치하는 것은 바로 직무유기라 판단되는바, 수시로 결점을 지적하여 개선토록 지도하고, 그 직원만이 가지고 있는 장점을 발견하여 칭찬하면서 그 장점을 살리도록 유도하고 있습니다.

1-8 지점 내 직원 간 갈등관리

직원 간 갈등의 조정방법도 지점장 나름대로 정해 실천할 필요가 있다. 직원 간의 갈등은 주로 사소한 의견차이에서 발생하며 이런 일이 반복되고 누적됨으로써 서로 간의 의사교환이 단절되고 증폭되는 경우가 빈번하다. 지점장이 객관적인 입장에서 각자의 의견을 청취하고 적극적으로 해결하고자 노력할 경우 대부분 갈등이 표면화되는 데 따른 부담감으로 지점장의 의견에 따라 서로 일정부분 양보하는 선에서 조정된다. 하지만 필요시에는 근무지 재배치 등으로 해결해야 한다.

지점인원이 10여 명에 불과한 지점이 대다수인데 이 중 1명이라도 갈등을 조장한다면, 전체 지점 분위기는 물론 직원 사기저하와 영업력에 큰 저해요소가 된다. 갈등의 원인은 업무적인 측면보다는 직원 간, 팀원과 팀장 또는 지점장과의 인간적인 면에서 발생하는 경우가 많다. 먼저 지점장은 인생의 선배로서 충고하고 가슴으로 직원의 고충사항, 갈등원인을 경청하고 해결코자 하는 노력을 기울여야 한다. 대부분의 갈등은 지점장의 충고와 조정으로 해결될 수 있을 것이다. 직원 면담을 통해 원인을 파악하고 그 요인이 해당 직원에게 있을 경우 우선 경고하고 시정되지 않을 시에는 조속히 계 이동이나 인사조치로 갈등을 봉합한다.

또한 업무분장이 확실하지 않아 그에 따른 업무경계의 불분명으로 직원 간 갈등이 발생되는 경우가 있다. 따라서 업무량에 따른 공정한 업무분배와 정확한 사무분장으로 이로 인한 직원 간의 갈등이 일어나지 않도록 미연에 방지해야 하며, 주기적인 인사상담으로 직원 간 고충해결에 도움을 주어야 한다.

직원 간 화합방안에 대한 조사결과(1)

나이가 많은 직원이 있을 경우 나이가 많은 부분에 대해서는 예우를 해주고, 업무는 본인 역할을 충분히 할 수 있도록 충분한 긴장감을 유지시켜야 합니다, 긴장감을 유지시키기 위해서는 개별 미팅시간을 별도로 마련하여 본인의 역할이 영업점에 미치는 영향에 대한 충분한 소통을 하며 이해시키고, 성과에 대해서도 칭찬을 함께 병행하며 영업점에서 소외감을 느끼지 않도록 하는 것도 중요하다고 생각합니다.

직원 간 화합방안에 대한 조사결과(2)

나이가 많은 책임자가 영업점 성과향상과 직원분위기 조성에 미치는 영향을 충분히 설득하여 비록 승진누락에 따른 스트레스를 효과적으로 수용하도록 코칭하고 있습니다. 나이가 많은 책임자의 경우 영업 자체를 즐기면서 고객과의 만남을 개인의 발전의 발판으로 삼을 수 있는 깨어있는 사고방식을 심어주도록 유도합니다. 적과의 전투에서 직위에 따라서 전투범위나 방식이 다른 것이 아니며, 전투에서 살아남기 위해 직위와 관계없이 모두 하나 되어 임무를 수행해야 함을 인식시키고, 우리가 전투를 왜 훌륭히 수행할 수밖에 없는 이유가 바로 주변 전우(동료)의 생명의 안위와 패전에서 오는 위험이 우선함을 인식하도록 하여 승리를 위해, 우리 모두의 생존을 위해 함께 전력투구하도록 코칭하고 있습니다.

직원 간 화합방안에 대한 조사결과(3)

저희 지점은 전체직원 13명중 여자직원이 9명으로 대부분이 여직원입니다. 책임자가 1명, 승진대상자가 1명이며 나머지는 입행 1~4년 이내의 신입행원 또는 계약직직원입니다. 책임자 그리고 승진대상자와 나머지 직원들 간에 워낙 나이 차이가 많이 나서 2명 선배들의 말을 잘 따르는 편입니다. 지점장은 이 2명에게 책임감을 부여하고 모범을 보이도록 유도하며 소외되거나 제 역할이 미흡한 여직원에게는 경쟁심을 자극하거나 지점장과 팀장이 실적을 올릴 수 있도록 도와줍니다. 지점회식은 예산범위만 알려주고 예산범위 내에서 여직원들이 결정하도록 전적으로 위임합니다. 꼭 음식점에 가는 것만이 아니라 공연이나 문화행사를 선정하는 경우도 많습니다. 하지만 여직원들에게 잘 해주는 것만이 능사가 아닙니다. 여직원들이 업무성과를 올리도록 독려하는 것은 잘해주는 것보다 훨씬 중요합니다.

직원 간 화합방안에 대한 조사결과(4)

저의 철칙은 채찍보다는 당근에 중점을 맞추고 있습니다. 우수직원에게는 확실한 보상과 공개적 포상을 함으로써 불성실한 직원들이 따라올 수 있도록 동기부여를 하고 있습니다. 근본적인 마인드가 불성실한 직원은 아무리 지점장이 독려해도 자발적인 의사가 없을 경우 성과로 이어지지 않습니다. 따라서 불성실 직원을 독려하기 위해 자발적인 우수직원까지 지나치게 옥죄어 관리하여 자발성을 훼손시키지 않도록 하기 위해서 우수직원에 대한 보상위주로 관리하고 있습니다.

직원 간 화합방안에 대한 조사결과(5)

우수직원은 본인을 불러 칭찬해주고 이를 전 직원에게 소개하여 알림과 동시에 본부 등에도 이를 알려 우수사례로 전파토록 하고 있습니다. 불성실 직원관리도 중요하다고 생각됩니다. 인생 그리고 직장 선배로서 부하직원의 육성은 가장 막중한 책무 중 하나라고 생각됩니다. 따라서 후배 직원의 그릇된 언행 등을 방치하는 것은 바로 직무유기라 판단되는 바, 수시로 결점을 지적하여 개선토록 지도하고, 그 직원만이 가지고 있는 장점을 발견하여 칭찬하여 그 장점을 살리도록 유도하고 있습니다.

직원 간 화합방안에 대한 조사결과(6)

실적이 부진한 직원에 대하여 실적과 관련된 어떠한 질책도 하지 않습니다. 다만 그 직원과 대화를 통하여 애로사항을 청취하고 지점장의 경험담을 들려줍니다. 어떻게 하면 성과를 낼 수 있고 그러기 위해서 본인이 어떠한 역할을 해야 한다는 코칭을 반복적으로 실시하게 되면 본인 스스로 깨달음이 있기에 어느 시기가 되면 자연스럽게 성과향상과 자신감이 생기게 됩니다. 특히 신입직원의 경우 초기 직장생활에 대한 고충과 조직 내에서 협업사항, 향후 미래에 대한 비전 등을 이야기하여 재미있고 가치 있는 직장생활이 되게 합니다.

1-9 비공식조직의 활성화

지점 내 비공식조직의 필요성은 사적 커뮤니케이션을 통한 업무적, 업무외적 지식과 경험의 공유라 할 것이다. 직원들은 지점에서 평균 10시간 이상 함께 생활하고 있음에도 불구하고 실제로 상대방이 어떠한 어려움을 겪고 있는지, 직원들 간에 불만은 어떤 것인지 알지 못하는 경우가 대부분이다. 그리고 이러한 대화와 접촉의 결핍은 업무공유에도 영향을 미치기 때문에 매주 티타임(Tea-Time)을 마련하여 일주일에 30분 정도는 직원 상호간에 자유로운 토론을 실시하는 것이 바람직하다.

지점 내 비공식조직의 활성화에도 지점장의 역할은 중요하다. 취미서클, 동호회 등의 활동을 지원해주고 계별, 직급별 소단위활동에도 시간 및 예산 등을 적극 지원해야 한다. 업무 이외의 기회를 통해 생긴 직원 간의 밀착도는 업무과정에서 진가를 발휘하게 되는데 어려운 일에 서로 나서고 돕는 화목한 모습은 고객에게도 좋은 인상으로 비쳐진다.

최근의 은행 창구는 과거와는 달리 소수의 직원으로 구성되어 있으며, 구성원 각자가 자기 임무를 완수해야 함은 물론이며, 조직의 경영목표를 달성하기 위하여서는 전 직원의 힘을 한데 모아야 한다. 이를 위하여 직원 상호간에 벽이 있어서는 안 되며, 인화단결은 꼭 필요한 조건이다.

지점 내 팀원 간의 능동적인 업무협조 및 인화단결이 지점 분위기를 좌우하는 주요 요인이 되므로 팀원들의 관심사항이나 여가선용이 팀별 또는 직급별로 이루어질 수 있도록 소규모 비용지원이나 관심제고가 필요하다.

지점 내 비공식모임에 대한 지점장 대상 조사결과

지점 내 비공식조직은 취미모임, 여직원 모임 등이 있을 수 있는데 직원 상호간의 단결과 친화력에 큰 도움이 된다는 사실은 부인할 수 없습니다. 따라서 지점장은 이를 지원하고 활성화되도록 경비와 시간을 지원하여야 합니다. 하지만 이들 모임이 일부 직원 간의 사적인 모임으로 한정되어 전체 조직원 간의 위화감을 조성하여 지점 분위기를 저해하는 일이 없도록 관심을 가져야 합니다.

지점 회식, 야유회 및 체육대회의 진행방법이나 특이사항에 대한 지점장 대상 조사결과

장소와 일정은 직원들이 민주적인 절차를 통해 결정토록 하며, 지점장은 무조건 이에 따르고 있습니다. 일정상 직원들이 힘들어하지 않도록 극기훈련식의 무리한 등산 등의 일정은 피하며, 가급적 직원 가족과 문화여행, 먹거리여행 등 그동안 일상적인 생활에서 탈피하여 스트레스를 마음껏 해소할 수 있는 일정을 선택하고 있습니다. 그리고 가능한 살아온 이야기를 나누는 시간을 갖고 직원 상호간 이해의 폭을 넓히는 기회로 활용하고 있습니다.

2 직무배분과 권한위양

2-1 직무배분

사람들은 누구나 자기가 하고 싶은 일을 할 때 최대의 자발적 효율성을 발휘한다. 따라서 지점 내 직무배분 및 계 이동의 원칙은 본인이 원하는 직무에 초점을 맞추는 것이 중요하다. 하지만 직무의 배분 및 계 이동이 본인의 의사와 합치되지 않는 경우도 있을 것이다. 이때는 충분한 상담과 향후 직무에 대한 발전적 미래상을 제시함으로써 현재의 직무에 충실할 수 있도록 유도한다.

직무배분은 지점장의 경영스타일에 따라 직원의 능력과 의사를 반영하여 탄력적으로 실시될 수도 있고 직원의 다양한 업무능력 함양을 위해 일정기간이 지나면 강제적으로 실시될 수도 있다. 합리적인 직무배분을 통한 계 이동은 기본적으로 보직순환을 반기 내지 연간단위로 실시하되 사안별로 특별한 경우에는 예외로 취급된다. 예외적인 경우란 상당한 전문지식을 필요로 하거나 사고의 개연성이 높은 업무 또는 능력이 상대적으로 떨어지는 직원 등이 이에 해당된다. 직무를 배분할 때에는 개인의 적성이나 과거 업무실적을 감안하는 것이 필요하며 전략적으로 필요한 경우에는 예외적으로 이동이 이루어질 수 있다. 예를 들어 VIP창구에는 전문적 지식뿐만 아니라 대인관계, 행동, 성격 등을 종합적으로 감안해 직원을 배치해야 한다.

최근 지점의 인원이 줄어들면서 개인별로 담당하는 업무가 확대되어 직원 간 업무지식의 격차가 크게 나타나고 있다. 따라서 지점의 운영이 효율적으로 이루어질 수 있도록 지점장은 항상 직원들의 직무지식 함양에도 관심을 기울여야 한다.

보직순환을 실시할 경우에는 대상자의 의견을 충분히 반영하기 위해 개별면담을 실시하는 것이 바람직하다. 개별면담을 통해 상호간의 오해를 불식시킬 수 있으며 직무배분을 통한 계 이동은 초기에는 업무의 숙련도가 떨어져 다소 업무지체를 초래할 수 있으나 면담을 통한 계 이동(사무분장) 사전예고제도를 활용하게 되면 전체적으로 능력이 배가되는 사례가 많다. 하지만 은행업무도 프라이빗뱅킹(PB), 여신, 외환 등 분야별로 전문성이 요구되면서 고객에게 양질의 서비스를 제공하고자 단순업무를 제외하고는 장기근무가 원칙이 되고 있다.

직무배분에 대한 지점장 대상 조사결과(1)

먼저 팀장에게 1차적으로 직원의 능력과 적성에 맞는 사무분장을 실시토록 하며, 의욕적이고 적극적인 직원에게는 본인이 담당하고자 하는 업무, 배워보고자 하는 직무를 배정토록 배려하고 있습니다.

직무배분에 대한 지점장 대상 조사결과(2)

직원 각자의 업무능력을 감안, 지점 경영성과를 극대화하기 위해 가능한 한 전 책임자의 동의를 얻어 시너지 효과를 얻을 수 있는 효율적인 직원 배치가 되도록 하고 있습니다. 이와 더불어 직원 모두가 은행의 전 업무를 습득할 수 있도록 사전에 예고하여 다양한 업무경력을 쌓도록 차기 업무분장을 할 때 여타 업무기회도 부여하고 있습니다.

직무배분에 대한 지점장 대상 조사결과(3)

영업점에서 계이동은 지점장의 경영스타일에 따라 크게 두 가지 형태로 나타나고 있습니다. 직원의 능력과 의사를 반영하여 탄력적인 계이동을 실시하는 스타일과 직원의 다양한 업무능력 향상을 위해 일정 기간(예를 들어 6개월 단위)이 지나면 강제적으로 계이동을 실시하는 스타일로 구분할 수 있습니다. 합리적인 계이동은 기본적으로 보직순환을 6개월 내지 1년에 걸쳐 실시하되, 기업여신 등 사안별로 특별한 경우에는 예외로 운영하는 것이 좋습니다. 예외적인 경우는 상당한 전문지식을 필요로 하거나 사고의 개연성이 높은 업무 또는 능력이 상대적으로 떨어지는 직원을 대상으로 계이동을 하는 것입니다. 예를 들어 VIP창구에는 전문적 지식뿐만 아니라 대인관계, 행동, 성격 등을 종합적으로 감안해 직원을 배치해야 합니다.

직무배분에 대한 지점장 대상 조사결과(4)

영업점 내에서 보직순환을 실시할 경우에는 대상자의 의견을 충분히 반영하기 위해 개별 면담을 실시하는 것이 바람직합니다. 이를 통해 지점장과 직원 간 발생할 수 있는 오해를 불식시킬 수 있습니다. 계이동은 초기에는 업무의 숙련도가 떨어져 다소 업무지체를 초래할 수 있으나 일정기간이 지나면 전체적으로 능력이 배가되는 사례가 많이 발견됩니다. 일반적으로 책임자급 이상부터는 능력위주로 계이동을 실시하는 것이 직원의 능력함양과 직원 간의 융화에도 효과적입니다. 최근 영업점 인력이 소수로 운영되는 관계로 계이동에 대해 부정적인 시각을 갖고 있는 지점장들이 많으나, 개인의 능력개발 차원에서 지점장은 계이동에 대해 원칙을 갖고 실시하는 것이 필요합니다. 예를 들어 면담을 통한 계이동 사전예고제도를 활용하게 되면 전체적으로 능력이 배가되는 사례가 많습니다. 하지만 은행업무도 프라이빗뱅킹(PB), 여신, 외환 등 분야별로 전문성이 요구되면서 고객에게 양질의 서비스를 제공하고자 단순업무를 제외하고는 장기근무가 원칙이 되고 있습니다.

직무배분에 대한 지점장 대상 조사결과(5)

현재 은행의 인력상황과 직원들의 경력 등으로 직무배분과 계이동이 상당히 어려운 것이 현실입니다. 기업대출의 경우 지점장이 임의적으로 직무배분을 할 수 없으나 그 외의 업무에 대하여는 순환 배치를 원칙으로 하는 것이 바람직합니다. 은행 차원에서 전 직원의 업무능력 향상과 지점운영의 원활화를 위해서는 모든 직원들이 멀티 플레이어가 되어야 하기 때문에 업무를 디테일하게 구분하는 것은 바람직하지 않으며, 모든 직원들에게 복수 발령 등을 통하여 해당 업무를 숙지하게 하는 것이 바람직합니다. 개인대출의 경우 반드시 복수 발령을 통하여 차기 담당자에 대한 부담을 덜어 주는 것이 필요합니다. 직원들의 업무경험 여부 등으로 쉽지는 않지만 개인대출 담당자는 늘 야근에 따른 피로도가 높기 때문에 가급적 본인들의 의사를 존중하여 계이동 발령을 하는 것도 필요합니다.

직무배분에 대한 지점장 대상 조사결과(6)

전원공격, 전원수비가 가능한 업무능력 배양에 중점을 두고 올라운드(all round) 플레이어를 만들 수 있도록 주업무 외에 보조업무를 부여하고 있습니다. 예를 들어 카드 직원이 기업여신 보조업무, 방카직원이 외환업무 보조, 출납직원이 개인대출보조 업무수행 등을 시도하고 있습니다. 물론 운영리스크(Operational Risk)가 있지만 한 직원이 휴가나 연수를 가더라도 업무공백이 없도록 하는데 도움이 됩니다. 직원들에게 타 업무수행에 대한 두려움을 없애주는 데 기여합니다.

직무배분에 대한 지점장 대상 조사결과(7)

저희 지점은 대출창구(2명), VIP 창구(1명), 상담창구(2명)로 나누어 운영하고 있으며 전 직원이 은행업무 전체를 담당할 수 있는 역량을 함양할 수 있도록 지원한다는 원칙하에 계이동을 준비해 실시하고 있습니다. 기본적인 자격증을 소지할 수 있도록 지원하고 특정인에게 업무가 몰리지 않도록 업무를 조정하고 있습니다. 어떤 결격사유로 개인의 발전과 성공에 저해가 되는 일이 없도록 적절하게 업무이동을 할 수 있도록 지원하고 있습니다.

2-2 직무관리와 경력개발

가. 직무의 개념

은행 지점조직에서 일하는 직원들은 각자 맡은 직무를 가지고 있다. 일반적으로 직무는 개인이 수행하는 과제들의 집합으로 정의된다. 개인이 수행하는 과제들은 개별활동들의 집합으로서 직무에서 수행해야 할 목표를 달성하기 위한 가장 기본적인 작업단위들이다. 직무와 매우 유사한 개념인 직책(position)은 조직에 속한 구성원 각자가 수행하는 과제들의 집합으로 정의된다. 따라서 조직에는 구성원들의 수만큼 직책의 수가 존재할 수 있다.

그러나 직원 각자가 매우 유사한 과제들을 수행하는 경우에는 조직내의 많은 직책들이 서로 유사하게 된다. 이 경우에 유사한 직책들을 통합하여 직무(job)라고 부른다. 예를 들어, 조직내의 10명의 구성원들이 맡고 있는 일이 서로 모두 다르다면 직책과 직무는 동일한 개념이 되어서 10개의 직책 또는 10개의 직무가 있다고 말할 수 있다.

그러나 은행의 온라인 창구직원과 같이 10명의 구성원들이 하는 일이 매우 유사하다면, 10개의 직책이 존재하더라도 이러한 직책들을 1개의 직무로 볼 수 있다. 따라서 직무는 조직을 구성하는 가장 기본적인 단위로 간주될 수 있다. 이러한 직무들은 다시 유사한 직무들끼리 통합되어 직무군(job family)을 형성한다.

나. 직무분석

전통적인 직무분석은 특정직무에서 수행되는 과제와 활동들에 대하여 세부적인 정보를 제공해준다. 이러한 정보는 직무들간의 경계를 설정하고 각 직무마다 과제와 책임을 부여하는데 사용되었다. 그러나 최근에 은행조직이 처한 환경이 급격히 변하고 새로운 기술이 개발됨에 따라 직무의 내용이 과거보다 매우 빠르게 변화하고 있다. 이에 따라 일부 사람들은 직무분석을 더 이상 할 필요가 없다고 주장하기도 한다. 어떤 직무에 대하여 직무분석이 끝난 시점에서 볼 때 현재 수행되고 있는 직무의 내용이 분석할 시점과 매우 다를 수도 있고 심지어는 그 직무가 더 이상 존재하지 않을 수도 있다고 주장한다. 그러나 기업조직인 은행경영에서는 미래에도 여전히 직무분석은 업무수행을 효율적으로 추진하는데 있어 중요할 것이다.

조직이 존재하고 사람들이 조직내에서 하는 일이 있는 한 직무분석은 여전히 필요하다. 다만 앞으로의 직무분석은 환경의 변화에 따라 현재와는 다른 방식으로 이루어져야 할 것이다. 직무의 내용이 변하는 속도가 과거에 비해 전반적으로 빨라졌고 직무가 빨리 변하면 변할수록 그 직무에 대하여 얻었던 정보의 유용성은 감소된다. 따라서 조직내에서 일하는 개인들이 하는 일에 대한 분석은 여전히 필요하지만 과거에 행하던 직무분석의 방법을 그대로 따를 것이 아니라 이러한 변화에 맞추어 직무분석의 방법이나 형태도 변화되어야 한다.

은행지점에서 앞으로 나타날 직무분석에서의 변화를 간략히 기술하면 다음과 같다.

① 직무분석을 위하여 정보를 얻는 방법에서 과거에는 현재 근무하고 있는 조직

의 상급자에 가장 많이 의존했지만 앞으로는 다른 부서의 업무수행자와 같은 내부고객이나 조직 밖의 외부고객으로부터 직무에 관한 정보를 얻을 필요성이 증가될 것이다.

② 기술의 발전에 따라 다양한 멀티미디어 수단을 이용하여 자동적으로 직무수행을 기록하는 것이 가능해짐에 따라 직무정보를 수집할 때 사용하였던 직접관찰이나 면접, 설문지의 사용이 줄어들고 자동적으로 수행을 기록하는 장비들의 사용이 증가될 것이다. 그러나 구성원들의 사생활의 침해에 대한 논란의 여지는 있을 수 있다. 또한 멀티미디어를 이용한 화상회의가 가능해짐에 따라 직무에 대한 자료수집을 위하여 멀리 떨어져 있는 구성원들과 직접 만나 면접할 필요성이 줄어들고 전자우편을 통해 설문지를 배포하고 수거할 수 있어서 과거보다 자료수집에 시간과 노력이 덜 들게 된다.

③ 과거에는 직무에서 과제수행을 중심으로 자료를 수집하였지만 팀 단위업무수행이 늘어나고 다른 부서와의 교류가 증가하고 고객과의 접촉이 증가함에 따라 과제외 수행도 직무분석의 대상 행동으로 포함할 필요성이 증가되고 인지적 능력이외에 성격요인에 대한 분석 필요성이 증가될 것이다.

④ 직무의 내용이 빨리 변하므로 전통적으로 수집하였던 지식, 기술, 능력보다는 분석의 단위를 보다 넓혀서 역량(competency)을 중심으로 분석할 필요가 있다. 역량은 유사한 지식, 기술, 능력들을 묶어서 보다 큰 단위로서 인적 특성들을 나타낸 것이다. 직무에 대하여 지나치게 세분화하여 얻은 정보는 직무가 조금만 변하여도 금방 쓸모없게 되지만 보다 큰 단위로 정리된 결과는 직무의 변화에도 불구하고 그대로 적용될 가능성이 높기 때문이다.

앞으로는 과거에 행하던 전통적인 직무분석이 그대로 적용될 수 있는 조직이나 직무의 수가 줄어들 것이다. 정보통신이나 컴퓨터와 관련된 직무에서는 새로운 기술개발과 새로운 지식들이 매우 빠르게 도입되고 있기 때문에 직무내용의 변화속도가 매우 빠르다. 따라서 이런 경우에는 전통적으로 행하던 직무분석의 유용성은 의문시 될 수 있다. 그러나 은행 업무중에는 직무의 변화속도가 그다지 빠르지 않고 앞으로 수년간은 직무의 내용이 현재와 유사할 가능성이 있는 직무들도 여전히 존재한다. 예를 들어, 은행창구에서의 입출금이나 신용카드 신규회원 모집과 같은 직무들은 다른 직무들보다 상대적으로 직무의 내용이 변화할 가능성이 적다. 이처럼 한번 직무분석을 한 결과가 계속 적용될 수 있는 유효기간이 상대적으로 긴 직무들이 앞으로도 여전히 존재할 것이므로 이러한 직무들에서는 직무분석이 여전히 필요할 것이다.

결론적으로 새롭게 변화된 방식의 직무분석(즉, 작업분석)은 직무에 관하여 여전히 유용한 정보를 제공할 것이다. 조직이 처한 환경이 변하고 직무의 내용이 변한다 하더라도 조직내 구성원들이 어떤 일을 하고 있는지를 아는 것은 여전히 필요하므로 어떤 방식으로든 그들의 일을 분석할 필요가 있다. 따라서 앞으로는 직무분석 자체가 필요없다고 결론내리는 것은 너무나 성급한 것이고 시대와 조직의 변화에 맞추어 직무분석의 범위와 방법론이 지속적으로 변해야 한다고 결론내리는 것이 보다 타당할 것이다.

다. 경력개발

경력개발제도(CDP : Career Development Program)란 폭넓은 시야를 가진 전문인력을 계획적, 의도적으로 양성하기 위한 인사제도로서, 본인이 10년 또는 20년 후 근무하게 될 직책, 직무부문을 희망하거나 예상하여 그 포스트에 필요한 지식(전문 학술지식, 실무지식, 주변지식)을 체계적으로 습득할 수 있도록 하는 인사와 교육의 종합시스템이다. 즉 '조직구성원이 조직내에서 활동함에 있어 개개인의 업무적성, 희망(근무지, 근무부서, 직종), 능력 등과 연계하여 조직과 개인에게 바람직한 경력을 쌓아갈 수 있도록 하는 의도적이고 제도적인 제반 노력'을 의미한다.

개인의 입장에서는 조직의 성장과 발전에 기여하면서 희망과 적성에 맞는 직무를 통하여 능력을 최고도로 발휘함으로써 자아실현의 욕구를 충족시킬 수 있으며, 조직의 입장에서는 경영자원인 조직구성원의 능력과 자질을 감안하여 적재적소를 실현, 조직의 유효성을 제고하고 중·장기적 관점에서 인재양성의 중요한 수단으로 활용할 수 있다. 이러한 경력개발제도는 당초 미국에서 제 2차 세계대전 후 사회에 복귀하는 재향군인들의 일자리를 찾아주는 데서 유래되었는데, 전문가주의나 마스터(Master) 제도 등이 발달한 유럽보다는, 내부이동을 통한 능력개발 및 조직활성화를 지향한 일본과 자아성취 욕구자극을 통한 개인의 동기부여와 주요 핵심 '포스트맨(Post-Man) 양성제도'로 활용한 미국에서 보다 본격적으로 연구됨으로써 도입되었다. 한편 경력개발제도는 그 운영목적에 따라 인재양성형, 관리자선발형, 적재적소형으로 구분하기도 하는데, CDP제도를 도입하기 위해서는 ① 경력개발 니즈조사 ② 경력경로 설정 ③ 경력개발시스템 설계 ④ 지원시스템 설계 등의 단계가 요구된다.

CDP와 직무순환(Job Rotation)은 다같이 개인의 능력개발과 조직의 목표를 실현한다는 차원의 인재양성제도의 일환으로 볼 수 있다. CDP는 장기적인 인재운용 전략 시나리오에 의한 인사와 교육의 종합시스템이며 이런 과정에는 개인의 경력개발을 염두에 둔 평가(적성, 능력), 경력경로 설정, 승진, 승격, 직무순환, 인재육성연수제도 등을 담고 있다. 반면에 직무순환은 수평적 인사이동의 한 형태로서 기능이나 작업조건, 책임 및 권한 등이 현재까지 담당했던 직무와는 성격상 다른 직무로의 이동을 의미한다. 즉 CDP의 과정중 한 방편으로서 직무순환을 이해할 수 있으며, 조직적이고 제도적인 직무순환제의 대표적인 방법이 CDP라고도 할 수 있다.

2-3 권한위양

지점장이 지점 내 모든 사소한 것들까지 다 챙기려 한다면 부하직원의 입장에서는 지점장에 대한 불필요한 보고 등으로 인한 시간적 자원낭비를 초래할 것이다. 뿐만 아니라 지점장은 부하직원이 고민해야 할 업무까지 걱정해야 하므로 정작 지점의 고차원적이고 발전적인 이슈에 대해 고민하기는 힘들 것이다. 따라서 부하직원에게 많은 업무를 과감히 위양하고 지점장 본인은 보다 고차원적인 업무를 통제함으로써 결과적으로 지점의 발전을 이끌어내는 것이 옳은 자세다.

권한위양의 양과 범위는 규정을 바탕으로 부하직원의 업무수행능력에 대한 지점장의 신뢰도에 따라 달라지겠지만 되도록 많은 양의 권한위양이 필요하다.

때로는 공식적인 전결권 내에서의 권한위양을 뛰어넘는 혁신성이 기대되는 시대인만큼 보다 많은 의사결정권한을 부하직원에게 위양하여 의사결정속도를 빠르게 할 필요가 있다. 규정에 위배되지 않는 범위 내에서 되도록 많은 권한을 위양하되, 예외적인 사항, 긴급한 상황 등은 수시보고토록 하는 체제와 점검장치를 상호간에 마련한다면 이로 인해 예기치 않은 사고가 발생하는 경우는 없을 것이다.

권한위양을 위해 직원 개개인의 개성, 능력, 업무의 상황을 파악하고 한 단계 높은 과제와 임무를 부여하여 도전과 학습의욕을 불러일으키도록 유도하는 것이 지점장의 의무다. 권한은 일률적 위양보다는 직원 개개인의 역량여부를 판단하여 선별적으로 위양하는 것이 필요하다. 만약 업무수행능력이 부족한 책임자에게 권한을 위양할 경우 상담기법, 업무판단역량, 업무처리 미숙으로 오히려 고객이탈 및 불만소지가 발생할 수 있다. 권한위양시 무엇보다 중요한 것은 기준을 명확히 제시하고 그에 따른 책임도 부여하되 문제점이 발생할 경우 이에 대한 대응책을 적극 강구하는 자세 또한 필요하다는 사실이다.

권한위양에 대한 지점장 대상 조사결과(1)

제 규정에 따른 직급별 전결권에 의해 직무를 수행하는 것을 원칙으로 하되 지점 경영 목표를 달성하기 위해서는 각 지표별 자체 업무수행시 이행해야 될 기본 틀을 정하여 그 범위 내에서 자율적으로 업무를 처리토록 하고 있습니다. 단, 중요사안에 대하여는 수시 구두보고 또는 지점장 외출시 전화보고 후 전결처리하도록 위양하였습니다. 이로써 거래고객의 편의를 도모함은 물론 업무 효율성을 제고하고 있습니다.

권한위양에 대한 지점장 대상 조사결과(2)

업무별 담당팀장 제도를 도입하여 실적점검과 독려를 저와 함께 합니다. 책임감도 부여하고 솔선수범도 유도하는 효과가 있습니다. 고성과자에게는 칭찬과 승진의 기회를 갖도록 독려합니다. 저성과자는 문제점을 함께 고민하는 시간을 갖고 목표달성 방안을 같이 고민하고 제가 도움을 주려고 노력합니다. 예를 들면 섭외활동과 고객상담 시에 같이 고객을 공략하여 성과로 연결시키는 과정에 대해 시범을 보여줍니다. 지점 KPI 결과를 수시로 직원들과 공유를 하고 우리가 부족한 부분을 어떻게 하면 점수를 올릴 것인가를 고민하며 대안을 지점장이 제시하고 직원들과 대화를 통한 아이디어를 공유합니다.

2-4 임파워먼트

가. 임파워먼트의 개념

은행 지점조직에서 목표달성을 성공적으로 실행하기 위해서는 조직 구성원들이 능동적으로 자신의 역할 수준을 재정립하고 업무를 추진해 나갈 수 있도록 해야 한다. 요즈음 기업들이 가장 관심을 두고 있는 사항 중의 하나는 어떻게 하면 조직 구성원들이 담당 과업을 보다 의미 있게 느끼고 자율적으로 조직에 헌신할 수 있도록 만드느냐 하는 것이다. 이러한 관점에서 중요하게 부각되고 있는 개념이 바로 임파워먼트(Empowerment)이다.

임파워먼트를 단어 그대로 해석하면 '파워(Power)를 부여하는 것'이라고 말할 수 있다. 그런데 여기에서 파워는 권한과 능력이라는 두 가지 의미를 가지고 있다. 실제로 웹스터(Webster) 사전은 'empower'의 뜻을 '권한을 부여하다(give authority to)'와 '능력을 부여하다(give ability to)'의 두 가지로 설명하고 있다.

임파워먼트란 업무수행과정에서 직원들이 자신감과 힘을 가지고 일할 수 있는 동기부여를 해 주는 것을 의미한다. 구체적으로 임파워먼트는 조직구성원들에게 활력을 갖도록 하는 것을 의미한다. 즉 업무수행에 있어서 자신감을 갖도록 유도하는 동기부여와 권한위양을 포괄하는 개념이다.

임파워먼트는 대부분의 기업에서 나타났던 우리나라 기업들의 경영방식인 밀어붙이기식 경영이 아니라 자발적으로 따라 오게 하는 경영을 강조하는 것이다. 이와 같이 임파워먼트는 구성원들로 하여금 자신의 일이 회사의 성패를 좌우한다는 강한 사명의식을 갖도록 유도한다. 즉 구성원 개인마다 자신이 담당하고 있는 업무가 매우 중요하다는 의식을 갖도록 한다.

이와 더불어 임파워먼트는 우수한 인력을 양성하거나 확보하는 것에 초점을 두며, 업무를 수행하는 개인의 역량을 향상시키는데 중요한 역할을 한다. 특히 임파워먼트는 자신이 담당하고 있는 일에 대해 스스로 의사결정권을 갖게 하여 스트레스를 해소하고 더 나아가 강한 업무의욕을 갖도록 하여 구성원들에게 커다란 성취감을 줄 수 있다. 마지막으로 임파워먼트는 구성원들이 고객에 대한 서비스를 향상시키고 환경변화에 신속하게 대응할 수 있도록 유도하는 역할을 한다.

조직이 급변하는 환경에 적응할 수 있기 위해서는 상부의 조언이나 허락 없이도 상황에 능동적이고 적극적으로 대응할 수 있는 역량을 가진 사람들을 필요로 한다. 바로 임파워먼트는 조직구성원들이 능동적이고 적극적인 능력을 갖추는데 기여하게 된다.

이러한 임파워먼트는 개인수준에서의 자기 임파워먼트와 조직수준에서의 상호작용적 임파워먼트로 접근할 수 있다. 먼저 자기 임파워먼트는 개인 스스로가 자신의 부족한 요소를 명확하게 확인하고, 자신에 대해 긍정적인 자기암시를 제공하는 과정을 의미한다. 예를 들어 자기 자신이 유능하다거나, 무엇인가를 할 수 있는 사람이라거나, 주위에서 벌어지고 있는 일이 재미있고 만족스럽다는 식의 언어를 스스로에게 암시적으로 사용하는 것이다. 이에 반해 자신이 둔하고 무디다거나, 어떤 상황에서 다른 사람들은 상당히 매력적이고 재치 있으며 더 많은 지식을 갖고 있는 반면 자신은 그렇지 못하다는 방식의 부정적인 자기암시는 자기 임파워먼트에 도움이 되지 못한다. 반면 상호작용적 임파워먼트는 구성원들이 자신의 증대된 파워를 다른 구성원들에게 확산시켜, 종국적으로 조직 전체의 능력을 증대시키는 과정을 의미한다. 다시 말해 상대적인 관점에서 상위

직급자가 부하직원에게 권한을 위임하는 과정을 의미한다. 즉 조직내 구성원들이 스트레스를 느끼게 되는 요인을 제거시켜 주며, 구성원들의 자신감을 향상시키는 것이다.

나. 임파워먼트의 효과적 실행을 위한 조건

임파워먼트가 효과적으로 실행되기 위한 환경 조성을 위해서는 다음과 같은 노력이 필요하다.

(1) 명확한 비전과 원칙 명시

임파워먼트가 성공적으로 실행되기 위해서는 기업전체 단위 뿐만 아니라 지점 단위의 비전과 전략 방향이 명확하게 제시되어야 한다. 또한 구성원들에게 임파워먼트의 의미를 명확하게 이해시켜야 한다. 조직 구성원들은 이러한 이해를 바탕으로 상사의 허락이나 지침을 기다리지 않고 자기 스스로 업무를 수행하며 조직 성과와 개인의 능력을 향상시킬 수 있다. 동시에 구성원들이 가지고 있는 재량권의 한계가 어디까지인가를 확실하게 인식시켜야 한다. 이러한 가이드라인이 없다면 구성원들은 임파워먼트 되기보다는 오히려 혼란을 느끼게 될 것이다.

(2) 인적 자산을 중시하는 기업문화 구축

기업은 구성원들이 회사가 자신들을 임파워먼트시키기 위해 노력하고 있다는 것을 느낄 수 있도록 인적 자산을 중시하는 문화를 구축하여야 한다. 구성원들은 그들의 직업과 회사에 대해서 긍지를 느껴야 하며, 다른 구성원들과 문제를 해결하기 위해 함께 일하고 있다는 동료애를 느껴야 한다. 또한 구성원들은 자신들이 존중받고 있으며, 자신들의 의견이 경청되고 있다는 것을 느낄 수 있어야 한다. 이런 감정을 느낄 수 있어야 개인은 자신이 맡은 일에 주인 의식을 갖고 성과 향상을 위해 열성을 다해 노력하게 된다.

(3) 실패에 대한 격려

임파워먼트는 새로운 아이디어를 생각해내고 과거의 관행에 얽매이지 않고 새로운 행동방식을 실험해 나가는 것을 권장한다. 따라서 이에는 위험이 수반되기 마련이다. 기업은 구성원들이 이러한 위험을 감수하고 업무를 주도적으로 추진하는 동안 발생하는 실패에 대해서는 그것을 인정하고 격려하는 문화를 가져야 한다. 만약 업무 수행시 발생한 실수에 대해 강력한 제재가 가해진다면, 대부분의 조직 구성원들은 상사의 허락을 받기 전에는 새로운 업무를 수행하려고 하지 않을 것이다

(4) 공정한 보상

임파워먼트된 구성원들은 그들의 책임감의 증가에 따라 보상이 이루어져야 한다. 성공에 대한 적절한 보상은 생산성을 향상시키고 조직에 대한 관심도 및 몰입도를 제고시킬 수 있는 방법이다. 공정하고 적절한 보상을 통해 기업은 구성원 모두가 자신의 능력 개발을 위해 열심히 노력하고, 신바람 나게 일할 수 있는 조직 풍토를 구축할 수 있다. 모든 관리자들은 조직 문화의 일부로서 이러한 환경이 확립될 수 있도록 해야 한다. 이러한 환경이 조직의 기본으로 확립될 수 있다면 임파워먼트 실행의 성공 가능성은 매우 높을 것이다.

다. 임파워먼트의 성공요소

임파워먼트의 성공요소에 대해서도 알아보자. 기업이 아무리 훌륭한 관리 방식이나 시스템 구축을 통해 임파워먼트를 지원하는 환경을 구축한다고 해도 구성원들 스스로 임파워먼트 되기를 원하지 않는다면 아무런 소용이 없다. 결국 임파워먼트의 핵심은 조직의 구성원들이 얼마나 능동적으로 조직 내에서 자신의 역할 수준을 재정립하고 이를 실행해 나가려고 하는 마인드를 확립하느냐 하는 데 있다. 따라서 기업은 교육 등 다양한 방법을 통해 개인들이 다음과 같은 특성을 갖도록 하여야 한다.

① 전체적인 전략 방향이 제시되면 조직 구성원들은 그들의 업무목표 달성방법의 선택에 대한 재량권을 갖고 의사결정을 할 수 있어야 한다.

② 구성원들이 자신이 하는 일에 대해 주인 의식을 갖고 열정을 바치도록 하여야 한다.

③ 담당 과업을 제대로 수행할 수 있는 능력을 보유하고 있으며, 또한 자신들의 능력을 통해 업무 목표를 달성할 수 있다는 자신감을 가질 수 있도록 하여야 한다.

④ 구성원들이 자신의 수행 과업에 대해 영향력을 가지고 있으며, 상급자나 동료들이 자신의 의견을 가치있다고 느낄 수 있어야 한다.

아울러 임파워먼트에 관한 많은 문제점들은 구성원들의 능력과 관리자들의 리더십 스타일이 제대로 조화되지 못했기 때문에 발생한다. 따라서 임파워먼트가 성공적으로 실행되기 위해서는 구성원들의 능력 정도에 따라 적절한 리더십이 발휘되어야 한다.

만약 구성원들이 임파워먼트를 실행할 수 있는 능력이 전혀 갖추어지지 않는 상황이라고 판단되면 명령·지시 위주의 통제형 리더십이 성과를 달성하는 데 더 바람직하다. 능력이 부족한 구성원들에게는 교육과 보다 밀접한 통제가 필요하다. 따라서 리더는 부하직원들에게 전체과업을 분담해 수행하도록 하며 업무 조정과 통제를 수행하여야 한다. 동시에 지속적인 교육을 통해 과업에 대한 주인의식과 고난이도의 과업을 수행할 수 있는 능력을 개발시켜 나가야 한다.

반면 어느 정도 능력이 갖추어진 구성원들에게는 재량권을 일부 부여하는 대신 구성원들이 취약한 부분에 대해서는 어느 정도의 의사결정권을 유지하는 참여적 리더십이 적절하다. 마지막으로 임파워먼트를 실행할 수 있는 충분한 능력을 구비하고 있는 구성원들에게는 조언과 폭넓은 가이드라인만 제공하고 모든 과업에 대한 재량권을 업무 수행자에게 부여하는 코치형 리더십이 적절하다.

임파워먼트에 대한 준비가 전혀 되지 않은 구성원들에게 코치형 리더십을 적용한다면 긍정적인 효과보다는 오히려 부작용이 더 클 것이다. 마찬가지로 구성원들의 능력이 아무리 높다 할지라도 통제형 리더십을 적용한다면 임파워먼트가 발생될 수 없다. 금융기관의 부점장들은 구성원들의 능력에 따라 책임감의 정도를 적절하게 조정하고, 동시에 능력 개발을 도모함으로써 결과적으로 구성원들이 임파워먼트 되어 스스로 업무를 처리할 수 있도록 만들어야 한다.

리엔지니어링(reengineering)의 창시자인 마이클 해머(Michael Hammer)에 의하면 시대의 흐름에 따라 미래의 직무는 프로세스와 고객에 초점을 맞추어 재설계될 것이라고 말하고 있다. 이렇게 되면 조직구성원의 성격도 변한다고 한다. 지금은 감독과 노동이 분리되어 부가가치를 창조하는 근로자가 의사결정 능력을 갖지 못하고 있다. 그러나 앞으로는 각자가 자신의 영역에서 전문성을 발휘하고 자신의 업무결과에 대한 책임을 지는 전문가의 시대가 될 것이라고 한다.

따라서 향후에는 자율과 책임을 기본으로 하는 임파워먼트의 중요성이 더욱 커질 수밖에 없다. 이제 임파워먼트는 시대의 흐름이 되고 있다. 결국 조직의 구성원들은 스스로 임파워먼트 되어 자신의 능력을 향상시켜 자신의 가치를 높이지 못한다면, 조직에서 도태될 수밖에 없다는 것을 인식하여야 한다.

또한 금융기관에 근무하는 지점장을 비롯한 영업점관리자들은 자신이 먼저 임파워먼트 되지 못한다면 남을 임파워먼트시킨다는 게 불가능하다는 것을 인식하고 솔선수범하여 자기 자신을 임파워먼트시키기 위해 노력하여야 하며, 동시에 구성원들을 임파워먼트시킬 수 있는 환경을 조성하여야 한다.

3 직원의 동기부여

3-1 지점 경영과 동기부여의 중요성

직장은 개개인이 자립적 성장을 성취하는 장소이며 장래의 비전을 설계하고 그것을 향하여 도전해가는 장소다. 따라서 조직의 비전을 자신의 비전과 동일시하며 최선을 다하는 분위기를 창출하기 위해서는 결과에 대한 공정한 평가와 동시에 동기부여와 보상이 필수적으로 수반되어야 한다. 아무리 좋은 여건을 조성해도 지점 내 구성원들이 행동으로 실천하지 않으면 조직은 목표를 달성할 수 없다.

조직에서 구성원의 역량강화와 결집은 조직의 경쟁력에 있어서 가장 중요한 원천이므로 내부고객인 지점 구성원의 만족이 우선적으로 되어야 한다. 은행과 같은 서비스업에 있어서는 내부고객인 직원의 태도가 외부고객에게 직접적으로 영향을 미치기 때문에 직원에 대한 동기부여 및 보상은 은행 경쟁력의 핵심요인으로 평가된다. 사소한 일에도 직원을 칭찬하고, 꾸중은 가능한 한 삼가야 한다. 직원 한사람 한사람에 대해 단점보다는 장점을 발견하여 아낌없이 칭찬해주는 것이 좋다. 칭찬해주면 더 열심히 일하게 되며 부하직원과 신뢰관계가 쌓이게 되고, 지점장을 더욱 따르게 된다.

직원에 대한 최대한의 동기부여는 적합한 직무부여와 실적결과에 따른 합리적 평가 및 보상이다. 실적결과에 따라 잘하는 소수의 사람만 보상을 받는 분위기가 전체 직원의 사기에 부정적인 영향을 미칠 가능성이 없는 것은 아니지만 그보다도 보상받지 않아야 할 직원이 보상을 받는 느슨한 조직 분위기를 조성하게 되면 보이지 않는 비용이 더 크게 들기 때문이다. 만약 특정직원이 본의 아니게 어려움에 처할 경우 타 직원들에 비해 불이익이 없이 정당한 보상을 받도록 지점장이 내 일처럼 적극 해결해주는 것이야말로 신뢰뿐만 아니라 업무생산성 제고에 큰 힘이 되는 것이다. 예를 들어 본부승인이나 민원, 감사지적 등이 발생했을 경우 직원들의 애로사항을 적극적으로 청취하고 최우선적으로 과제를 해결하는 데 총력을 경주해야 한다. 또한 직원 개개인의 자기계발을 위하여 각종 연수기회를 제공하는 것이 금전적인 포상 못지않게 중요한 동기부여방안임을 잊지 말아야 한다.

부하직원의 동기부여 방법 예시

① **지점장의 솔선수범을 통한 동기부여**
세일즈활동 등을 솔선하여 계수증가에 기여함은 물론 전산자료분석, 계수변동요인분석, 중점방문 세일즈대상 및 중점추진 업무선정, 부진부문 만회대책 등을 직접 수립하여 직원들에게 제시

② **권한위양을 통한 동기부여**
직원 개개인의 개성, 능력, 업무상황을 파악하여 가능한 권한을 위양함으로써 도전과 학습의욕 고취

③ **직원의 업무달성의지 배양을 통한 동기부여**
책임자별로 해당 업무별 추진상황, 애로사항을 작성하게 하여 스스로 장단기 영업추진계획을 수립하고 중점추진 항목을 선정토록 독려

④ **직원능력별 업무배분을 통한 동기부여**
직원능력에 따른 달성가능한 최대한의 목표치를 부여하고 이를 지원하여 자신감을 증대시키도록 해야 하며, 단기적이고 가능한 것부터 시작하여 성공체험을 자주 할 수 있게 유도하는 것이 필요하다. 달성된 것은 합당한 칭찬이 필요

동기부여에 대한 지점장 대상 조사결과(1)

우선 직원들의 관심사항이 무엇인지 파악하여 이를 최우선적으로 배려하고 있습니다. 지점 직원 특히 계약직원의 고객유치는 물론 카드, 전자금융 등 다른 직원들이 사소하다고 생각하는 분야에 대한 실적도 평상시 전자우편, 사내통신망 등을 통해 칭찬과 격려를 하고 있습니다. 승진대상자에 대하여는 대상자가 최선을 다할 수 있도록 목표를 부여하고, 이를 달성할 수 있도록 지점장으로서 지원하고 또한 할 수 있다는 자신감을 부여하고 있습니다. 그리고 직원들이 지점장을 신뢰하고 따를 수 있도록 본점, 지역본부와의 관계를 유지·발전시키는 것도 중요합니다.

동기부여에 대한 지점장 대상 조사결과(2)

열심히 일하는 자는 그에 상응하는 보상을 받아야 하는바 지점 자체 캠페인, 각종 포상시 합리적인 선정기준을 마련하여 사전에 고지하고 이를 철저히 이행함으로써 직원들의 신뢰와 적극적인 참여를 유도하고 있습니다. 또한 직원회의시 잘한 직원에 대한 칭찬과 더불어 여타 직원도 할 수 있다는 자신감을 불어넣는 등 주입교육을 실시하고 있습니다.

3-2 동기부여관련 주요이론

가. 동기부여관련 내용이론

부하직원 등 사람을 스스로 움직이게 하는 내용이 무엇인가를 알고자 한다는 의미에서 '내용이론(content theory)'이라고 불리고 있다. 내용이론은 사람이 무엇을 얻기 위해서 자발적으로 일을 하는가에 초점을 두어 동기부여를 일으키는 촉진요소를 밝히는 이론이다. 대표적인 동기부여의 내용이론에는 매슬로우의 욕구단계설, 허즈버그의 2요인이론, 알더퍼의 ERG이론, 맥클리랜드의 성취욕구이론 등이 있다.

(1) 매슬로우의 욕구단계설

매슬로우(A. Maslow)는 모든 인간은 욕구에서 결핍된 존재이며 사람의 욕구는 누구에게나 언제나 그런 것은 아니지만 일반적으로 중요성에 따라 계층을 이룬다는 전제에서 욕구단계설(hierachy of needs theory)을 전개하였다. 매슬로우는 사람의 욕구는 5가지의 차원으로 구분되며 각각의 욕구는 그 중요성에 따라 계층을 이룬다고 주장하였다.

① **생리적 욕구** : 의(衣), 식(食), 주(住), 수면 등과 같은 인간의 생명을 유지·보존하기 위한 가장 기본적인 욕구로서 본능적 욕구가운데서 가장 우세한 욕구

② **안전·안정의 욕구** : 육체적 위험으로부터의 보호, 고통의 회피, 경제적 안정,

질서있고 예측할 수 있는 환경의 선호 등에 대한 욕구

③ **사회적 욕구** : 가족과 함께 있고 싶어하고 동료간의 우정, 집단구성원 의식, 이성간의 사랑 등에 대한 욕구

④ **자존의 욕구** : 책임감, 자기존재 가치의 느낌, 타인으로부터의 인정, 자기존경 등에 대한 욕구

⑤ **자기실현의 욕구** : 가장 높은 수준의 욕구로 스스로의 잠재적인 능력을 최대한 발휘, 성취감을 충족시키고자 하는 욕구

한편 매슬로우는 충족된 욕구는 더 이상 행동을 일으키는 동기부여가 되지 못한다고 보았다. 이미 충족된 하위단계의 욕구는 더 이상 동인(動因)이 되지 못하며 하위단계의 욕구를 충족한 인간은 상위단계의 욕구를 충족시키려고 한다는 것이다.

(2) 알더퍼의 ERG이론

알더퍼(C. P. Alderfer)의 내용이론인 'ERG이론'은 사람의 욕구를 3가지로 구분하고 매슬로우와 마찬가지로 계층관계로 설명하고 있다.

① **생존욕구(need for existence)** : 배고픔, 목마름, 주거지 등과 같은 인간의 생존을 위해 요구되는 생리적·물질적 욕구

② **대인관계욕구(need for relatedness)** : 애정, 자존, 권력 등 타인과의 대인관계와 관련된 욕구

③ **성장욕구(need for growth)** : 창조적·개인적 성장을 위한 한 개인의 노력과 관련된 욕구

사람의 욕구를 3가지로 구분한 알더퍼는 각 단계의 욕구가 충족되지 않을수록 해당 욕구에 대한 바람이 크며 하위단계의 욕구가 충족되면 상위단계의 욕구에 대한 바람이 커지고 상위단계의 욕구가 충족되지 않으면 하위단계의 욕구에 대한 바람이 커진다고 주장하였다. 또한 매슬로우의 욕구단계설이 한번에 한가지의 욕구가 추구된다고 가정한 반면 ERG이론은 복수의 욕구가 동시에 충족될 수 있다고 보았다.

(3) 허즈버그의 2요인론

허즈버그(F. Herzberg)의 2요인론은 “만족하지 않으면 곧 불만족하는가”하는 질문에서 출발한다. 다른 동기부여이론들이 특정한 욕구를 충족함으로써 만족에 이를 수 있다는 전제를 수용하고 있는 반면 허즈버그의 2요인론은 만족과 불만족은 서로 독립적이며 따라서 어떤 욕구는 충족되어 만족에 이르고 어떤 요인은 충족되어도 만족에 이르는 대신 불만족을 없애는 수준에 머물 것이라고 보았다.

이러한 맥락에서 그는 구체적으로 동기부여의 요소를 찾기 위해 사람에게는 불쾌감을 회피하려는 욕구와 이와는 독립적인 정신적으로 성장하여 자기를 실현하려는 전혀 이질적인 욕구가 있으며, 이들 양자의 욕구는 전혀 별개요소에 의해 충족된다는 가설을 세우고 실증적 고찰을 했다.

그 결과 성취, 인정, 일 자체, 책임, 승진은 정신적 성장과 자기실현과 관련되는 욕구로 만족과 관계되며, 즉 충족되는 경우 만족을 증대시키는 반면 충족되지 않는 경우 불만족을 증가시키는 대신 무만족(만족이 제로인 상태)에 이르며 회사의 정책, 감독기법, 급여, 대인관계, 작업조건은 불쾌감을 회피하려는 욕구와 관련되며 충족되어도 만족을 증대시키는 대신 무불만(불만도 만족도 아닌 상태)에 이르고 충족되지 않는 경우 불만에 이른다는 사실을 밝혀냈다.

(4) 맥클리랜드의 성취욕구이론

하버드대학의 심리학자인 맥클리랜드(McClelland)는 ‘성취하는 사회(The Achieving-Society)’에서 경제발전에 일반적으로 중요한 심리적 요인을 탐색하여 성취 욕구이론을 제시했다. 성취욕구이론은 다른 이론과 달리 후천적으로 획득될 수 있는 욕구의 측면을 강조함으로써 획득된 욕구이론이라고도 불린다. 개인이나 기업이나 국가에 부족한 것은 자원이나 자본 등의 경제적 외부여건이나 능력, 지식, 기술이 아니라 강력한 성취동기라는 것이다.

성취동기를 지닌 사람은 적당한 모험을 하며, 목표를 향한 제반 활동을 어떻게 진행하고 있는지에 관한 정보를 빨리 피드백받기를 원한다. 또한 물질적 보상을 받기 위해서가 아니라 내적인 만족을 추구하며, 목표를 선정한 후 완수할 때까지 해당 과업에 몰두함으로써 과업지향적인 측면을 보이며 미래지향적인 사고를 하는 사람이다.

성취욕구이론은 성취욕구, 권력욕구, 친화욕구 등 3가지의 욕구를 제시하고 많은 경우 사람은 이들 중 어느 하나의 우세한 욕구에 의해 지배된다고 주장하여 3 욕구이론이라고도 한다. 3가지의 지배적인 욕구는 다음과 같다.

① **성취욕구** : 사람들로 하여금 성공을 위해 강력한 노력을 하고 실패의 가능성을 걱정하게 한다. 경제적이고 실제적으로 목표를 지향하며 책임감 있고 열심히 일하는 경향이 있다.

② **권력욕구** : 사람들로 하여금 리더가 되도록 또는 막후에서 통제의 위치를 갖도록 충동한다. 말하기를 좋아하며 가끔은 논쟁하기를 좋아한다. 이들은 고집이 세고 요구가 많으며 타인을 자기가 바라는 바대로 행동하도록 하는 경향이 있다.

③ **친화욕구** : 사람들이 타인을 좋아하게 하고 타인의 거절을 피하도록 행동하게 한다. 이 같은 사람은 친절하고 동정심이 많고 다른 사람을 도우며 즐겁게 지내는 경향이 있다.

나. 동기부여의 과정이론

인간을 동기부여시키는 것은 무엇인가에 관한 연구인 내용이론과 달리 동기부여의 과정이론은 인간은 어떻게 동기부여 되는가 즉 과정에 초점을 맞추고 있다. 대표적인 동기부여의 과정이론으로는 기대이론, 공정성 이론, 목표설정이론 등을 들 수 있다.

(1) 브룸의 기대이론

기대이론은 브룸(Victor H. Vroom)에 의해 시작되었고 포터와 로우러 등에 의해 정교화됐다. 브룸의 기대이론(expectancy theory)은 다음의 전제에서 출발한다.

① 인간은 현재와 미래의 행위에 대하여 의식적인 선택을 한다.

② 동기부여란 여러가지 자발적 행위 중 사람의 선택을 지배하는 과정이다.

③ 사람들은 여러가지 가능한 행동대안을 평가, 가장 많은 보상을 가져다 주는 대안을 선택한다.

브룸의 기대이론은 선호, 도구성 및 기대라는 개념으로 구성된다.

① **선호도** : 특정한 결과에 대한 구성원의 선호

② **기대** : 어떤 특정한 행동을 하면 어떤 특정한 결과가 나타날 것이라는 가능성

③ **도구성** : 실제로 지각된 보상을 얻을 것이라는 믿음에서 일어나는 행동인데 이는 구성원의 업적에 대한 보상가능성에 대한 지각에 의존하게 된다.

이들 개념을 동원한 동기부여이론은 노력, 업적 및 보상 등 세 변수의 종합에 근거하고 있음을 말해준다. 다시 말해 동기부여가 '동기부여=선호도×기대×도구성'이라는 도식을 통해 이들 세 요소의 산물임을 설명하고 있다. 개인의 동기부여는 이들 3개의 복합적인 함수로 나타나므로 이들이 모두 높을 때 동기부여 수준이 가장 높아지게 됨을 알 수 있다. 따라서 어떤 방법으로든 이들 각각을 극대화하는 노력이 요망된다.

(2) 공정성이론

아담스의 공정성이론에 따르면 조직원은 자신의 목표와 성과를 비교하는 대신 자신의 성과와 노력을 타인의 성과와 노력과 비교하여 공정성에 대한 지각을 형성한다. 구성원은 자신의 투입물과 이에 대한 보상으로서의 산출물의 비율을 다른 사람의 비율과 비교하여 공정성을 판단하려 한다는 것이다.

불공정성이 지각되면 조직원은 투입물을 바꾼다. 자신의 투입물을 증대시키거나 감소시켜 받는 보상을 바꾸려고 노력한다. 즉 직무상에서 받는 결과를 증대시키거나 감소시킨다. 이러한 공정성이론은 다음과 같은 시사점을 준다.

① 개인의 업무성과에 대한 평가가 공정하게 이루어지고 성과와 보상이 합치될 수 있도록 직원들을 공정하게 대우해야 한다.
② 특정직원이 실제는 노력에 비해 과다보상이 되고 있음에도 자신이 과소보상되고 있다고 지각하게 되면 이에 준해 행동할 것이므로 동기부여과정에서 평가의 중요성을 인식해야 한다.
③ 공정성여부에 대한 판단은 절대적 보상금액 보다는 자신과 비슷한 직무를 가지고 있는 다른 직원과의 비교를 통한 상대적 금액이 중시되므로 경영자는 조직에서의 사회적 비교과정에 주의를 기울여야 한다.

(3) 목표설정이론

목표설정은 조직원에게 목표의 달성을 위해 노력을 하게 하고 인내력을 증대시키며 전략개발을 고무시켜 준다는 전제에서 목표의 난이도와 구성원의 수락, 즉 몰입수준에 따라 구성원의 행동과 조직의 업적이 좌우된다고 보았다. 목표를 지닌 사람이 그것을 지니지 못한 사람들보다 더 많은 업적을 달성하려고 노력한다는 가설에 입각하여 목표의 설정과 관리, 그리고 이를 통한 동기부여를 설명하는 이론이다.

목표설정이론은 동기부여를 위한 바람직한 목표의 설정을 중심으로 연구되는데 대표적인 바람직한 목표의 특성은 구체성, 측정가능성과 관측가능성, 목표달성의 구체적인 기간 명시, 노력을 요구하지만 현실적이고 달성가능한 수준, 도전적, 조직원의 참여에 의한 설정과 조직원에 의한 수락성 등을 들 수 있다.

3-3 지점장의 동기부여 실천사례

동기부여란 부하직원이 목표지향적인 행동을 자발적으로 일으키고 지속시키도록 하는 과정을 의미한다. 지점장이나 지점 구성원의 입장에서 볼 때 개개인의 근로의욕을 불러일으키는 동기부여는 매우 중요하다. 지점 경영에서 동기부여는 다음과 같은 측면에서 중요하다.

첫째, 동기부여는 지점 구성원들이 업무를 통해 자아실현을 할 수 있는 기회를 제공한다. 인간은 적극적이고 능동적으로 일을 함으로써 사회적 구성원으로서의 존재의미를 확인할 수 있으며 만족스러운 개인의 삶을 꾸려나갈 수 있다.

둘째, 동기부여는 지점 구성원으로 하여금 맡은바 업무를 수행할 수 있다는 자신감과 자긍심을 갖게 한다. 그 결과 구성원은 자신에게 주어진 업무를 보다 창조적이고 자발적으로 수행할 수 있게 된다.

셋째, 동기부여는 자발적인 업무수행 노력을 촉진하여 개인의 직무만족과 생산성을 제고시키고 조직유효성을 제고시키는 데 크게 기여한다. 여기서 조직의 유효성이란 조직의 목표달성 정도로 이해되고 있다. 심리학적 입장에서 보면 조직 구성원의 직무 및 조직만족감, 몰입도, 사기 등 심리적 상태를 연결하여 고려된다. 지점이 높은 성과를 거두기 위해서는 조직유효성을 높여야 한다.

넷째, 동기부여는 지점을 변화시키는 추진력이 된다. 은행 본부와 지점 어느 쪽이라도 혁신을 추진할 때 구성원들은 대체적으로 변화에 부정적인 태도를 보이게 된다. 동기부여는 구성원들이 변화에 저항하지 않고 자발적으로 이에 적응하고자 노력하게 함으로써 조직변화를 용이하게 한다.

다섯째, 경쟁우위의 원천으로써 인재의 중요성이 높아지는 은행업에 있어 개인에 대한 동기부여는 지점의 경쟁력을 확보하는 첩경이다.

동기부여방법에 대한 지점장 대상 조사결과

성과는 동기에 능력을 곱한 것으로 발휘된다는 동기부여이론에서 알 수 있듯이 일을 해야 하는 "동기"의 중요성은 아무리 강조해도 지나치지 않을 것입니다. 나는 동기부여의 Positive방식과 Negative방식 중 전자를 선호합니다. 즉 강제적으로 압박하는 것은 단기간의 성과를 기대할 수는 있겠지만 부하직원들의 진심에서 우러나는 동기부여의 방식은 아니기 때문입니다. 따라서 못한 직원에 대한 질타보다는 잘하는 직원에 대한 칭찬과 격려, 보상에 초점을 맞추고 이들에 대한 우수한 고과의 제공, 미니포상제도 도입(도서상품권, 기프트카드 등), 공개시상 등을 통해 진심에서 우러난 자발적 동기부여를 이루고 있습니다.

직원들이 가장 높이 동기부여가 되는 경우는 자신의 지점장으로부터 개인적으로 주목받고 있을 때이다. 나름대로 열심히 노력했는데도 지점장이 몰라줄 때 직원들은 실망하게 되고 결국 외부고객 응대에도 직접적으로 영향을 미칠 수 있기 때문에 동기부여는 경쟁력의 핵심요인이라고 할 수 있다.

지점장들이 직원들을 인정해주는 데 인색한 이유를 크게 4가지로 정리한다면 다음과 같다.

① 질책을 하지 않는 것이 곧 일을 잘하고 있다는 사고방식이다.
② 보상과 인정은 인적자원관리를 담당하는 부서의 책임이라고 생각한다.
③ 직원들의 업적을 관찰하고 측정하는 데 충분한 시간을 할애하지 않는다.
④ 어떻게 인정해줘야 하는지 방법을 모른다.

지점장이 훗날 부하직원들에게 "그 지점장은 일에는 엄했지만 인간적으로는 따뜻하게 대해주었다", "그 지점장 밑에서 일할 때에 가장 많이 배웠어"라는 말을 듣는다면 직원들에게의 동기부여는 성공했다고 할 수 있다.

3-4 지점의 동기부여 방안 실천사례

모든 구성원이 경영평가 목표를 달성하기 위해서는 결과에 대한 공정한 평가와 보상이 필요하다. 직원의 태도는 경영평가 성과뿐 아니라 외부 고객에게 직접적으로 영향을 미치기 때문에 직원의 만족과 적절한 동기부여는 지점 경쟁력의 핵심요인이다. 성과가 우수하고, 노력하는 직원이 불가피하게 민원, 감사지적 등이 발생했을 경우 지점장은 직원의 편에서 최우선적으로 과제를 해결하는데 온 힘을 다해야 한다. 직원들은 본인을 신뢰해주는 지점장에 대해 믿음을 가지고 업무에 매진한다. 또한 직원 개개인의 자기개발을 위하여 각종 연수기회를 제공하는 것도 금전적인 포상 못지않게 중요한 동기부여 방안이다.

지점 대상 동기부여 마인드 조사결과(1)

우리 지점은 우선 직원들의 관심 사항이 무엇인지 파악하고, 이를 최우선적으로 배려하고 있다. 지점 직원, 특히 계약직원의 고객 유치는 물론 카드, 전자금융 등 다른 직원들이 사소하다고 생각하는 분야에 대한 실적도 전자우편, 사내통신망 등을 통해 칭찬과 격려를 하고 있다. 승진 대상자의 경우, 대상자가 최선을 다할 수 있도록 목표를 부여하고, 이를 달성할 수 있도록 지원한다. 그리고 직원들이 지점장을 신뢰하고, 따를 수 있도록 본점, 지역본부와의 유지, 발전시키는 것도 중요하다.

지점 대상 동기부여 마인드 조사결과(2)

직원의 신뢰와 적극적인 참여를 유도하기 위해서는 무엇보다 열심히 일한 직원에게는 그에 상응하는 보상하고 있다. 지점 자체 캠페인, 각종 포상에서 합리적인 선정기준을 마련, 사전에 이를 알리고 철저히 이행하는 것이 효과적이었다. 우리 지점은 직원회의를 할 때 잘한 직원에 대하니 칭찬과 더불어 여타 직원도 할 수 있다는 자신감을 불어 넣고 있다. 못한 직원에 대한 질타를 내세우기 보다는 잘한 직원에 대한 칭찬과 격려, 보상에 초점을 맞춰, 높은 고과제공, 미니포상(도서상품권, 기프트카드 등), 공개시상 등을 통해 진심에서 우러난 자발적 동기부여를 이끌어 내고 있다.

4 인사고과

4-1 인사고과와 지점장의 역할

가. 인사고과의 역할

인사관리 과정의 최종단계가 평가를 하는 인사고과다. 평가단계는 부하직원의 육성과 승진의 중요한 자료가 되기 때문에 중요하다. 따라서 모든 은행에서 평가자의 주관을 배제하여 공정한 평가를 내릴 수 있도록 통일기준을 마련한 것이 인사고과다. 인사고과는 조직을 통제하고 공평한 처우를 해주는 동시에 직원의 능력을 향상시키는 데 필요한 자료를 얻는 것이다. 하지만 사람이 사람을 평가하는 것은 결코 쉬운 일이 아니다. 자칫하면 평가자의 주관적, 자의적 판단이 들어갈 가능성이 많기 때문에 항상 객관적이고 합리적 평가의 척도가 될 제도적인 보완이 이루어지고 있다.

은행 경영에서 인사고과는 직원의 적정배치에 도움이 되도록 해야 한다. 은행 내부에서의 인사이동은 부하직원의 능력과 적성을 감안하여 이루어질 수 있는데 인사고과 내용이 참고가 되어야 한다.

또한 하위평정자의 의견을 존중하고 평정결과에 대하여 상위평정자와 차이점이 드러난 경우에는 충분히 의견을 나누어 조정해야 한다. 피평정자인 부하직원에게 인사고과의 평정내용과 기준 등을 충분히 주지시키도록 하는 것이 중요하다.

한편 인사고과는 부하직원의 능력육성에 도움이 되도록 이루어져야 한다. 지점장의 중요한 책무 중의 하나는 직무를 통한 부하직원의 육성이다. 이를 위해서는 평소 부하직원의 특성과 장단점을 파악하여야 한다. 인사고과를 실시함에 있어 직무수행상 필요한 항목마다 부하직원을 평정하고 그 결과를 통하여 지도육성할 내용을 보다 명확하게 찾아낼 수 있기 때문에 지도육성의 자료로서 활용할 수 있게 이루어져야 한다.

마지막으로 인사고과는 부하직원의 근무의욕에 도움이 되도록 이루어져야 한다. 인사고과제도는 부하직원에 대한 객관적인 근무평가를 할 수 있기 때문에 현실적으로 일하는 사람과 적당히 눈치껏 일하는 사람을 식별할 수 있도록 이루어져야 한다. 따라서 열심히 일한 사람의 근로의욕이 현저하게 떨어지고 지점의 근무 분위기가 침체됨으로써 지점 내 생산성을 저하시켜서는 안 될 것이다.

인사고과에 대한 ○○○지점장의 의견

지점 내 인사고과는 철저하게 실적 위주로 이루어져야 한다. 하지만 지점을 이끌어가는 데에는 실적을 내는 직원뿐만 아니라 그 실적을 이끌어내기 위해 뒷받침하는 직원들도 필요하다.

인사고과에서는 이들까지 모두 배려하여야 할 것이다. 단순히 영업실적만으로 인사고과를 결정하고 포상한다면 그 누구도 지점의 허드렛일을 돌보려 하지 않을 것이다. 지점 내에서 영업실적이 우수한 직원과 영업실적을 우수하게 지원해주는 직원을 나누어 포상을 실시하는 것이 필요하다.

나. 인사고과에서 지점장의 역할

지점에서 인사고과를 전반적으로 담당하는 평가자인 지점장은 부하직원의 업적과 능력을 진단 및 분석하는 관점에서 환자의 진단과 치료를 담당하는 임상의사의 역할과 유사하다. 의사가 고도의 의학지식과 기술을 갖고 환자의 병력을 정확하게 분석하여 진단을 내리는 것처럼 인사고과 평정자도 고과에 관한 지식과 기법을 근거로 부하직원의 직무수행상 행동을 검토·분석한 이후에 정확한 판정을 내려야 한다. 인사고과에서 지점장이 공정한 평정을 하기 위해서는 인사고과에 대한 일반적 지식은 물론 평정에 대한 구체적 지식과 기법을 숙지하고 있어야 한다. 인사고과는 지점장에게 부여되는 가장 중요한 역할 중 하나라는 점을 명심해야 한다.

인사고과제도를 효과적으로 실시하는 데 중요한 역할을 담당하는 지점장의 구체적 역할은 다음과 같다.

인사고과제도의 내용을 소상하게 이해하는 동시에 이를 피평정자인 부하직원에게 충분히 주지시켜야 한다. 부하직원이 납득할 수 있을 만큼 공정한 인사고과를 실시해야 한다. 뿐만 아니라 지점장의 입장에서는 부하직원의 행동을 평소의 업무지도와 대화과정을 통하여 주의깊게 관찰해두어야 한다. 마지막으로 인사고과제도의 입안 및 개선에 관한 의견을 본부에 제시함으로써 보다 실효성 있는 인사운영에 도움이 되도록 협조해야 한다.

4-2 지점 직원 인사고과시 유의사항

인사평정은 직원 개인의 은행 내 승진과 아주 밀접한 관계를 가지고 있어 매우 신중하고 공평하게 운영되어야 한다. 지점장의 입장에서 인사고과 평정 자체보다는 오히려 인력자원조사에 보다 더 신경을 써야 하며, 공정한 평가에 주력해야 한다.

인사고과 기준의 공개를 통해 선의의 경쟁이 이루어지도록 하고 공과에 대한 엄정한 평가와 이에 상응한 보상의 실시로 신상필벌 원칙을 고수해야 한다. 직원 개인별로 각종 업무추진 실적을 계량화, 체계화하여 열심히 일하는 직원들이 그에 상응하는 보상을 받을 수 있도록 지점 자체포상제도를 도입하는 것도 효과적이다. 선입견을 배제하고 객관적인 평가항목을 수량화하여 고과기준을 제시하는 것이 필요하다. 개인주의 보다 조직에 기여하는 직원을 우대하는 방향으로 인사고과 평정을 운영하는 것도 고려해야 한다.

한편 은행 지점에서는 인사고과시 승진을 앞둔 직원들을 우대하는 경향이 강하게 나타난다. 이런 현상은 바람직하지는 못하지만 부정적인 측면 못지않게 긍정적인 측면도 있다. 예를 들어 “특별한 하자가 없는 한 승급대상자 고과우대로 다음 승진대상자로 하여금 의욕을 고취시키는 것도 바람직한 방법이 아닐까” 하는 생각이다.

인사평정시 한 가지 주의할 점은 엄격한 실적에 의한 평정을 실시해야 하지만 비록 실적은 기대에 미치지 못하더라도 열정적이고 창의적인 직원에게 우수한 평가를 내려야 한다는 점이다. 하지만 근태불량직원, 고객과 마찰이 잦은 직원, 직원 간 인화에 문제가 있는 직원에 대해서는 엄중 경고 후 인사조치하는 것도 요구된다.

인사평정에 대한 지점장 대상 조사결과

인사평정은 직원 개인의 은행 내 승진과 아주 밀접한 관계를 가지고 있으므로 매우 신중하고 공평하게 운영되어야 합니다. 인사고과 평정보다는 '인력자원조사'에 보다 더 신경을 써야 하고 공정한 평가가 이뤄지도록 해야 합니다. 반면 저로서는 무엇보다도 엄격한 실적에 의한 평정을 하는 것이 중요하지만 비록 실적은 기대에 미치지 못하나 열정적이고 창의적인 직원에게 우수한 평가를 하고 있습니다. 근태불량직원, 고객과 마찰이 잦은 직원, 직원 간 인화에 문제직원 등은 고과평정에서 불이익을 주고 있습니다.

4-3 인사고과의 신뢰성 관련 오류원인

신뢰성이란 측정하고자 하는 고과항목이 얼마나 정확하게 측정이 이루어졌는지에 대한 내용이다. 신뢰성을 저해하는 요인으로는 고과자가 피고과자에 대해 갖고 있는 편견 등으로 인한 의도적인 주관적 평가, 고과자가 객관적으로 평가하려고 노력했지만 자신도 모르는 사이에 오류를 범하는 경우, 피고과자에 대한 정보부족 등이 있다.

가. 2차 고과자의 오류

일부 은행에서 도입하고 있는 인사고과제도에는 2차 고과자 평가란이 있다. 예를 들어 팀원을 고과하는데 1차 고과자는 팀장이고, 2차 고과자가 지점장인 경우다. 최종고과점수는 1차 고과자와 2차 고과자가 평가한 점수를 합하여 평가하는 것이 일반적이다. 고과에 1차 고과자로 만족하지 않고 2차 고과자를 동원하는 이유는 1차 고과자의 평가를 더욱 정교하게 하기 위해서다. 하지만 2차 고과자는 인사고과를 실시할 때 1차 고과자가 이미 평가한 내용을 가지고 적당히 평가하는 경향이 많다. 이 때문에 은행 지점에서는 2차 고과자 오류가 많이 발생한다.

나. 연공오류

연공오류는 피고과자가 가지고 있는 연공적 속성인 연령, 학력, 근속연수가 평가에 영향을 미치는 경우다. 은행에서 직원을 평가할 때 흔히 나타나는 현상으로 근속연수나 연령이 많은 직원을 후하게 평가하는 경향이 있다.

다. 시간적 오류

시간적 오류는 고과자가 피고과자를 평가함에 있어서 쉽게 기억할 수 있는 최근 업적이나 능력을 중심으로 평가하려는 데서 나타나는 오류다. 시간적 오류가 흔히 발생한다는 것을 인식한 피고과자들은 고과시기가 가까워지면 평소보다 늦게 퇴근하고 더 많이 일하는 모습을 고과자에게 보여주려는 경향이 나타난다.

라. 후광효과

후광효과란 어떠한 부하직원이 특별히 뛰어나게 우수하거나 또는 형편없이 낮은 자실을 갖고 있다면 이러한 특성 때문에 범하게 되는 오류 유형이다. 이러한 특성 때문에 그 부하직원의 다른 특성이 가려져 우수하다거나 또는 열등하다는 기존관념이 굳어져 평가에 영향을 미치는 것을 말한다. 후광효과는 정도의 차이는 있으나 고과자 대부분이 갖고 있기 때문에 유념해야 한다. 지점장 위치에서 후광효과를 줄이도록 의식적으로 노력하지 않으면 공정한 인사고과를 하기 어렵다.

마. 관대화 경향

관대화 경향은 부하직원에게 지나치게 관대한 평정을 하는 현상을 의미한다. 호감을 갖고 있는 부하직원에게 후한 평정을 하거나, 부하직원에게 원망을 받고 싶지 않아 후한 평정을 하게 되는 경우의 오류다. 지점장의 입장에서는 인정에 사로잡히지 말고 부하직원의 육성이란 점을 중시해야 한다.

바. 상관편견

상관편견은 고과자가 고과항목의 의미를 정확하게 이해하지 못했을 때 나타난다. 예를 들어 성실성과 책임감, 창의력과 기획력이라는 항목 간의 차이를 구분하지 못하는 고과자는 피고과자를 평가할 때 항상 일관성 없는 점수를 주게 된다. 상관편견의 경우 고과자 자신이 오류를 인식하지 못하지만 오류의 수정에 대해서는 협조할 자세를 가지고 있기 때문에 고과자 교육을 통해 상당한 극복이 가능하다.

4-4 다면평가제와 목표관리제

가. 다면평가제

인사고과는 대개 직속상사가 부하직원을 평가하는 것이 일반적인 관행이 되어왔다. 그러나 기존의 관행을 벗어나 동료나 부하직원, 본인, 고객 등이 고과자의 역할을 수행하는 다면평가제를 도입하는 은행이 늘고 있다.

다면평가제란 어느 개인을 평가할 때 직속상사 한 사람이 평가하는 것이 아니라 다수의 평가자가 여러 방면에서 평가하는 것을 의미한다. 전통적인 인사고과는 본인의 직속상사가 실시하는 단면에 의한 평가인데 반해, 다면평가는 본인의 직속상사뿐만 아니라 관련부서의 상사 또는 부서 내외의 동료, 경우에 따라서는 부하 및 본인에 의해 이루어진다.

급격한 환경변화를 겪고 있는 은행의 입장에서 진정한 리더를 육성하기 위해서는 개인별 강점과 약점을 평가하여 분석하고 진단을 내리는 작업이 선행되어야 한다. 이를 위해서는 정확하고 객관적인 평가가 필요한데, 이것이 바로 다면평가제의 도입배경이다. 다면평가는 상사의 일방적인 고과제도의 결점을 보완하고 직속상사, 동료, 부하직원 등으로부터 다면적으로 평가되기 때문에 평가의 객관성을 높일 수 있다. 다면평가제를 도입함으로써 지점장도 자신의 관리행위의 장단점에 대해 부하직원으로부터 피드백을 받을 수 있어 관리행위를 개선할 수 있는 기회를 가질 수 있다.

나. 목표관리제

목표관리제(Management by objective)란 조직의 목표와 개인의 목표가 부합되었을 때 조직의 유효성이 향상된다는 이론적 명제에 토대를 두고 실제 기업현장에서의 관리기법으로 개발된 제도다.

목표관리제의 실행과정은 목표설정단계, 업무수행단계, 평가단계 등 3단계로 구분된다. 목표설정단계에서는 상사와 부하직원의 합의에 의한 목표설정이 이루어지며, 이때 목표설정은 구체적으로 제시된다. 수행단계에서는 원활한 의사소통이 중요하며 지도가 이루어진다. 평가단계에서는 평가에 대한 인정과 개인의 보상과 연계가 이루어진다.

은행에서도 목표관리제가 도입되는 이유는 객관성과 합리성을 갖추고 있으며, 은행 구성원들의 자발적 참여동기를 고취시킬 수 있기 때문이다. 기존에 기업에서 이루어지는 목표설정이 상급자와 은행 본부에서 지시된 목표다. 반면 목표관리제에서의 목표설정은 상위직급자와 부하직원 간에 공동으로 합의된 목표이므로 개별 직원에게 은행 본부나 지점의 전략방향을 쉽게 이해시킬 수 있는 효과적인 방법이다. 동시에 직원 스스로 자신의 목표에 대한 참여의식을 갖게 됨으로써 동기부여 요인이 될 수 있다. 물론 목표관리제에서 목표설정은 'top-down' 방식으로 이루어진다. 하지만 목표달성을 위한 수행과정은 개인의 자발성을 중시하므로 목표달성 의욕을 갖게 한다. 더욱이 목표관리제에서 설정되는 목표는 결과지향적이기 때문에 철저히 수행한 업적에 대해서만 평가하므로 평가의 합리성과 객관성이 보장된다.

목표관리제가 성공적으로 실행되기 위해서는 직무활동 분석을 근거로 하여 평가자와 피평가자 상호 협의에 근거한 구체적 목표가 설정되어야 한다. 또한 목표달성을 위한 방법에 대하여 평가자와 피평가자 간의 커뮤니케이션이 원활해야 한다. 성과에 대한 평가는 반드시 구체적인 평가지표에 의해서 수치화되어야 하므로 평가결과에 대해 당사자의 인정을 유도한 다음 개인의 보상으로 연결되어야 한다.

4-5 목표관리 정착을 위한 지점장의 역할

가. 지점장 역할의 중요성

금융산업이 실물경제를 선도하고 금융시장이 점차 확장되고 있는 시점에서 은행간 지점간 경쟁은 날로 치열해져 가고 있다. 은행 전체 입장에서 마련되는 영업목표관리 전략은 지점 구성원들에게 정확하고 적절하게 전달하는 선에서 일차 마무리 된다. 지점장이나 지점 관리자는 본부에서 마련되는 전행적인 경영계획에 설정된 목표에 대해 긍정적이고 우호적으로 받아들일 필요가 있다.

전체 목표에 관한 개별 단위 지점의 목표 역시 구성원들을 실질적으로 움직일 수 있을 만큼 합리적이고 과학적인 설정이 요구된다.

1997년 통화위기를 계기로 경영혁신이 가속화되면서 인사·임금부문에서도 연공주의 인사관리에서 능력주의, 성과주의를 지향하는 방향으로 각 기업마다 제도개혁에 박차를 가해오고 있다.

특히 고질적인 연공서열임금에서 탈피하고자 서구식의 성과주의에 기초를 둔 연봉제를 도입한 기업이 급격히 증가하면서 연봉제의 핵심인 업적을 평가하기 위한 도구로서 목표관리제를 도입하기에 이르렀다.

연봉제를 도입하고 있는 기업에서는 연봉적용 사원의 연봉결정을 위한 업적평가에 목표관리제를 이용하고 있고, 연봉제의 적용대상이 아닌 사원에 대해서는 인사평가의 일환으로 업적평가를 위해 또는 사원의 능력개발을 위해 목표관리제를 이용하고 있는 것이 최근의 추세이다.

그러나 연봉제의 도입과 목표관리제도의 도입은 충분한 검토 없이 유행처럼 각사로 확산되었고 심지어는 연봉제와 목표관리에 대한 구체적인 사전지식도 없이 무턱대고 도입한 기업들도 적지 않다.

이러한 상황에서 연봉제와 목표관리제는 운영상 많은 문제점을 야기시켜 왔으며 본질과는 달리 왜곡되어 운영되어 오고 있는 것도 부인할 수 없다. 이는 도입초기 단계에서 졸속으로 단기간에 도입 시행한 결과라 할 수 있다. 목표관리의 등장과 본질에 대한 정확한 이해를 토대로 목표관리 도입에 따른 기대효과와 운영상의 문제점 그리고 목표관리의 선행조건과 관리자에게 요구되는 역할에 대해 생각해 보아야 한다.

목표관리의 정착을 위해서는 지점장의 역할이 무엇보다 중요하다는 사실은 새삼 지적할 필요도 없다. 관리자에게 있어 요구되는 책무는 여러 가지가 있으나 그 중에서도 특히 강조되는 것은 관리자는 부문의 경영자라는 점과 관리자는 자신의 상사를 지원하는 입장에 있다는 점, 그리고 관리자의 업무 중의 하나가 바로 인사관리라는 점이다.

목표관리가 성공하느냐 못하느냐, 목표관리가 회사의 업적향상과 구성원의 능력개발이라는 목적을 달성하느냐 못하느냐는 결국 관리자가 어떻게 대응하느냐에 달려 있다고 해도 과언이 아니다.

목표관리를 실시함에 있어서 지점장이 숙지하고 실천해야 할 역할을 정리하면 다음과 같다.

(1) 부문목표의 설정과 공유

은행조직에서 부점장(部店長)은 부 또는 지점이라는 조직의 책임자로서 또 과장은 과라는 조직의 책임자로서 각각 해당직원을 지휘통솔하면서 담당업무를 효율적으로 달성해야 하는 매우 중대한 사명을 지니고 있다. 목표관리의 출발은 관리자가 자신이 담당한 부문의 업무목표를 명확하게 설정하는 것이다. 즉 금년도 우리 부(우리 과)는 이러이러한 목표를 달성하지 않으면 안된다고 하는 구체적인 목표를 설정하면서부터 실천적인 목표관리가 시작된다.

(2) 부문목표의 주지와 목표의 균등배분

지점의 목표달성은 지점장 혼자서 열심히 한다고 해서 되는 일이 아니다. 지점직원 전원의 협력이 있어야 가능하다. 따라서 지점의 목표가 결정되면 직원에게 그 배경과 목표의 구체적인 내용을 정확히 알려주어야 한다. 특히 팀장에게 지점의 목표를 상세하게 설명한 다음 이해를 구하는 것이 중요하다. 그리고 팀장에게 지점의 목표에 입각한 팀의 목표를 세우게 한다. 여기에서 유의할 것은 여러 팀의 목표를 종합한 것이 지점의 목표와 일치하도록 하는 것이 일반적인 원칙이다. 만일 목표수준이 일치하지 않는다고 하면 팀의 목표가 낮든지 반대로 지점의 목표가 너무 높다는 뜻이기 때문에 이런 경우에는 양자의 목표가 합치하도록 조정할 필요가 있다. 팀의 목표는 가능한 한 균등하게 배분하는 것이 바람직하다. 특별한 사정이 없는데도 불구하고 특정 팀에만 높은 목표를 부여하거나 반대로 특정 팀에만 낮은 목표를 부여하는 것은 공평하지 못하기 때문에 부문전체의 생산성에 역효과를 가져올 수 있다. 따라서 관리자는 이 점에 유의해서 목표배분이 이루어지도록 해야 한다.

(3) 부하직원의 역할분담 결정

지점의 목표를 달성하는 것이 지점장의 중요한 책무의 하나인데 그러기 위해서는 부하직원을 효율적으로 활용할 필요가 있다. 지점관리자 혼자서 열심히 한다고 해서 되는 일이 아니다. 은행본부는 지점장에게 지점부문의 업무를 원활히 수행해서 주어진 목표를 효율적으로 달성하도록 부하직원을 배치해 준 것이고, 그래서 관리자에게 부하직원의 업무를 지시 명령할 수 있는 권한을 부여해준 것이다. 따라서 관리자는 어떻게 하면 부문의 목표를 신속하고 정확하게 달성할 수 있을까 하는 관점에서 부하직원의 역할을 결정해야 한다. 즉 누구에게 어떠한 일을 맡기고 누구를 어디에 배치할 것인가를 합리적으로 결정해야 한다는 것이다. 부하직원에게 맞지 않는 역할을 맡기면 목표달성에 문제가 생길 뿐 아니라 관련 부문에 지장을 초래하거나 거래처, 고객에 대한 서비스의 질이 떨어지고 나아가 코스트를 증가시키는 결과를 낳기도 한다. 또한 내부적으로는 인간관계에 악영향을 미치거나 팀워크가 깨질 수도 있다. 따라서 지점장은 부하직원 개개인의 능력, 경력, 의욕, 적성 등을 종합적으로 감안해 부하직원의 역할을 결정해야 한다.

지점장 중에는 부문의 목표만 달성하는 것으로 책임을 다한 것으로 인식하는 사람들도 많다. 은행 전체적인 차원에서 인재육성에 신경을 쓰는 것이 아니라 지점에 부여된 실적만 달성하면 된다는 지점이기주의적인 생각을 갖는 것이다. 평소 능력 있고 일 잘하는 부하직원에게는 일을 많이 맡기고, 경험이 적은 부하직원에게는 거의 일을 맡기지 않는 관리자들이 지점이기주의적인 행동을 한다.

물론 능력있는 직원위주로 지점경영을 하는 것이 부문의 목표를 조금이라도 빨리 달성할 수 있을지는 모른다. 그러나 그렇게 함으로써 경험이 적은 젊은 부하직원은 아무리 시간이 흘러도 능력개발이 되지 않아 업무적으로 성장하지 못한다. 오히려 내가 열심히 하지 않아도 선배와 고참사원들이 열심히 하니까 괜찮겠지 하는 무사안일주의적인 자세를 갖게 되어 지점조직차원에서 볼 때 마이너스가 아닐 수 없다.

부하직원을 은행조직에서 필요한 인재로 성장 발전시키기 위해서는 그에게 과감하게 일을 맡겨야 한다. 책임이 무거운 일을 맡아 일을 수행하는 과정에서 능력이 신장되고 시야도 넓어지는 법이다. 따라서 지점장은 부하직원에게 업무를 분담하고 역할을 결정할 때는 사람을 키운다는 전향적인 자세를 가져야 한다.

나. 개인목표의 점검과 수정

목표관리에서는 직원 개개인이 지점 전체의 목표와 운영방침, 그리고 자신의 지위와 능력, 경험과 능력을 충분히 감안해 실행 가능한 목표를 수립하는 것이 가장 이상적이다. 달성하기 어려운 목표는 희망이지 목표라고 할 수 없다. 따라서 부하직원이 제출한 목표를 종합한 것이 지점전체의 목표와 일치하는 것이 이상적이다. 그러나 현실적으로는 자신의 능력에 비해 너무 낮은 목표를 잡거나 기존의 실적과 비교해서 너무 높은 목표를 수립하는 경우도 있다. 따라서 지점장은 다음과 같은 사항에 대해 부하직원이 수립한 목표를 점검하고 수정을 해주어야 한다.

① 지점에나 팀의 목표에 비추어서 적절한가

② 본인의 지위, 능력, 경험과 능력 등에 비추어서 타당한가

③ 목표달성을 위한 수단과 방법은 구체적이고 합리적인가

④ 일정상 문제는 없는가

⑤ 실현가능성이 있는가

만일 목표가 지나치게 낮거나 지나치게 높으면 부하직원과 충분한 대화를 통해 이해를 시키고 합의를 통해 수정토록 해야 한다. 지점장이 일방적으로 목표를 수정해서는 안 된다.

수정이 필요한 이유를 설명하고 반드시 본인이 납득할 경우 수정을 해야 한다. 왜냐하면 지점장이 일방적으로 목표를 수정할 경우 부하직원 입장에서는 본인이 세운 목표가 아니기 때문에 목표달성에 대한 의욕을 반감시킬 수 있기 때문이다.

(1) 중간점검의 일상화

부하직원과 지점장이 충분히 의논해서 개인목표를 설정했다면 그 다음은 목표를 달성하는 일만 남아 있다. 하지만 목표가 수립되었다고 해서 지점장의 임무가 모두 끝난 것은 아니다. 목표달성 상황을 수시로 점검하는 것도 지점장의 역할 중의 하나이다. 즉 다음과 같은 내용이 점검 포인트이다.

① 목표달성을 위해 성실하게 노력하고 있는가

② 업무가 순조롭게 진행되고 있는가

③ 목표달성 과정에서 문제가 생기지는 않았는가

④ 목표달성에 적절한 수단과 방법을 취하고 있는가

이러한 중간점검방법으로는 부하직원과 평소 의사소통을 통해 할 수도 있고, 회의나 미팅을 통해 보고를 받을 수도 있는 여러 가지 다양한 방법이 있다.

지점장 가운데에는 부하직원의 업무 진척사항을 점검하지 않는 경우도 있는데

이러한 방임적인 태도는 지양되어야 한다. 왜냐하면 부하직원 전원이 당초 설정한 목표를 달성하리라는 보장이 없기 때문이다. 목표달성을 못한 부하직원에 대해 연말에 가서 책임을 추궁해서는 이미 늦다. 목표 수행과정에서 업무의 진척사항을 중간점검하는 것이 관리자가 해야 할 중요한 책무인 것이다. 실제로 돌발적으로 새로운 업무가 생겨날 수도 있고 대내외적인 환경요인에 의해 목표치를 수정해야 할 경우도 있을 수 있기 때문에 항상 부하직원에 대한 관심을 갖고 지도를 해 나가야 한다.

(2) 목표달성을 위한 지원

목표관리를 실시하고 있는 기업 중에는 관리자가 부하직원에게 열심히 해서 목표를 달성할 수 있도록 하라는 지시만 내릴 뿐 그 이상은 전혀 신경을 쓰지 않는 경우가 있다. 관리자로서 부하직원에게 목표달성을 강조하는 것은 지극히 당연한 일이다.

하지만 말로만 해서는 안 된다. 가령 이런 방법을 이용하면 어떨까, 이런 경우에는 이렇게 대처하는 것이 어떨까 등 업무추진방법이나 수단의 선택, 시간배분 등을 적절히 지도하고 조언하는 부하직원의 업무활동을 지원해 주어야 한다. 이렇게 하는 것이 일도 순조롭게 효율적으로 이루어지고 부하직원의 능력을 신장시킬 수가 있다.

또한 지점장은 업무방식, 수단 및 방법의 선택, 문제해결, 업무계획 작성 등에 관해 부하직원이 면담을 요구해 왔을 때는 친절하게 상담에 응하고 조언을 해주어야 한다. 일이 바쁘거나 건강이 좋지 않을 때는 가볍게 흘려듣거나 아무렇게나 대답하기가 쉽다. 그러나 이러한 무책임한 태도가 되풀이 되면 부하직원은 지점장에게 물어봐야 소용없다고 판단해 지점장과 부하직원과의 거리감이 생기게 된다. 따라서 상사 즉 지점장은 자신의 일이 바쁠 때도 부하직원을 먼저 생각하는 배려가 필요하다.

(3) 목표달성도에 대한 피드백

부하직원 전원이 당초 수립한 목표를 100% 달성하는 것이 이상적이지만 현실적으로는 쉬운 일이 아니다. 목표달성도는 직원마다 다르고 목표를 달성하지 못한 직원도 있을 수 있다.

따라서 평가내용을 부하직원에게 피드백해서 차기 목표수립에 도움을 주어야 한다. 흔히 목표를 달성하지 못했을 경우 부하직원은 외부환경이 예상외로 좋지 않았다든가, 동료와 관련부서가 협조를 해주지 않았다든가, 기간이 너무 짧았다는 등 목표미달의 원인을 외부요인으로 돌리는 경우가 있다. 그럼으로써 자신을 방어하고 자기행동을 정당화하며 책임을 전가하려는 경향이 있다.

물론 외부요인도 목표달성에 영향을 미치지만 본인의 노력부족, 부적절한 수단과 방법, 비효율적인 시간 활용 등이 원인인 경우가 더 많다. 지점장은 목표를 달성하지 못한 진정한 원인을 부하직원에게 알려주어야 한다.

만일 부하직원이 평가결과에 승복하지 않고 반론을 제기하거나 변명을 하면 그 부분에 대해 지점장 입장에서 부하직원이 충분히 이해할 수 있을 때까지 설득하고 납득이 가도록 설명을 해 주어야 한다.

다. 목표관리제 실시의 효과

지식 및 정보화사회로 일컬어지는 글로벌 경쟁시대의 은행경영은 지점장 한사람의 창의적 노력과 적극성만으로 성공을 거둘 수 없으며, 지점 구성원 전체의 생산성과 성과향상이 뒷받침되어야 한다는 것은 주지의 사실이다. 은행간 경쟁에서 경쟁력을 확보하고 나아가서 기업경영과 가치를 본질적으로 향상시켜 경쟁력 있는 은행으로 성공적으로 진입하기 위해서는 무엇보다 지점구성원 전체의 사기를 높이고 개개인의 능력을 최대한 활용할 수 있도록 동기부여를 할 수 있는 경영기법이 요구된다. 이러한 경영기법 중의 하나로 최근에 와서 은행업에서도 목표관리에 대한 관심이 매우 높아졌고, 실제로 은행에서 사용되고 있다.

왜냐하면 목표관리의 핵심이 바로 개인별, 지점별 목표설정 단계부터 관련 구성원의 참여를 전제로 하며, 참여를 통한 동기부여의 결과로서 개별 지점 그리고 은행 전체의 성과향상을 도모하는데 있기 때문이다.

목표관리제도는 목표를 통해 부하직원을 효율적으로 동기부여시키면서 관리하는 제도이지, 대부분의 회사에서 하고 있는 것처럼 목표를 수립하고 평가하는 것만을 내용으로 하는 제도는 아니다.

또한 앞서 지적한 바와 같이 목표관리제도는 일선 영업현장을 책임지는 지점장의 입장에서 부하직원을 쉽게 관리할 수 있도록 도와주는 제도이지 은행본부 인사부서의 요구에 따라 강제적으로 수행해야 하는 역할은 아니다. 다시 말해 현장의 지점장이 목표관리제도의 기본취지를 잘 이해하고 운영하는 것이 목표관리제도의 정착을 앞당기는 지름길이다.

4-6 지점의 인사관리의 방향

가. 기존 인사관리 현황

국내은행들은 금융환경변화에 대응하기 위해 새로운 제도의 창출과 변혁을 가속화하는 가운데 직원들의 전문성을 강화하는 방향으로 인사제도의 개선을 추진해오고 있다. 규제시대에는 은행의 업무영역이 제한되어 있기 때문에 인사관리의 목표도 제너럴리스트(generalist) 양성을 제일 우선으로 하였다. 그러나 자유화, 규제완화, 겸업화, 글로벌화의 큰 물결은 업무다양화, 고도화 등 보다 전문성을 필요로 하는 분야로 확대되고 있다. 현재 일부은행에서 도입되고 있는 직군별(職群別) 인사관리 등은 이러한 전문성을 강화하기 위한 인사제도 개선 노력의 일환이다.

과거에 국내은행들의 인사관리정책은 미국이나 일본의 은행들이 채택하고 있는 직무구분 또는 직군구분에 따른 인사제도와는 달리 일괄채용, 공통의 단일직군, 단일 직급체계로 이루어져 왔다. 평가측면에서는 연공서열 중시, 일방적 하향식 평가, 평가절차 및 결과의 비공개가 일반적이었다. 급여측면에서는 연공급(年功給), 단일호봉체계로 구성되었다. 결국 직원들을 일반관리자(generalist)로 육성하는데 주안점을 두어 왔다.

이에 반해 미국의 은행들은 직무가 창구수납직(teller), 사무직(clerk), 관리직(officer) 등으로 나누어지며, 이에 따라 업무 내용과 임금 등이 미리 정해져 있을 뿐만 아니라 각기 직무별 채용이 이루어지고 있다. 또한 일본 은행들도 종합직, 일반직, 전문직 등 직군을 몇 개로 구분하여 직군별 채용 및 직군별 직급체계를 가지고 있다.

선진은행들은 평가측면에서도 목표관리제(MBO)를 도입하고 있으며, 이에 따라 평가항목, 평가기준, 평가절차 등의 채택에 직원의 의견이 반영되고 있고, 결과의 피드백이 이루어지고 있다. 급여체계는 직군별, 자격별 급여체계와 상여금의 업적별 차등, 연봉제 등이 도입되어 있다. 이에 따라 직원들은 전문가(specialist) 또는 한 두 개의 숙련분야를 가진 인재로 육성된다.

국내은행들의 대부분은 기존의 전통적 인사제도를 계속 답습해 왔다. 그러나 동 제도로는 변화하는 경영환경에 대응할 수 없다는 위기의식에서 몇몇 은행을 중심으로 점차 선진은행에서 채택하고 있는 인사제도로 변화되어가고 있다. 이것이 바로 신인사제도이다. 일부 은행을 중심으로 시행되고 있는 신인사제의 주된 골격은 직군제도를 편성하여 운영하는 것이다. 이는 직원 개개인의 의사와 적성 및 능력특성에 맞는 여러 개의 직군을 분류하여 제시함으로써 직원 개인들에게 그 진로를 선택하게 함과 동시에 조직측면에서는 필요한 인재를 다양하게 육성, 평가, 활용, 처우하고자 하는 것이다. 즉 능력과 적성을 고려하지 않고 나이나 근무연수를 기준으로 하는 종전의 일괄적인 인사관리에서 개인의 적성과 능력을 근간으로 한 능력주의적·개별적 인사로 전환됨을 의미한다.

나. 향후 인사관리 방향

국내 은행권에서도 연공서열제를 근간으로 하는 기존의 인사제도 및 관행이 변화되고 있음을 감안하여 새로운 인사제도가 절실히 요구된다. 그러나 신인사제도가 성공적으로 운영되려면 평가방법에 대해 직원들이 수용해야 되므로 일선직원들이 이를 수용할 수 있는 분위기와 기반조성에 관심을 기울여야 할 것이다. 특히 신인사제도의 본래 취지가 학력, 성별을 무시하고 직군의 특성과 개개인의 능력개발을 근간으로 한 능력주의 인사가 모체임을 감안할 때 본래의 목적에 부합되는 인사관리 정책이 필요하다.

향후 은행업 인사관리의 방향

	과거	현재·미래
보상기준 및 방식	- 내부 공정성 중시 - 보상요소의 개별관리 - 고정비 성격 - 단기보상 중심	- 시장가치 중시 - 통합적 보상패키지 관리 - 변동비 성격 - 장단기 보상의 믹스
평가제도	- 내부경쟁 중심 - 승진 및 보상결정 - Top Down 방식 목표설정 - 단기적 성과중심 - 평가자 : 직속상사	- 시장경쟁 중시 - 경영목표 달성 선도기능 - 다원화된 방식의 목표설정 - 장단기 성과의 조화 - 평가자 : 직속상사, 동료, 부하직원, 위원회
조직구조와 운영	- 수직적 조직 - 비대한 본부조직 - 계층조직 - Insourcing	- 수평적, 네트워크 조직 - 본사조직 슬림화 - 플랫(flat)조직 - Outsourcing
채용	- 공채중심 - 신입사원 중심	- 수시채용 중심 - 중도채용 활성화

은행업에 있어 향후 인사관리정책은 능력개발, 인재개발의 효과를 극대화시키는 방향으로 추진함으로써 직원들이 삶의 보람과 만족을 느낄 수 있도록 해야 할 것이다. 이를 위해 직원들 대상의 행내공청회의 개최 등 일선직원들의 조언과 실무자의 경험을 반영할 수 있는 상향식 의사소통이 활성화되어야 할 것이다.

향후 국내은행들은 개인과 조직의 니즈를 최대한 합치시키고, 능력위주의 인사관리를 강화하여 직원 개개인의 능력발휘를 극대화하는데 신인사제도의 기본방향을 설정해야 된다.

이런 측면에서 국내은행들은 경력개발관리제도(CDP)의 도입을 적극 검토해야 한다. 물론 대부분의 은행에서 시도되고 있지만 경력개발제도는 직원 개개인에게 체계적인 경력개발의 기회를 제공함으로써 조직의 효율성과 구성원의 직무만족을 동시에 제고할 수 있는 인사관리 방안이 될 수 있다. 이를 위해서는 무엇보다 직원들이 경력개발 동기를 가지도록 은행내의 다양한 직무 및 경력정보를 제공하여야 하며, 연수 기회가 모든 직원들에게 공평하게 제공되어질 수 있도록 하는 제도적 장치가 마련되어야 한다. 또한 경력경로의 설정, 경력관리 지침서의 발간, 행내공모제 확대 등을 통하여 직원 각자가 자신의 경력계획을 설정하고 이를 실현할 수 있는 제반 경력지원시스템을 구축해야 할 것이다.

금융기관간 업무영역이 완화되고 외국 선진은행들과의 경쟁이 시작된 상황에서 국내은행들에게 가장 시급한 것이 바로 전문성의 강화이다. 전문성을 가진 인재의 육성 및 확보가 경쟁력 향상과 조직전체의 고기능화(高機能化)에 중요한 영향을 미친다. 채용, 인사고과, 이동, 승진, 교육훈련, 보상 등 인사관련 모든 제도들이 직원의 전문능력을 향상시키도록 설계되어야 할 것이며, 신인사제도 또는 경력개발관리제도 등도 결국 이러한 방향에서 도입되어야 할 것이다.

제2절
지점 내 회의활용법

1 지점 내 회의방법

1-1 지점 내 회의활용방법

회의는 구체적인 업무목표 설정, 확인, 중간점검, 피드백의 자리이며 궁극적으로는 일정량의 업무를 효율적으로 완수하기 위한 모임이다. 때문에 만약 회의를 잘못할 경우 오히려 지점의 분위기를 해칠 수 있다. 예를 들어 아침에 회의를 장시간 하면서 직원들의 잘못을 꾸짖어놓으면 직원들이 고객을 대할 때 자연스러운 미소가 나올 수 없다. 실제로 서비스업종의 기업에서는 아침회의는 하지 않는 곳이 많다. 회의는 가능한 업무시작 20분 이전에 끝내도록 하여 하루 업무준비에 충실할 수 있도록 하고 장시간의 회의로 인한 에너지의 낭비를 피하는 것이 지점 분위기 활성화에 도움이 된다. 지점에 있어 통상적인 회의는 15분을 넘지 않도록 해야 하는데, 아침부터 장시간 회의를 하게 되면 업무에 지장을 주게 된다.

회의횟수도 지점의 형태나 지점장의 경영스타일에 따라 다를 수 있으나 가능한 한 자주 하지 않는다는 원칙을 세워놓는 것이 권한위양과 자율성 함양에 도움이 될 것이다. 일반적으로 주 1회 정도의 업무회의 및 월간평가회의를 갖는 것이 바람직하다. 회의 때는 반드시 마실 것과 먹을 것을 준비하여 최대한 편안한 분위기를 유도하는 것도 고려할 만하다. 가급적 회의에서는 지점장의 발언을 최소화하는 것이 필요한데, 발언자가 많이 나오도록 하고 직원들의 입에서 대책이 나오도록 인도하는 것이 지점장의 회의진행기술이다. 지점장의 발언이 많고 강도가 강해질수록 회의는 실패할 가능성이 높다. 모든 회의는 사전준비를 얼마만큼 했느냐에 따라 결과가 많은 차이를 보인다는 것을 명심해야 한다.

지점 직원들은 정기적인 업무프리젠테이션 기회를 제공하여 업무의 전문성과 발표능력을 함양시킬 필요가 있다. 지점 직원들의 경우 본부 직원들에 비해 기획력이 떨어질 수 있으나, 은행 간 경쟁이 치열해지면서 지점 직원들도 전문적인 프리젠테이션 능력을 갖추는 것이 요구되고 있다. 프리젠테이션 실습을 통해 직원들은 전문성 제고와 발표능력 향상이 가능하기 때문에 지점의 입장에서 월 1회 정도는 담당분야의 업무진행상황 및 추진계획을 프리젠테이션 형식으로 발표하도록 하는 것이 필요하다.

지점 내 회의 운영방법

회의는 조직의 핏줄이다. 지점회의를 유연하고 목표달성에 이롭게 하며 우수한 커뮤니케이션 수단으로 활용하는 것은 능력 있는 지점장의 몫이다. 핏줄을 잘못 관리하면 동맥경화에 걸리게 됨을 명심해야 한다. 동맥경화에 빠진 조직의 회의는 약이 아니라 독이다. 회의 목표는 정보공유와 의사결정이다. 정보공유만 있는 회의는 약하다. 회의를 자주 하는 조직에 문제가 있는 것이 아니라 목적 없이 야단맞는 회의나 독불장군 같은 회의가 많은 조직에 문제가 있는 것이다. 지점장은 효율적인 회의진행을 위한 방법과 형식, 주제에 대해 끊임없이 고민하고 건설적인 회의에 직원을 동참시켜야 한다. 그래야 조직의 핏줄이 생생하게 돈다.

1-2 지점 내 회의방식과 회의종류

지점 내에서 회의는 본부관련회의를 비롯하여 책임자회의, 영업전략회의, 본부회의 전달을 위한 릴레이회의, 직원연수, 그리고 지점장이 수시로 소집하는 회의 등 여러 종류로 진행되고 있다. 전 직원이 참여하는 회의는 주로 정보전달회의이고 책임자회의는 의사결정회의다. 하지만 이런 역할이 혼재되어 회의를 위한 회의가 되기 일쑤다. 책임자회의가 정보공유 위주로 흐르면 조직의 활동성이 약해질 우려가 있다.

지점에서 일반적으로 실시되고 있는 주간별 책임자회의는 지난주의 업무진행 실적을 점검하고 금주의 업무계획을 담당자별로 작성하고 발표하는 것이 통례다. 물론 이 방식은 업무진행과정을 용이하게 파악하고 통제할 수 있는 반면에 통상적이고 일률적으로 진행됨으로써 회의를 위한 회의로 끝나기 쉽다. 따라서 지점목표, 직원관련, 점주권분석 등 테마별 주제를 통해 토론식으로 진행하는 것이 효과적이다.

효율적인 지점회의를 위해 주의할 사항으로는 첫째, 직원들의 컨디션이 가장 좋은 상태에 있을 때 회의를 열어야 한다. 월요일 오전이나 금요일 오후에는 가급적 회의를 소집하지 않는 것이 좋다. 실제로 지점 책임자회의는 주로 화요일 오전에 많이 실시되고 있다. 그리고 중요한 회의일수록 오전에 하는 것이 좋다.

둘째, 사전에 예고되지 않은 긴급회의는 가급적이면 피해야 한다. 자주 소집되는 긴급회의는 아무도 달가와하지 않는다. 긴급회의로 근무시간의 흐름을 방해하면 직원 대부분이 부정적인 태도로 회의에 임하게 될 우려가 있다.

셋째, 지점장이 주재하면 회의가 경직될 수 있다. 이 경우 직원들은 잘못 얘기를 꺼냈다가 곤란에 처할 경우를 예상하여 마음의 문을 걸어 잠그는 경우가 많다. "고개를 숙이고 있어야지, 웬만해서는 말을 하지 말아야지, 괜히 얘기해서 회의가 길어지면 안 되지." 이런 생각으로 회의에 참석하게 된다. 이와 같이 직원들의 회의몰입도가 저조하다면 지점장은 우선 스스로를 되돌아보아야 한다. 의견을 말하지 않는 직원을 나무라기 전에 왜 직원들이 얘기를 안 하는지 검토해서 개선하도록 노력해야 한다.

지점회의 방식에 대한 지점장 대상 조사결과(1)

지점에서의 회의는 잦은 것보다는 한 번 하더라도 철저한 준비 속에 이루어지는 것이 바람직합니다. 회의의 종류는 일주일에 한 번 주간 영업전략회의가 있는데, 각 개인별 실적과 계획에 대한 토론을 합니다. 또한 회의 후 지점장이 필요한 부분은 직접 피드백하고 있습니다.

지점회의방식에 대한 지점장 대상 조사결과(2)

지점의 성과향상을 위해서는 직원들이 느끼는 압박감을 최소화하는 것 즉, 업무적 스트레스를 줄여주는 것이 직원 간 팀워크 향상에도 도움이 됩니다. 회의문화의 개선이 제일 중요하다고 생각합니다. 회의 없애기 문화는 확실히 직원들의 압박감을 줄여줍니다. 저는 전 직원 회의는 가능한 하지 않고 있으며, 특히 아침회의는 없습니다. 전달사항이 있을 경우 스탠딩회의형식으로 스팟형태로 진행합니다. 단, 월요일 아침에는 책임자들만 참석하는 주간업무회의를 하고 있으며, 전체 직원이 참여하는 회의를 한 달에 한 번 개최합니다.

지점회의방식에 대한 지점장 대상 조사결과(3)

회의방식은 특별한 사안을 제외하고는 지점장의 일방적인 지시 하달이 아닌 직원들의 아이디어 공유가 원칙입니다. 이렇게 해야만 직원들이 자연스럽게 의견을 발표하고 전 직원이 의견을 공유하다 보면 자연스럽게 자신감도 생기게 됩니다.

지점회의방식에 대한 지점장 대상 조사결과(4)

매주 월요일 전 직원 주간회의에서는 실적 체크 및 독려, 본부장의 전달사항과 은행 전달사항을 알려주고 있습니다. 직원들 의견 청취도 같이 합니다. 월초에 개최하는 월간회의시간에는 지난달 우수한 성적을 거둔 직원에 대한 월간실적 시상과 부진직원에 대해서는 독려를 합니다. 책임자회의를 매주 1번 정도 합니다. 필요시에는 수시로 할 때도 있습니다만 가급적 주간 책임자 회의 때 한 번만 하려고 합니다. 책임자 간 업무공유 시간도 함께 합니다.

지점회의방식에 대한 지점장 대상 조사결과(5)

지점회의는 월요일 아침에 지점장과 책임자들은 금주의 중점추진 항목에 대해 간단히 합니다. 금요일에는 전 직원 회의를 하는데, 간단히 실적을 점검하되, 질책은 삼가고, 가능한 칭찬위주로 회의를 진행합니다. 매월 마지막주 목요일에는 실적분석을 위한 워크숍을 여는데 전반적인 지점실적분석과 경쟁점포 실적 분석 등이 이루어집니다. 모든 회의 자료는 본부에서 효율적으로 제공되기 때문에 별도의 계수 분석 자료는 만들지 않습니다.

2 지점 회의방법 예시

2-1 지점 내 회의방법 사례

지점에서의 회의는 지점별로 다양한 형태로 이루어지는데, 일주일에 한번은 전 직원 회의를 개최하는 것이 바람직하다. 과거처럼 지점 구성인원이 많을 때에는 전 직원이 모여 회의를 하는 것이 어려웠으나, 이제는 10명 내외의 지점이 일반화되면서 모든 구성원이 모여 의견을 발표하고 듣는 시간을 갖는 것이 가능해졌다. 전 직원 회의는 직원 각자가 간략하게 지난주를 평가하고 금주 추진계획 및 미결사항을 발표하는 것이다. 이는 전 직원의 소속감을 고취하고 소외감을 없애며, 지점 현황 및 현안에 대한 정확한 인식을 위해서도 필요하다. 직원별 추진계획 발표에 따른 책임감도 느낄 수 있다.

회의는 월초회의, 주간회의, 지역본부 전달회의, 스팟회의, 전 직원 회의 등으로 구분하여 운영한다. 다음 내용은 은행이나 지점 상황에 따라 달라질 수 있다.

① 월초회의: 당월 주요업무 추진계획 회의

② 주간회의: 금주계획 및 지난주 추진활동 점검

- ○ 월요일: 팀장위주 주간계획 및 정보공유 혹은 팀별 티미팅(주간계획 및 정보공유)
- ○ 화요일: 책임자별 회의 혹은 전체 책임자회의(지점장 및 책임자 참여)
- ○ 수요일: 중요문서 전달회의
- ○ 목요일: CS관련회의 혹은 자점연수
- ○ 금요일: 자유토론 혹은 전 직원 회의

③ 지역본부 전달회의: 전 책임자 및 팀별 행원 1명씩 참여

④ 스팟회의: 팀장위주 업무현안 토의

⑤ 전 직원 회의: 상·하반기 지점장 회의 전달, 업무계획 전달, 지점자체 프로젝트 수립시, 매주 업무성과 피드백회의 및 월말·분기말·반기말 전략회의 등

직원 역량제고를 위한 자체 연수계획 수립 실시

○○은행의 수신증강 운동에 적극 부응하고 직원의 업무지식 향상과 프로 금융인으로서의 마인드 고취를 위해 다음과 같이 자체 연수계획을 수립하여 실시하고자 합니다.

1. 주간 요일별 연수계획

요 일	시 간	내 용	비고
월요일	08:××	팀별회의(실적점검 등)	
화요일		방카슈랑스상품 교육 및 Role-Playing 실시	
수요일		CS 교육 및 각종문서 전달교육	
목요일		팀별 업무연수	
금요일			

2. 세부 추진사항

① 팀별회의는 팀장책임하에 진행하며 회의시 건의사항에 대하여는 지점장에게 보고하여 처리

② 팀별 업무교육은 팀별 주요 추진업무부터 진행하며 강사 및 교육테마는 교육 일주일 전 팀장이 지정하여 실시함을 원칙으로 함

③ 수요일에 회의 및 CS와 중복시 15분 정도 진행 후 업무교육 실시

④ 방카슈랑스 업무교육은 자체 계획수립에 의거 실시, 보험사 직원을 강사로 초빙

3. 점검 및 독려

① 업적평가 관련 학습과 성장부문 직원별 자체 연수계획 점검

② 전 직원 금융관련 자격증 취득 독려 및 포상

- 자격증: 손해보험대리점, 생명보험대리점, 변액보험 판매관리자, AFPK 등
- 점검일시: 매월말
- 점검 및 독려자: 담당팀장

2-2 ○○○지점 내 회의 사례

지점회의는 월요일은 직원들끼리 간단한 티미팅을 하고, 지점장과 책임자들은 금주의 중점추진 항목에 대해 간단히 회의를 한다. 화요일에는 업적평가 항목별 책임자 전원이 참석하는 책임자회의를 실시한다. 수요일에는 CS리더를 중심으로 직원들이 돌아가며 CS개선을 위해 아이디어를 내는 CS미팅을 개최한다. 목요일에는 지점 내 팀별 직원끼리 모이는 팀별회의를 실시하고 금요일에는 연수담당자가 주관하는 업무교육으로 구성된다. 보통 아침회의는 8시 ○○분부터 8시 ○○분 정도까지 계속되며, 팀장회의나 전 직원 회의는 8시 ○○분부터 시작한다.

매월 첫째 화요일에는 전 직원 회의가 열리는데, 이때는 업적평가 항목별 책임자가 해당 월에 중점적으로 추진해야 할 전략을 수립하여 설명한다. 두 번째 화요일부터는 지점장실에서 책임자회의 형태로 열리는데, 업적평가 항목별로 지난주의 업무추진 성과와 이번주의 업무추진계획을 토론한다.

책임자들이 만든 회의자료와 실천전략으로 추출해낸 고객데이터, 직원별로 배분된 고객데이터는 행내 인트라넷에 업로드되어 모든 직원들이 수시로 접속하여 다운로드할 수 있으며, 각자에게 할당된 고객에 대한 전화·SMS·상담내용은 CRM에 등록되고, 엑셀자료 출력 후 비고란에 간기하여 지점장에게 보고한다.

지점장이나 팀장, 또는 직원들이 지점알림판에 올려진 회의자료를 읽다가 추가하고 싶은 아이디어나 전략이 있으면 댓글로 리플을 달면 된다.

지점내 효율적 회의방법에 대한 조사결과

은행생활 중 여러 지점에서 근무했었지만, 현재 근무하고 있는 지점에서는 업적평가 실적 달성을 위해서 과도한 회의나 스트레스를 받지 않습니다. 지점장 입장에서 매월 초 지점의 목표와 달성수치를 전달합니다. 직원들의 여러 가지 의견을 수렴하여 담당자를 지정하여 전 직원이 마지못해 따라가는 것이 아니라 적극적인 세일즈를 할 수 있도록 유도합니다. 회의는 일주일 한번으로 끝내고 이메일을 통하여 목표, 방향 등이 직원의 마인드에 항상 자리 잡도록 수시로 전달합니다. 처음에는 직원들이 이메일을 받는 것을 부담스러워 하였으나, 회의 시간을 줄이고 능률적이라는 생각에 점차 익숙해진 것 같습니다. 요즘은 현재 지점이 어느 위치에 있는지, 목표는 얼마나 달성했는지 이메일을 받지 못하면 오히려 직원들이 더 궁금해 합니다. 그만큼 부드럽고 좋은 분위기로 이어져가니 실적향상에 도움이 되는 것은 당연합니다.

3 지점 내 회의사례

3-1 지점 내 회의방법

지점 내 회의는 구체적으로 '업무목표 설정, 배분, 중간점검, 피드백'의 자리이며, 궁극적으로는 일정량의 업무를 효율적으로 완수하기 위한 모임이다. 회의를 잘못할 경우 오히려 지점 분위기를 해칠 수 있다. 따라서 짧고, 화기애애한 회의가 목표달성을 위해 효과적이다.

가. 회의 시간

실제로 회의시간은 가능한 짧게 하며, 아침회의의 경우에는 업무시작 15분 이전에 마무리하여 충실하게 업무를 준비할 수 있게 한다. 장시간의 회의로 인한 에너지 낭비를 피하는 것이 지점 분위기를 활성화시킨다.

나. 회의진행 시 주의사항

직원들의 컨디션이 가장 좋은 상태에 있을 때 회의를 하는 것이 효과적이다. 아침회의는 가급적 소집하지 않는 것이 바람직하다. 예고되지 않은 긴급회의는 업무를 방해할 뿐만 아니라 성과 또한 미미함으로 피해야 한다.

회의시작은 항상 부드럽고, 온화하게 시작하는 것이 필요하고, 회의주제는 그 후에 언급하는 것이 필요하다. 그렇게 해야 직원들의 참여의지와 적극성을 끌어낼 수 있다. 시작 전 ice-break가 무엇보다 중요하고, 지점장은 시작 전에 간단한 게임과 유머를 준비하고 시작하는 것이 필요하다.

지점장이 일방적으로 주재하면 회의가 경직될 수 있다. 이 경우 직원들은 잘못 애기를 꺼냈다가 곤란에 처할 경우를 미리 짐작해 마음의 문을 걸어 잠그는 경우가 많다. 직원들의 회의 몰입도가 저조하다면 지점장은 우선 스스로 성찰해서 문제점을 검토하고 개선하도록 노력해야 한다.

모든 회의는 사전 준비를 얼마만큼 했느냐에 따라 결과에 많은 차이를 보인다. 각 부문 담당자와는 수시로 중점테마에 대해 자유롭게 의견을 제시하고, 상담하는 방법이 효과적이다.

3-2 지점 내 회의종류

지점 내에서 회의는 워크숍, 전 직원회의, 책임자회의, 영업전략회의, 본부회의 내용을 전달하기 위한 릴레이회의, 직원연수, 그리고 지점장이 수시로 소집하는 회의 등이 있다.

가. 효과적 회의진행

워크숍은 월1회 개최하는 실질분석을 위한 회의이며, 전 직원이 참여하는 회의는 주로 정보전달 회의이고, 책임자회의는 의사결정 회의이다.

주간별 책임자회의는 담당자별로 이전 주간의 업무실적을 점검하고, 금주의 업무계획을 작성, 발표하는 것이 통례다. 이 회의를 효과적으로 진행하기 위해서는 지점목표, 고객정보분석, 점주권분석 등 테마별 주제를 통해 토론식으로 진행하는 것이 좋다.

나. 영업점 회의 종류 – ㄱ지점 사례

ㄱ지점의 회의는 4가지로 구분된다.

첫째, 주간 책임자회의; 매주 월요일 아침에 지난주 실적리뷰, 추진사항, 이번 주 추진사항, 영업점 행사, 직원 동향 등 전반적인 부분에 대해 점검하고, 각 담당자별 진행하고 있는 현안공유 및 협업 등을 조율한다.

둘째, 주간 직원회의; 수석책임자가 주관 하에 전 직원이 참석하여 비계수 부문의 부진항목 점검과 주요공문 전달, 사고예방 교육 등을 실시한다.

셋째, 월간회의(전체직원회의); 매월 첫 영업일 지점장이 이번 달 지점현안과 주요 추진사항에 대해 전달한다.

넷째, 성과향상워크숍; 매월 둘째 주, 각 부문별 담당자가 지난달 성과를 리뷰하고, 이번 달에 중점 추진해야 할 항목과 세부실행계획을 전 직원 토론을 통해 결정한다.

지점장의 실재 회의에 대한 조사결과(1)

당점은 매우 월요일 전 직원 주간 회의에서 실적 점검 및 격려, 은행 및 본부장 메시지 전달과 더불어 직원들의 의견 청취도 함께 한다. 월초에 개최하는 월간회의 시간에는 지난달 우수한 성적을 거둔 직원에 대한 시상과 부진한 직원에 대해서는 격려를 한다. 책임자 회는 매주 한번 정도 한다. 필요에 따라 수시로 회의를 할 때도 있지만, 가급적 주간 책임자 회의 때 한번만 하려고 한다. 책임자 간 업무공유 시간도 함께 한다.

지점장의 실재 회의에 대한 조사결과(2)

지점 회의는 월요일 아침에 지점장, 책임자들이 금주의 중점추진항목에 대해 간단하 회의를 한다. 금요일에는 전 직원회의를 하는데, 간단히 실적을 점검하되, 질책은 삼가고, 가능한 칭찬 위주로 회의를 진행한다. 매월 마지막 주 목요일에는 실적 분석을 위한 워크숍을 여는데 전반적인 지점 실적분석과 경쟁점포 실적분석 등이 이루어진다. 모든 회의자료는 본부에서 효율적으로 제공하기 때문에 별도의 계수분석자료는 만들지 않는다.

제3절

지점의 환경관리

1 지점 환경개선

1-1 지점 환경개선의 중요성

지점에 내점하는 고객들이 편안한 마음으로 업무를 볼 수 있도록 쾌적한 지점 환경을 조성하는 것은 지점장의 중요한 책무 중의 하나이다. 이를 위해서는 점주별 특성에 맞는 지점 분위기 조성이 필요한데 투자비용을 감안한 환경개선 추진으로 지점 수익성을 고려해 추진하는 것이 중요하다.

지점시설 중 보안상 문제가 되고 있는 부분은 발견 즉시 신속히 조치해야 한다. 지점 내 잘 보이지 않는 곳, 예를 들어 금고, 서고, 지점의 구석진 곳 등의 정리정돈 상태를 점검하여 청결상태를 유지하는 노력이 필요하다. 고객편의 위주의 창구 레이아웃 개선방안 강구도 중요한데 상담창구 인원과 신속창구 인원, 객장 면적의 적정여부를 검토하여 개선해야 한다. 특히 신규 및 해지고객, 우량고객 등은 장기간 대기토록 해서는 곤란하며, 고객상담실의 응접세트 배치도 고객위주로 개선해야 한다.

1-2 지점 내 환경개선이 필요한 부분

객장의 청결상태, 직원들의 응대수준 등에 대한 문제점은 지점에 근무해오고 있는 직원들 스스로는 찾아내기가 쉽지 않다. 따라서 때로는 인근 타행 또는 자행 인근지점 등을 벤치마킹 하든지 내점한 고객들에게 친근감을 유도하기 위해 고객의견을 청취하는 것도 하나의 방법이 될 수 있다. 지점장은 고객이 편안하고 깨끗한 환경에서 대기하거나 업무를 처리할 수 있도록 수시로 지점 내외부를 점검하도록 한다.

① 지점 내부관리

○ 바닥에 휴지 등이 떨어져 있지 않은지 여부

○ 출입문, 창문(커튼) 등에 얼룩이 심하지 않은지 여부

② 화분, 휴지통의 관리상태

○ 화분이 시들거나 먼지가 많은 화분이 방치되어 있지 않은지 여부

○ 휴지통이 지저분하거나 주위에 휴지가 굴러다니지 않는지 여부

③ 카운터/책상 위 정돈상태

○ 카운터 위의 안내장 등이 흐트러져 있지 않은지 여부

○ 책상 위에 업무서류 등을 올려놓아 지저분하게 보이지 않는지 여부

④ 지점 내 포스터 등 관리

○ 지점 내 포스터 등이 너무 어지럽거나 지저분하지 않은지 여부

○ 지점 내 포스터 등은 깨끗하게 관리되고 있는지 여부

○ 유효기한 경과 여부

⑤ 필경대 위의 정돈상태

○ 볼펜, 휴지, 인주, 전표 등 필수적인 용품이 빠짐없이 비치되어 있는지 여부

○ 필경대가 낙서, 먼지, 때 등에 의해 지저분하지 않은지 여부

○ 각종 전표는 부족하지 않게 잘 보충되고 있는지 여부

○ 필기대 위에 안내장이 심하게 구겨지거나 훼손되어 있는지 여부

⑥ 의자 및 탁자관리

○ 의자 및 탁자가 반듯하게 놓여 있는지, 그 위에 휴지나 기타 물건이 너저분하게 어지럽혀 있는지 여부

⑦ 잡지꽂이 및 잡지물 관리

○ 잡지꽂이의 잡지물 등이 깨끗하게 정돈되어 있는지, 훼손되어 있는지 여부

⑧ 자판기/음료수대 주변관리

○ 자판기나 음료수대는 컵이나 흘러내린 물 등으로 주변이 지저분하지 않은지 여부

⑨ 자동화기기 관리

○ 현금부족이나 기기고장 없이 작동하고 있는지 여부

○ 버튼이나 화면이 얼룩, 먼지 등으로 지저분한지 여부

○ 사용안내문, 현금봉투 등은 잘 비치되어 있는지 여부

○ 자동화기기에 부착물(포스터, 안내장 등)이 깨끗하게 부착되어 있는지 여부

○ 기기주변이 먼지, 명세표, 휴지 등으로 지저분한지 여부

2 지점에서 환경개선을 위해 실시할 수 있는 사례

① 객장에 항상 음악이 흐르도록 한다. 음악을 듣게 되면 감성이 자극되어 신체리듬이 좋아지고 불만고객의 마음을 차분히 해주는 효과가 있다.

② 업무시작 전에 직원들 각자 청소용 타월을 준비하여 자기 주변을 청소한다.

③ 음료수(식수대)는 관리자를 정하여 관리하면서 항상 청결을 유지한다.

④ 화분 관리는 실명제로 하고 나무와 꽃이름 표시를 해놓는다.

⑤ 양복상의는 의자에 걸지 말고 가급적 객장에서 보이지 않는 곳에 둔다.

⑥ 고객용 원탁에 "오늘은 좋은 일이 생길 것입니다." 등의 격려문구를 적어 유리 밑에 넣어둔다.

⑦ 필경대에는 안경세척기, 돋보기를 연령대별로 비치한다.

⑧ 아파트가 밀집한 점주에 위치한 지점은 주부고객을 위해 기저귀 교환대를 설치한다.

⑨ 365자동화 코너는 항상 청결함을 유지한다.

⑩ 주기적으로 지점 주변을 전 직원이 청소한다.

은행 지점에 있어 환경개선 측면에서 취약한 부분

구분	환경개선을 위해 유의할 사항
객장 환경점검	시든 화분, 유효기한이 경과한 포스터, 색바랜 안내장, 미관을 해치는 서류뭉치 등
표정 및 응대용어	전반적으로 직원 표정이 너무 어둡고 굳어 있으며 응대용어 사용도 거의 없음
안내장 활용	타행과 비교할 때 상담시 안내장을 활용한 상품설명 및 유치 노력이 부족
관심 및 고객호칭	고객호칭은 고객에 대한 관심의 표현임에도 불구하고, 고객호칭은 물론 고객과의 대화가 거의 없는 편
융통성 있는 응대	소액의 동전교환 등의 경우 융통성 있는 응대가 아쉬움
잡담 및 장시간 사적인 전화 등	직원 간 잡담 등으로 입점고객에 대한 인사조차 없음(한가한 경우 특히 주의 요함)
외모 및 복장	진한 화장(립스틱), 와이셔츠 색상, 헤어스타일 등으로 고객에게 거부감을 갖게 함

자료 : 서비스실태조사를 실시하고 있는 외부기관 모니터들과의 간담회 내용 중 국내 은행의 취약한 부분을 요약한 것

지점 환경개선을 위한 지점장 대상 조사결과(1)

지점 환경은 지점의 얼굴이며, 고객이 처음 내점했을 때 첫 이미지를 형성하는 주요 요소 중 하나이므로 무엇보다 청결이 우선입니다. 포스터, 리플렛, 고객용 잡지, 자동화코너 관리는 물론 고객의 시선이 머무는 곳, 예를 들어 신속창구 카운터, 상담창구 책상 등의 정리정돈과 함께 직원이 사용하는 금고, 여직원 탈의실, 식당 등의 환경개선도 중요합니다. 발광펜을 이용한 상품안내, 계절의 변화에 따른 화분 비치, 아이들의 호기심을 끌 수 있는 햄스터나 토끼 사육장, 카페 분위기를 내는 고객용 쉼터 등에도 주의를 기울여야 합니다.

지점 환경개선을 위한 지점장 대상 조사결과(2)

청원경찰을 평상시 환경관리 전담자로 지정하여 운영하고, 서무담당자와 모든 팀장 및 지점장은 아침 출근시, 중식 후, 업무 마감시간 등 하루 3차례에 걸쳐 각자 점 내외를 둘러보고 문제점 발견 즉시 개선토록 합니다. 전 직원에게 환경개선 아이디어를 모집·시행하며, 밝은 지점 분위기 조성을 위하여 거래 화원으로 하여금 계절에 맞는 꽃 또는 화분을 대여받아 비치하고 있습니다.

3 지점 이전 및 재배치를 통한 지점 환경개선

3-1 지점 이전 및 재배치의 기본방향

기존지점의 이전은 안정적 영업기반 구축으로 지속적인 성장을 도모하기 위해 실시되는 전략이다. 또한 영업환경의 개선을 통한 경쟁력 제고를 위해 실시한다. 입지여건 개선으로 영업능력을 개선하고 대고객서비스 향상 및 이미지 개선의 목적도 있다.

기존지점의 이전대상 지점 선정은 소유지점과 임차지점으로 구분하여 생각할 수 있다. 소유지점의 경우 신축부지의 매입, 건물의 노후화 및 협소화, 신설후보지의 확보, 주차시설의 확보, 신축 및 증·개축에 기인한다. 이러한 소유지점의 환경적 이유에 의해 적정공간의 확보를 위해 추가적으로 임차를 추진하거나 지점 내외부 불량시설의 대폭적인 개선이 불가능하여 지점을 임차, 이전한다.

기존지점의 이전 및 재배치전략은 다음과 같은 상황에서 발생한다.

① 상권중심지로서 지속적인 업적신장이 가능한 지역

② 영업권 광역화 도모가 가능한 지역: 대로변 및 교통의 요지 등

③ 상권의 이동예상시 도시계획 및 지역발전 전망 등을 고려한 지역

④ 지점네트워크 불균형지역의 적정 재배치: 지점부재 또는 밀집지역

⑤ 미래지향적인 지점환경의 조성: 충분한 주차시설 및 쾌적하고 편리한 지점의 구현

한편 기존지점의 이전이 이루어지면 기존고객의 이탈이라는 문제가 발생한다. 이를 방지하기 위해서는 리스트를 작성하여 기존고객을 전담하는 시스템이 마련되어야 하고, 사전에 홍보활동을 철저히 수행함으로써 기존고객 굳히기 및 신규고객 확보에 만전을 기해야 한다.

3-2 지점 이전 전략 예시

지점 이전은 재개발, 뉴타운 등과 같은 외적 환경요인의 변화에 따른 요소와 새로운 고객창출을 통한 영업실적 향상 등을 위한 내적요소가 있다. 지점을 이전할 때 고려할 사항으로는 임대차금액, 거주인구와 소득수준 및 유동인구, 기업체 수 및 업종 등 구성현황, 주차장 유무, 횡단보도 등 고객의 접근성, 경쟁금융기관의 수와 예대규모 등이다.

지점 이전이 필요한 경우는 점주가 포화상태이거나, 기존의 거래관계를 유지하면서(기존 영업기반 유지) 영업확대를 위해서 발전가능성이 있는 지역으로 이전하는 경우, 지점 환경개선을 위한 인테리어가 필요한 경우를 들 수 있다.

지점 이전이 필요한 경우와 이전을 결정하는 데 우선적으로 고려할 사항은 무엇보다도 지점의 입지조건이다. 접근성이 좋고 주차시설이 충분히 확보되어야 한다. 지점을 이전할 때는 외부적으로 찾기 쉬우며, 지점 위치를 설명하기 좋은 곳으로 결정하는 것이 바람직하다. 새로운 지점은 고객수용능력이 적정해야 한다.

지점 이전을 결정하는 데에는 여러 가지 요인이 있겠지만 무엇보다도 지점 직원들의 의견과 고객의견을 충분히 수렴하는 것이 가장 중요하다.

연습문제

01 지점장의 직원관리시 유의사항에 대해 서술하시오.

02 지점장으로서 우수직원과 불성실직원의 관리방안에 대해 비교하여 서술하시오.

03 지점 내 적절한 직무배분방법에 대해 서술하시오.

04 지점 경영시 동기부여의 중요성과 직원에 대한 동기부여방법에 대해 서술하시오.

05 지점 내 직원대상 인사고과방법에 대해 서술하시오.

06 지점 내 회의활용방법에 대해 서술하시오.

07 지점 내 회의 진행시 지점장으로서 유의사항에 대해 서술하시오.

08 지점 환경개선의 중요성에 대해 서술하시오.

09 지점에서 환경개선을 위해 실시할 수 있는 사례에 대해 서술하시오.

10 지점 이전이 필요한 상황에 대해 서술하시오.

연습문제 해설

1. 지점장은 직원관리에 있어서 항상 부하직원의 눈높이에서 직장의 선배로서 은행 직원의 생활하는 지혜를 가르친다는 입장을 견지해야 한다. 또한 지점장은 우수직원들이 하위평준화가 되지 않도록 칭찬과 배려를 아끼지 말아야 하며 성취감을 맛볼 수 있도록 지속적으로 동기를 부여하고 관심을 표명해야 한다. 직원관리에 있어서 다른 하나의 중요한 점은 직원 간의 갈등을 조정하는 일이다. 또한 지점장은 부하직원이 오기 전에 먼저 다가가는 자세가 필요하다. 직원들은 지점장 앞에서 선뜻 허심탄회하게 말하기를 어려워하기 때문이다. 직원관리에 있어서 지점장으로서 주의할 점은 직원들에게 지시조나 명령조가 많아질 수 있다는 점이다. 직급이 올라갈수록 부하직원의 입장을 존중하기보다는 자신의 주장을 앞세우기 쉬우며 그런 대화습관의 반복은 겸손과는 점점 멀어지게 만든다.

2. 우수직원과 불성실직원의 관리방법을 지점장 입장에서 명확히 수립하여 실시하는 입장을 견지하는 것이 중요하다. 우수직원을 관리할 때 하향평준화가 되지 않도록 칭찬, 배려하고 계속 성취감을 맛볼 수 있도록 동기부여 및 지속적인 관심표명이 필요하다. 불성실한 직원에 대해서는 지속적인 개별면담으로 불만사항을 적극 해결하여 업무에 적극적으로 동참토록 유도한다. 불성실한 직원관리시 선입견을 배제하고 본인의 불만사항을 조기에 파악하여 해소하는 데 협조해야 한다.

3. 지점 내 직무배분 및 계 이동의 원칙은 본인이 원하는 직무에 초점을 맞추는 것이 중요하다. 직무배분은 지점장의 경영스타일에 따라 직원의 능력과 의사를 반영하여 탄력적으로 실시될 수도 있고 직원의 다양한 업무능력 함양을 위해 일정기간이 지나면 강제적으로 실시될 수도 있다. 합리적인 직무배분을 통한 계 이동은 기본적으로 보직순환을 반기 내지 연간단위로 실시하되 사안별로 특별한 경우에는 예외로 취급된다. 직무를 배분할 때에는 개인의 적성이나 과거 업무실적을 감안하는 것이 필요하며 전략적으로 필요한 경우에는 예외적으로 이동이 이루어질 수 있다.

4. 직장은 개개인이 자립적 성장을 성취하는 장소이며 장래의 비전을 설계하고 그것을 향하여 도전해가는 장소다. 따라서 조직의 비전을 자신의 비전과 동일시하며 최선을 다하는 분위기를 창출하기 위해서는 결과에 대한 공정한 평가와 동시에 동기부여와 보상이 필수적으로 수반되어야 한다. 직원에 대한 최대한의 동기부여는 적합한 직무부여와 실적결과에 따라 합리적 평가 및 보상이다. 실적결과에 따른 잘하는 소수의 사람만 보상을 받는 분위기가 전체 직원의 사기에 부정적인 영향을 미칠 가능성이 없는 것은 아니지만 그보다도 보상받지 않아야 할 직원이 보상을 받는 느슨한 조직분위기를 조성하게 되면 보이지 않는 비용이 더 크게 들기 때문이다. 또한 직원 개개인의 자기계발을 위하여 각종 연수기회를 제공하는 것이 금전적인 포상 못지않게 중요한 동기부여방안임을 잊지 말아야 한다.

5. 인사관리 과정의 최종단계가 평가를 하는 인사고과다. 평가단계는 부하직원의 육성과 승진의 중요한 자료가 되기 때문에 중요하다. 인사고과는 조직을 통제하고 공평한 처우를 해주는 동시에 직원의 능력을 향상시키는 데 필요한 자료를 얻는 것이다. 은행 경영에서 인사고과는 직원의 적정배치에 도움이 되도록 해야 한다. 은행 내부에서의 인사이동은 부하직원의 능력과 적성을 감안하여 이루어질 수 있는데 인사고과 내용이 참고가 되어야 한다. 또한 하

위평정자의 의견을 존중하고 평정결과에 대하여 상위평정자와 차이점이 드러난 경우에는 충분히 의견을 나누어 조정해야 한다. 인사고과는 부하직원의 능력육성에 도움이 되도록 이루어져야 한다. 지점장의 중요한 책무 중의 하나는 직무를 통한 부하직원의 육성이다. 이를 위해서는 평소 부하직원의 특성과 장단점을 파악하여야 한다. 마지막으로 인사고과는 부하직원의 근무의욕에 도움이 되도록 이루어져야 한다.

6. 회의는 구체적인 업무목표 설정, 확인, 중간점검, 피드백의 자리이며 궁극적으로는 일정량의 업무를 효율적으로 완수하기 위한 모임이다. 때문에 만약 회의를 잘못할 경우 오히려 지점의 분위기를 해칠 수 있다. 회의는 가능한 업무시작 20분 이전에 끝내도록 하여 하루 업무준비에 충실할 수 있도록 하고 장시간의 회의로 인한 에너지의 낭비를 피하는 것이 지점 분위기 활성화에 도움이 된다. 회의횟수도 지점의 형태나 지점장의 경영스타일에 따라 다를 수 있으나 가능한 한 자주 하지 않는다는 원칙을 세워놓는 것이 권한위양과 자율성 함양에 도움이 될 것이다. 회의에서는 지점장의 발언을 최소화하는 것이 필요한데, 발언자가 많이 나오도록 하고 직원들의 입에서 대책이 나오도록 인도하는 것이 지점장의 회의진행기술이다. 지점장의 발언이 많고 강도가 강해질수록 회의는 실패할 가능성이 높다.

7. 효율적인 지점회의를 위해 주의할 사항으로는 첫째, 직원들의 컨디션이 가장 좋은 상태에 있을 때 회의를 열어야 한다. 월요일 오전이나 금요일 오후에는 가급적 회의를 소집하지 않는 것이 좋다. 중요한 회의일수록 오전에 하는 것이 좋다. 둘째, 사전에 예고되지 않은 긴급회의는 가급적이면 피해야 한다. 자주 소집되는 긴급회의는 아무도 달가와하지 않는다. 긴급회의로 근무시간의 흐름을 방해하면 직원 대부분이 부정적인 태도로 회의에 임하게 될 우려가 있다. 셋째, 지점장이 주재하면 회의가 경직될 수 있다. 이 경우 직원들은 잘못 얘기를 꺼냈다가 곤란에 처할 경우를 예상하여 마음의 문을 걸어 잠그는 경우가 많다.

8. 지점에 내점하는 고객들이 편안한 마음으로 업무를 볼 수 있도록 쾌적한 지점환경을 조성하는 것은 지점장의 중요한 책무 중의 하나이다. 이를 위해서는 점주별 특성에 맞는 지점 분위기 조성이 필요한데 투자비용을 감안한 환경개선 추진으로 지점 수익성을 고려해 추진하는 것이 중요하다.
지점시설 중 보안상 문제가 되고 있는 부분은 발견즉시 신속히 조치해야 한다. 지점 내 잘 보이지 않는 곳, 예를 들어 금고, 서고, 지점의 구석진 곳 등의 정리·정돈상태를 점검하여 청결상태를 유지하는 노력이 필요하다. 고객편의 위주의 창구 레이아웃 개선방안 강구도 중요한데 상담창구 인원과 신속창구 인원, 객장 면적의 적정여부를 검토하여 개선해야 한다. 특히 신규 및 해지고객, 우량고객 등은 장기간 대기토록 해서는 곤란하며, 고객상담실의 응접세트 배치도 고객위주로 개선해야 한다.

9. 지점에서 환경개선을 위해 실시할 수 있는 사례
① 객장에 항상 음악이 흐르도록 한다. 음악을 듣게 되면 감성이 자극되어 신체리듬이 좋아지고 불만고객의 마음을 차분히 해주는 효과가 있다.
② 업무시작 전에 직원들 각자 청소용 타월을 준비하여 자기 주변을 청소한다.
③ 음료수(식수대)는 관리자를 정하여 관리하면서 항상 청결을 유지한다.
④ 화분 관리는 실명제로 하고 나무와 꽃이름 표시를 해놓는다.
⑤ 양복상의는 의자에 걸지 말고 가급적 객장에서 보이지 않는 곳에 둔다.
⑥ 고객용 원탁에 “오늘은 좋은 일이 생길 것입니다.” 등의 격려문구를 적어 유리 밑에 넣어둔다.
⑦ 필경대에는 안경세척기, 돋보기를 연령대별로 비치한다.

⑧ 아파트가 밀집한 점주에 위치한 지점은 주부고객을 위해 기저귀 교환대를 설치한다.
⑨ 365자동화 코너는 항상 청결함을 유지한다.
⑩ 주기적으로 지점 주변을 전 직원이 청소한다.

10. 기존지점의 이전은 안정적 영업기반 구축으로 지속적인 성장을 도모하기 위해 실시되는 전략이다. 또한 영업환경의 개선을 통한 경쟁력 제고를 위해 실시한다. 입지여건 개선으로 영업능력을 개선하고 대고객서비스 향상 및 이미지 개선의 목적도 있다. 기존지점의 이전대상 지점 선정은 소유지점과 임차지점으로 구분하여 생각할 수 있다. 소유지점의 경우 신축부지의 매입, 건물의 노후화 및 협소화, 신설후보지의 확보, 주차시설의 확보, 신축 및 증·개축에 기인한다. 이러한 소유지점의 환경적 이유에 의해 적정공간의 확보를 위해 추가적으로 임차를 추진하거나 지점 내외부 불량시설의 대폭적인 개선이 불가능하여 지점을 임차, 이전한다.

김 기 서

■ 저자약력

- 한국외국어대학교 대학원 졸업(경영학 박사)
- 한국생산성본부 선임 연구원
- 국은경제연구소 연구위원
- 국민은행 경제경영연구소 연구위원
- 현투증권 Wealth Management팀 부장
- 한국포럼 전문위원
- 한국금융연수원 자문교수
- 현재 Marketing Innovation 이사

■ 주요저서

『은행마케팅 전략과 실천』
『은행도 마케팅 전략의 시대』
『개방시대의 은행 영업점 마케팅』
『멀티미디어와 금융』
『고객 세분화 마케팅』
『파생금융상품』
『금융상품 운용설계』
『프라이빗 뱅킹』

은행지점경영의 성공전략과 실천 1

지점장의 역할모델과 지점운영전략

초판발행 2009년 8월 3일
제6판2쇄 2019년 3월 4일
저 자 김기서
발 행 인 문재우
발 행 처 한국금융연수원 출판미디어사업부
03053 서울특별시 종로구 삼청로 118
전 화 (02)3700-1500
팩 스 (02)3700-1530
홈페이지 www.kbi.or.kr
등 록 1990년 4월 20일(제1-1040호)

정 가 18,000원
I S B N 978-89-287-2199-3 14320
978-89-287-2198-6 14320(세트)